新型高职高专教育教材

市场调查与统计分析

（修订本）

主　编　董常亮
副主编　姜爱月　刘　宁　王自豪
主　审　陈江波

北京交通大学出版社
·北京·

内 容 简 介

本书结合高职教育创新、创业型高素质技能人才培养这一目标和市场调查与统计分析的特点，采用"教、学、做"一体化的教学模式开发"市场调查与统计分析"这门课程。本书实施情景模拟、案例教学、项目教学，把认识市场调查、制订市场调查方案、制定调查问卷、实施市场调查、整理分析调查资料、编制市场调查报告六个项目贯穿起来，让学生在老师的指导下，以具体的工作任务为导向，使学生带着任务去思考和学习，充分发挥学生的主体作用及教师的主导作用，激发学生的求知欲望，将学生的创新、创业意识和市场调查具体实践项目相结合，培养他们的综合实践应用能力。

本书的案例比较丰富，与调查企业实际相结合，具有很强的操作性、实践性和应用性，可以作为高职高专院校营销与策划、市场营销、工商管理、电子商务等专业的教材或参考用书，也可以作为企业市场调查人员和市场营销人员培训用书，还可作为从事营销工作人员的自学用书。

版权所有，侵权必究。

图书在版编目（CIP）数据

市场调查与统计分析 / 董常亮主编. — 北京：北京交通大学出版社，2017.3（2024.7 重印）
（新型高职高专教育教材）
ISBN 978-7-5121-3178-1

Ⅰ. ① 市… Ⅱ. ① 董… Ⅲ. ① 市场调查-统计分析-高等职业教育-教材
Ⅳ. ① F713.52

中国版本图书馆 CIP 数据核字（2017）第 047914 号

市场调查与统计分析
SHICHANG DIAOCHA YU TONGJI FENXI

责任编辑：刘海丽
出版发行：北京交通大学出版社　　　　电话：010-51686414　http://www.bjtup.com.cn
地　　址：北京市海淀区高梁桥斜街 44 号　邮编：100044
印 刷 者：北京鑫海金澳胶印有限公司
经　　销：全国新华书店
开　　本：185 mm×260 mm　印张：14.75　字数：368 千字
版　　次：2020 年 11 月第 1 版第 1 次修订　2024 年 7 月第 3 次印刷
书　　号：ISBN 978-7-5121-3178-1/F·1680
印　　数：6 001～8 000 册　定价：39.00 元

本书如有质量问题，请向北京交通大学出版社质监组反映。对您的意见和批评，我们表示欢迎和感谢。
投诉电话：010-51686043，51686008；传真：010-62225406；E-mail：press@bjtu.edu.cn。

前　言

随着市场经济的发展，就业竞争压力增大，培养并提高学生的创业意识和创业能力，使其能更好地适应新的经济竞争环境，成为当前高校开展创新创业教育、拓展就业渠道的必然要求。我们基于市场调查课程改革的这样一种理念，重整课程体系，结合自身在教学工作中的体会以及高职人才培养的要求，把"市场调查与预测"和"统计学"两门课程的内容整合为"市场调查与统计分析"，以六个具体的项目形式展现出来，在项目设计过程中贯彻"以工作过程为导向，以项目为载体"，设计了多个工作任务，以提高学生的创业素质和创新精神。

"市场调查与统计分析"是市场营销专业的核心课程，也是市场营销工作人员从事营销活动的重要工作任务。任何企业或个人要开展营销活动都必须首先进行市场调查工作，没有调查就没有发言权，市场调查这个活动逐渐成为市场营销活动的重要组成部分，也是企业开展市场营销活动的一种重要工具。通过本课程的学习，学生可以从市场调查、市场营销、消费心理学、统计学等多学科的角度，了解和掌握市场调查与统计分析的基本理论和核心内容。教师通过本课程的教学，应使学生对市场调查这个活动有一个系统的了解，对开展市场调查、设计调查方案、制定市场调查问卷、整理与分析调查资料、撰写市场调查报告等工作有一个全面的领会和感性认识，并为其日后开展市场调查工作打下良好的基础。

本课程教学设计的重点是：将创业理念和创业思想融合在教学过程中，由学生组建创业团队，按照项目驱动模式对教学内容进行改革，遵循以能力为本位的课程设计原则，对课程进行能力项目设计，并在每个项目中完成创业目标，将教学、创业、企业运营融为一体，使学生在真实的创业环境中提高实践能力，这也是本课程改革的必然发展趋势。

本课程设计思路是：在教学内容设计上，我们进行了以工作过程为导向的设计，将整个课程分为六个项目，分别是认识市场调查、制订市场调查方案、制定调查问卷、实施市场调查、整理分析调查资料、编制市场调查报告，每个项目按实践技能要求分解为几个子任务，在每个项目的教学中把握五个环节，即项目学习指南、情景描述、任务分析、项目小结、能力提升。

本书由董常亮老师担任主编，编写分工如下：项目一和项目三由广西工业职业技术学院经济与管理系董常亮老师编写，项目二由广西工业职业技术学院王自豪老师编写，项目四由广西工业职业技术学院姜爱月老师编写，项目五由姜爱月和王自豪老师共同编写，项目六由广西工业职业技术学院刘宁老师编写，最后由广西工业职业技术学院经济与管理系副主任陈江波老师主审，课程内容建设主要是"以工作过程为导向，以项目为载体"的形式再现，并为该课程建立了一系列的教学资源。

编　者

2020 年 11 月

目　录

项目一　认识市场调查 1
　　任务一　了解市场调查与统计分析的相关知识 2
　　任务二　熟悉市场调查与统计分析的工作流程 20
　　习题 36
项目二　制订市场调查方案 40
　　任务一　界定调查课题 40
　　任务二　设计市场调查方案 46
　　任务三　审核市场调查方案 52
　　习题 66
项目三　制定调查问卷 71
　　任务一　掌握问卷设计的相关知识 72
　　任务二　设计调查问卷 81
　　习题 105
项目四　实施市场调查 111
　　任务一　了解市场调查的方法 111
　　任务二　组建市场调查队伍 130
　　习题 144
项目五　整理分析调查资料 149
　　任务一　整理市场调查资料 149
　　任务二　分析市场调查资料 156
　　习题 181
项目六　编制市场调查报告 183
　　任务一　掌握市场调查报告的基本结构 183
　　任务二　撰写市场调查报告 198
　　习题 217
参考文献 230

项目一

认识市场调查

 项目学习指南

在市场竞争异常激烈的今天，要想赚钱就必须自己创业。21世纪是创就老板的时代，国家也对创业有着很多优惠政策，许多有志之人都有创业的梦想，为了实现自己的梦想，他们都加入了创业大军寻找自己的机会。在这个创业大军里，有的成功了，也有的失败了。为什么有的人能够成功，而有的却失败了？究其原因，我们觉得创业之前都要做好市场调查工作，不是每个领域、每个市场都适合自己。毛泽东同志说过一句名言：没有调查就没有发言权。创业对每个人来说都有机会，关键看自己是否能够把握机会，而要把握机会就要做好市场调查工作。市场调查涉及的知识很多，根据调查目的不同，调查对象也不是千篇一律的。要从事市场营销活动或企业经营活动都要进行市场调查工作，为了少失误，在活动开展之前都要进行充分的准备和掌握必需的市场调查知识。

本项目包括两个任务：任务一主要是了解市场调查与统计分析的相关知识，具体包括了解市场的含义、市场调查的类型以及市场调查与统计分析的发展概况；任务二主要是熟悉市场调查与统计分析的工作流程，使大家对市场调查与统计分析工作有个大致的了解，进而对市场调查与统计分析这个工作产生浓厚的兴趣。学完本项目，大家应具有创业的基本知识，掌握市场调查与统计分析的基本能力和技巧。

 情景描述

如果你要开店创业的话，首先要做好开店地址的选择、项目的选择、开店形式的选择（比如是开网店还是实体店）。不管你是开网店还是实体店，在创业之前都要做好市场调查工作。假如你已经开店了，前期生意好，但最近生意不好，顾客比较少，为了查找原因，也要做市场调查工作，如调查顾客的满意度情况以及顾客的意见。总而言之，要想在激烈的市场竞争环境中成就自己的事业，创造出具有自己特色的企业，使其在消费疲软的时候照样能够生意兴隆，那就必须做好市场调查工作。

任务一 了解市场调查与统计分析的相关知识

知识目标

1. 认识市场的含义。
2. 了解市场的类型。
3. 了解市场调查与统计分析的含义。
4. 了解市场调查与统计分析的作用。
5. 了解市场调查与统计分析的产生与发展。

岗位能力目标

1. 了解市场调查与统计分析的必要性及其发展历程。
2. 清楚了解市场调查与统计分析的含义、特征、类型、原则、程序等相关内容,为从事市场调查工作打下坚实的理论基础。

任务分析

对任何一位创业者来说,认真细致的市场分析是必不可少的一项工作。例如,某公司发现其销量连续下降达 6 个月之久,管理者想知道真正原因究竟是什么?是消费者偏好发生变化?是竞争非常激烈?还是代理商推销不力?假如你是该公司的调查人员,认为销量下降是因消费者的偏好发生变化而致的话,你会怎么帮助公司扭转这种局面?在企业的经营活动中经常会出现这些问题,而要解决这些问题,就必须认真做好市场调查工作。在开展市场调查工作之前首先要了解市场的含义、熟悉市场调查的类型,明确问题,了解市场调查的内容,熟悉调查工作的整个流程。

 相关知识链接 1-1

开展市场调查,为企业营销决策提供依据

广州某市场研究公司为深入了解中国居民的洗衣习惯,曾展开了一次全国性的市场调查,调查在七大城市进行。这七大城市的选点具有明显的中国东、西、南、北、中的不同地域特征。在实际调查中,该公司在每个城市选择了数百户居民进行入户访问,要求被访者在试用洗衣液新品的同时,详细描述洗衣过程,为了不遗漏最小的细节,还实地观察了实录被访者的洗衣方法。在样本选择时,要求居民分布于平房、多层、高层等不同居住环境,以全面了解因不同居住环境采用不同洗衣设备而导致洗衣习惯的差异。根据调查结果,有关公司摄制了广告片,在画面上再现了不同地区居民洗衣的实景,令不少家庭主妇倍感亲切,产生对新品洗衣液的好感和认同。这一品牌的洗衣液终于在市场上获得了巨大成功。

市场经济的本质是一种竞争经济。在技术不断发展、产品与市场结构趋于多样化、市场竞争日趋激烈的今天，环境的变幻莫测给企业的经营活动带来了前所未有的困难。例如，企业经过千辛万苦开发出来的新产品却不被消费者认可；某个地区的销售局面迟迟打不开，产品在国内市场国际化、国际市场国内化的竞争环境中缺乏竞争能力；原来畅销的产品现在成了滞销产品；等等。要想有效地解决这些问题，就必须进行市场调查与统计分析工作。

课堂提问：你心目中的市场调查是什么样？你认为什么是市场调查？你有否经历过市场调查？如有市场调查的经历，请谈谈你的体会和认识。

课堂思考

在一次企业管理培训班上，培训者在讲课之前请进行过市场调查的学员举手，这样培训者就获得了一个数据：该培训公司学员进行过市场调查者占学员总数的三分之一。请问该结论能否作为调查的结果对外公开？

知识精讲

市场调查与统计分析是企业的一项经常性的基础工作，也是企业从事营销活动工作的前提之一。企业只有通过市场调查与统计分析工作，才能更加了解市场大发展趋势，增强企业的竞争能力，把握营销的主动权，实现企业预定的营销目标。

一、市场的含义

要进行市场调查与统计分析工作，首先要了解市场的含义。作为企业经营者必须时时刻刻关注市场的变化。影响市场变化的因素有很多，比如政治、经济、文化、科技、地理等宏观方面的因素，也有诸如竞争者，供应商，企业自身的资金、技术、能力等微观方面的因素。"市场"这一概念也是一个时代概念，在不同时期和不同场合下具有不同的内涵。最早的市场概念是指商品集聚和交换的场所，这只是一个地理区域概念。随着社会经济的发展，市场不仅是指具体的商品交换场所，而且有了更为深刻的含义。

从经济学角度来看，市场常常被描述为商品交换关系的总和。这是站在宏观角度来定义市场的，认为市场是由供方和需方组成的一个矛盾共同体。卖方组成供方，买方组成需方，卖方想卖高价，买方想低价买，双方之间对价格的制定是一种博弈，经济学的任务是研究双方之间的矛盾和规律，使它们之间协调和统一。

从市场营销角度来讲，市场是指产品现实买主与潜在买主的需求总和。这是从微观的角度来定义市场的。市场的这一定义实际上是建立在对现代商品供求关系深刻认识的基础上，突出强调了市场的主体不单纯是现实的买主，还包括潜在的买主，这个买主既包括顾客，也包括企业。当企业以买方的身份参加市场营销活动时，它也是我们的研究对象。同时这个定义还强调了人们的购买需求和购买能力，大大拓宽了商品交换关系的视野。

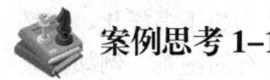

案例思考 1-1

快速成长的麦当劳

麦当劳（McDonald's）是全球大型跨国连锁餐厅，1940年创立于美国，主要售卖汉堡包，以及薯条、炸鸡、汽水、冰品、沙拉、水果等快餐食品。麦当劳遍布全球六大洲，在很多国家代表着一种美式生活方式。在美国，每个高速公路出口附近就有一家麦当劳分店，此外更提供无线上网服务。麦当劳开心乐园餐免费赠送玩具，如迪士尼电影人物玩偶，对儿童颇具吸引力。麦当劳公司2001年的总收入达到148.7亿美元，净利润为16.4亿美元。麦当劳在全球快餐连锁领域是冠军。2012年，麦当劳在中国共拥有1000余家餐厅，2017年餐厅数量预计达到2500家。麦当劳公司每年会将营业额的一部分用于慈善事业。2016年6月8日，BrandZ：2016年全球最具价值品牌百强榜公布，麦当劳以886.54亿美元的品牌价值在百强榜排名第9。麦当劳作为一家快餐店，为什么能够发展这么快？其最重要的一个经营准则是：研究市场，发现市场，确保营销的成功。麦当劳有专门的调查机构不定期地调查消费者的需求，每年都要花费数十亿美元的促销费用来吸引消费者。通过调查发现消费者对快餐店的需求是到餐馆的方便程度和便捷的服务。因此麦当劳一般都开在十字路口或交通便利的地方，并且为消费者提供便捷的服务。

麦当劳的黄金准则是"顾客至上，顾客永远第一"。提供服务的最高标准是质量（quality）、服务（service）、清洁（cleanliness）和价值（value），即QSC&V原则。这是最能体现麦当劳特色的重要原则。quality是指麦当劳为保障食品品质制定了极其严格的标准。例如，牛肉食品要经过40多项品质检查；食品制作后超过一定期限（汉堡包的时限是20~30分钟、炸薯条是7分钟）便丢弃不卖；规定肉饼必须由83%的肩肉与17%的上选五花肉混制；等等。严格的标准使顾客在任何时间、任何地点所品尝的麦当劳食品都是同一品质的。service是指按照细心、关心和爱心的原则，提供热情、周到、快捷的服务。cleanliness是指麦当劳制定了必须严格遵守的清洁工作标准。value代表价值，是后来添加上的准则（原来只有Q、S、C），加上V是为了进一步传达麦当劳的"向顾客提供更有价值的高品质"的理念。也可以说，QSC&V原则不仅体现了麦当劳的经营理念，而且因为这些原则有详细严格的量化标准，使其成为所有麦当劳餐厅从业人员的行为规范。这是麦当劳规范化管理的重要内容。这些就是麦当劳经营成功的法宝。

思考：麦当劳的经营成功给你什么启示？你如果想创业的话，应该如何去经营你的企业？

那么，对于企业来说市场是什么呢？是摊位、店铺、工商税务吗？显然不仅仅是这些。企业在认识市场时，面对承载自己所经营、所销售的各种各样有形商品和无形服务的市场，首先看到的市场主体是人口。人口是组成市场的先决条件，没有人口是不能形成市场的。但是，如果有了人口，这些人没有购买力，商品同样卖不出去，因此，有了人还要有钱，但是没有购买欲望也不能形成市场。因此从市场测量的角度来讲，市场是由人口、购买能力和购买欲望三个主要因素组成的，其关系可用公式表示为：市场=人口+购买能力+购买欲望。市场的这三个因素是相互联系、相互制约，又互为条件的，缺一不可，只有把三者结合起来才能构成市场，才能决定某一商品的市场规模和需求量。例如，一个有着众多人口的国家或地区，如果收入很低，购买能力有限，则不能构成容量很大的市场；又如，购买能力虽然很高，但人口很少，也不可能成为很大的市场。只有人口多，购买能力又高，才能成为一个有潜力的大市场。

综合起来，市场具有以下几个方面的特点。

（一）市场是商品交换的场所

商品交换必须在一定的场所进行，商品的买卖双方在那里发生作用。随着网络经济的发展，这个场所可以是现实的市场，也可以是虚拟的市场，我们这里研究的是只要发生交换关系就被认定为市场。在市场调查中，研究者必须明确自己的商品交换活动发展在什么空间范围内，这样确定调查的研究项目才有针对性。

（二）市场是买卖双方的结合

我们在做市场调查时，既要研究买方，也要研究卖方，只有了解买卖双方的需求和供给，才能制订正确的营销策略活动方案。

（三）市场是某种商品或某类商品现实的和潜在的需求量

如果人们说"我们南宁的蔬菜市场很大"，这显然不是说我们南宁的蔬菜交易场所很大，而是指南宁对蔬菜的需求量很大，这里包括现实的和潜在发展的购买量。将市场作为某种商品或某类商品现实的和潜在的需求量，虽然是从买卖双方的买方一面来看问题，但它却是卖方极为重视的。作为生产企业或营销企业都要明确自己的市场有多大，即消费需求量有多大，而为了了解这些就必须做好市场调查工作。

▶ **课堂思考**

如何发现市场需求？

提示： 也有很多从事企业经营或准备创业的朋友问我什么最赚钱，其实这个问题我也不好回答。随着社会经济的发展，社会分工越来越细，从某种意义上来说，为创业者提供了很好的机会。比如宅男宅女这个群体日益增多，创业者可以针对这个"懒人"群体提供一些如送快餐上门、洗衣服、搬家等服务项目。人们生活水平的提高，催生了很多富人阶层，创业者也可以考虑为这些"富人"提供一些如美容上门等服务项目。要想开店创业成功，就必须时刻把握市场需求的变化，这里的市场需求不单纯指现实的市场需求，更重要的是挖掘潜在的市场需求，这就需要敏锐的眼观和创意的灵感，找出热点，寻求别人没有发现的盲点，三百六十行，行行都能赚钱，关键是看你怎么赚钱，怎么把握市场需求。

 案例思考 1-2

美国 Levi's 公司的分类市场调查

美国 Levi's 公司是以生产牛仔裤而闻名世界的。20 世纪 40 年代末期的销售额仅为 800 万美元，但到 20 世纪 80 年代销售额达到 20 亿美元，40 年间增长了 250 倍。这主要得益于他们的分类市场调查。Levi's 公司设有专门负责市场调查的机构，调查时应用统计学、行为学、心理学、市场学等知识和手段，按不同国别分析研究消费者的心理差异和需求差别，分析研究不同国别的经济情况的变化、环境的影响、市场竞争和时尚趋势等等，并据此制订公司的服装生产和销售计划。例如,1974年公司对联邦德国市场的调查表明,大多数顾客认为服装合身是首选条件,为此,Levi's公司随即派人在该国各大学和工厂进行服装合身测验。一种颜色的裤子就定出了45种尺寸,因而扩大了销售。Levi's公司根据对美国市场的调查,了解到美国青年喜欢合身、耐穿、价廉、时髦,为此将这四个要素作为产品的主要目标,从而使该公司的产品在美国青年市场中长期占有较大的份额。近几年,Levi's公司通过市场调查,了解到许多美国女青年喜欢穿男裤,为此,公司经过精心设计,推出了适合妇女需要的牛仔裤和便装裤,使该公司的妇女服装的销售额不断增长。虽然美国及国际服装市场竞争激烈,但是Levi's公司靠分类市场调查提供的信息,确保了经营决策的正确性,使公司在市场竞争中处于不败之地。

问题:Levi's公司的分类市场调查对你有何启示?

二、市场的功能

(一)交换功能

商品交换是市场功能的核心。通过市场进行商品的购销,能实现商品所有权与货币持有权的互相转移,使买卖双方都得到满足。

(二)价值实现功能

商品的价值只有通过市场的交换才能实现,商品的价值是在劳动过程中创造的,但其价值的实现则是在市场上通过交换来完成的。

(三)反馈功能

市场是洞察商品供求变化的窗口,以它特有的信息反馈功能把供求正常或供求失调的信息反馈给生产经营者,以利于商品生产和流通的正常进行。

(四)调节功能

市场的调节功能是通过价值规律和竞争规律来体现的。正如美国著名的政治经济学代表人亚当·斯密所描述的,市场就像一只无形的手调节资源的配置。

(五)服务功能

服务功能是指为保证交换能顺利实现,市场能为商品流通提供种种便利的各种服务机构和服务手段。

(六)信息功能

市场是经济活动的晴雨表,企业生产的产品质量怎么样,数量如何,都可以通过市场反映出来。信息无处不在,无时不有,关键看你是否会留心,如何捕捉信息。日本三菱创始人岩崎弥太郎在谈到事业成功的秘诀时就打了个比方:"当你看到成群结队的鱼游过来的时候,如果你没有准备网你只能望洋兴叹;但如果你已经准备好了捕鱼的网,你也许就会成功了。"因此市场具有大量的信息,关键是看你如何利用这些信息。

相关知识链接1-2

某人发现中国生产男式西装的厂家不多,于是就筹资开了一间服装厂。他想,中国有十几亿人口,就算女性占一半,那剩下的还有几亿,市场份额仍然很大,于是就下决心运作了。结果没想到赔了很多钱,于是他就向市场调查公司的调查人员请教,调查人员分析:假设中国有13亿人口，除去女性还有6.5亿，除去老人、儿童、学生还剩2亿，除去农民、工人等不需要西装的人就只剩下1亿多了。更为重要的是，目前中国生产西装的厂家至少有几十家，已经足够满足市场需求，何况我国还有男式西装进口。对企业来说，没有做足前期的市场调查就贸然地做了决定，无疑是在冒险，往往遭受巨大损失。

（资料来源：覃常员. 市场调查与预测. 大连：大连理工大学出版社，2009）

三、市场类型

根据不同的分类标准，会有不同的市场类型。总体市场是由不同类型的市场构成的。将市场细分为不同的类型有助于研究、分析各类消费者对商品特性的不同需求，为选定目标市场制定营销策略提供依据。

（一）根据购买目的划分

市场根据购买的目的不同分为消费者市场、组织市场和政府市场。

消费者市场是指以个人或家庭为购买主体的市场，他们购买的目的是用来自己消费，而不是用来再转售或加工。消费者市场是市场经济活动的最终市场，也是整体市场的最重要组成部分。它具有广泛性、复杂性、季节性、多变性、替代性等特点。这些特点决定了市场调查工作的复杂性和任务的艰巨性。由于消费者市场需求的差异性和替代性，所以要针对不同的消费者和不同的消费区域来做市场调查，比如宝洁公司为它的佳洁士牙膏做了6种广告，分别针对不同的年龄和不同的种族的细分市场用了各种高效的传播手段，如电视、直邮、促销、牙医候诊室内的广告等。

组织市场是指以单位、团体为购买主体的市场，他们购买的目的不是用来自己消费，而是为了进行再转卖、加工或其他目的。组织市场具有集中度高、购买频率低、购买量大、专业购买等特点。

政府市场购买的目的是用来维持一些公共设施的完善和履行国家职能。

（二）根据地理区域划分

市场根据地理区域不同分为国内市场和国外市场，国内市场又可分为城市市场和农村市场；国外市场可分为北美、西欧、东南亚、中东等地市场。

课堂提问：根据地理区域划分市场对我们从事营销活动有哪些启示？

提示：对于从事市场营销活动的人员来说要充分理解市场的含义，一个产品在某个区域市场可能达到饱和，但在另外一个区域市场可能还是新产品，或没有达到饱和状态，比如空调在城市市场基本上达到饱和，这几年随着农村生活水平的提升，农村的空调购买量也逐渐增加。因此我们要深刻把握市场的本质含义。

（三）根据经营商品的特点划分

市场根据经营商品的特点分为生产资料市场、生活资料市场、劳务市场、金融市场、房地产市场等。

生产资料市场是指为了生产或再生产的需求而购买或准备购买生产资料的消费者群体。

生活资料市场又叫消费者市场，消费者市场是指为满足自身需要而购买的一切个人和家庭构成的市场。生产资料市场与生活资料市场是市场的重要组成部分，我们一般从事的市场调查工作主要是针对生活资料市场来进行的。

劳务市场作为求职者与用人单位直接商谈的场所，可跨地区、跨行业进行，是以劳动力为主体的一种有机运动，是实现劳动力在社会经济各领域的合理配置的场所。劳务市场是劳动力交流的一种形式。

金融市场是资金融通市场，是指资金供应者和资金需求者双方通过信用工具进行交易而融通资金的市场，广而言之，是实现货币借贷和资金融通、办理各种票据和有价证券交易活动的市场。比较完善的金融市场定义是：金融市场是交易金融资产并确定金融资产价格的一种机制。

房地产市场是从事房产、土地的出售、租赁、买卖、抵押等交易活动的场所或领域。房产包括作为居民个人消费资料的住宅，也包括作为生产资料的厂房、办公楼等。所以，住宅市场属于生活资料市场的一部分，非住宅房产市场则是生产要素市场的一部分。房产也是自然商品，因而建立和发展从事房产交易的市场是经济运行的要求。

（四）根据市场的竞争程度划分

市场按竞争程度分为完全竞争市场、完全垄断市场和不完全竞争市场。在商品经济条件下，竞争是不可避免的，只是不同国家、不同时期，市场竞争的强度不同而已。

完全竞争市场是指竞争充分而不受任何阻碍和干扰的一种市场结构。在这种市场类型中，买卖人数众多，买者和卖者是价格的接受者，资源可自由流动，信息具有完全性。

完全垄断市场是指在市场上只存在一个供给者和众多需求者的市场结构。完全垄断市场的假设条件有三个：第一，市场上只有唯一一个厂商生产和销售商品；第二，该厂商生产的商品没有任何接近的替代品；第三，其他厂商进入该行业都极为困难或不可能，所以垄断厂商可以控制和操纵市场价格。

不完全竞争市场是指这样一些市场：因为至少有一个大到足以影响市场价格的买者（或卖者），并因此面对向下倾斜的需求（或供给）曲线，包括各种不完全因素，诸如垄断竞争等。竞争程度不同，购买行为、价格行为等都有差异，因而营销策略也应有区别。

（五）根据商品流通环节划分

市场根据商品流通环节分为批发市场和零售市场。所谓批发市场就是指向再销售者、产业用户和组织用户销售商品和服务的商业市场。所谓再销售者是指二次及其以下的批发商和零售商；所谓产业用户是指从事产品生产和服务提供的营利性组织，即第一、二、三产业的企业用户；所谓组织用户是指不以再销售为目的，而是为了业务或事业上的需要购买设备和材料的非营利性组织。批发商是一种专门从事批发贸易，而插在生产者和生产者之间、生产者和零售商之间的中间商，其职能在于通过买卖，把商品从生产者手中收购进来，然后再将其转卖给其他生产者或零售商。

零售是指向最终消费者个人或社会集团出售生活消费品及相关服务，以供其最终消费的全部活动。所谓零售市场是指由零售商组成的群体。

（六）根据年龄划分

根据年龄不同，我们可以将市场划分为婴儿市场、儿童市场、少年市场、青年市场、中年市场、老年市场。

案例思考 1-3

吉列公司为什么会成功？

男人长胡子，因而要刮胡子；女人不长胡子，自然也就不会刮胡子。然而，美国的吉列公司却将"刮胡刀"推销给女人，居然大获成功。吉列公司创建于1901年，其产品因使男人刮胡子变得更方便、舒适、安全而大受欢迎。进入20世纪70年代，吉列公司的销售额已达20亿美元，成为世界著名的跨国公司。然而，吉列公司的领导者并不因此满足，而是想方设法继续拓展市场，争取更多的用户。就在1974年，公司决定推出面向妇女的专用"刮毛刀"。这一决策看似荒谬，却是建立在坚实、可靠的市场调查基础之上的。吉列公司先用一年的时间进行了周密的市场调查，发现美国30岁以上的妇女中，有65%的人为保持美好形象，要定期刮除腿毛和腋毛。这些妇女之中，除使用电动刮胡刀和脱毛剂之外，主要靠购买各种男用刮胡刀来满足此项需要，一年在这方面的花费高达7 500万美元。相比之下，美国妇女一年花在眉笔和眼影上的钱仅有6 300万美元，花在染发剂上的为5 500万美元。毫无疑问，这是一个极有潜力的市场。根据市场调查结果，吉列公司精心设计了新产品，它的刀头部分和男用刮胡刀并无两样，采用一次性使用的双层刀片，但是刀架则选用了色彩鲜艳的塑料，并将握柄改为弧形，以利于妇女使用。握柄上还印压了一朵雏菊图案。这样一来，新产品立即显示了女性的特点。为了使雏菊刮毛刀迅速占领市场，吉列公司还拟定了几种不同的"定位观念"到消费者之中征求意见。这些定位观念包括：突出刮毛刀"双刀刮毛"；突出其创造性的"完全适合女性需求"；强调价格的"不到50美分"；表明产品使用安全的"不伤玉腿"；等等。最后，公司根据多数妇女的意见，选择了"不伤玉腿"作为推销时突出的重点，刊登广告进行宣传。结果雏菊牌刮毛刀一炮打响，迅速畅销全球。

问题：
1. 这个案例说明了什么？
2. 结合案例分析市场调查给企业带来了什么好处？

（资料来源：成文靖，黄琳娜，程谋茹. 市场调查与预测. 长春：吉林大学出版社，2015）

课堂思考

大家都说小孩和女人的钱很好赚，假如你想从事这方面的创业，你将如何利用这两个群体去开拓自己的事业？

四、市场调查与统计分析的产生与发展

市场调查与统计分析作为一种经营手段，是伴随着市场经营活动的产生而出现的一门学科。

（一）市场调查与统计分析在国外的产生与发展

从国际市场上看，市场调查研究事业经历了萌芽期、成长期，在1950年左右进入了成熟期。而大量的现代化手段和技术的应用，使市场调查研究在20世纪60年代进入了现代时期。

最早的大规模的市场调查来源于1824年8月美国的一场对总统当选的选票调查，这是美国一家报纸举行的。同年稍后的时间，另一家报纸也进行了类似的民意调查。而真正为市

营销决策做的市场调查，则是在1879年，一个广告代理商为了给农业设备制造商制定广告安排，而对当地农产品产量的收获水平做了一次市场调查和统计分析。而有专门的学者进入这个领域是在1895年，美国明尼苏达大学的一名心理学教授用邮寄问卷调查法进行调查，当时问卷的回收率仅10%。进入20世纪，随着商品经济的发展，市场调查首先在美国形成一门学科。1911年，美国当时最大的出版商柯蒂斯出版公司，聘请派林担任商业调查部总经理。派林上任后对农具和纺织品的销售渠道进行了调查，并亲自访问了美国100多个大城市的主要商店，系统搜集了第一手资料，编写了《销售机会》一书，这本书被认为是市场调查学科的奠基之作。正因为派林对市场调查这门学科做出了杰出贡献，因而他被后人尊称为市场调查这门学科的先驱。从此以后，市场调查得到了教育界人士的高度关注，并进行了大量的研究，1914年哈佛大学商学院成立了商业调查研究机构。

20世纪30年代后，随着市场经济的发展，买方市场的形成，企业积压了大量产品，为了求生存必须了解市场的需求和消费者的消费特点，加上电子计算机的产生，使得企业非常重视市场调查工作，并将计算机应用于市场调查工作之中，因此市场调查理论也不断得到丰富和发展。

（二）市场调查与统计分析在我国的产生与发展

虽然我国的商品经济发展比较晚，但是我国很早以前就有关于进入市场调查领域的记载。例如在司马迁的《史记·货殖列传》中，就记载了孔子的学生端木赐进行市场调查事业和市场预测的事例。但市场调查与预测在中国得到重视并作为一个行业得到快速发展是从20世纪80年代以后开始的。1998年，首先在广州市出现了一个以软科学为主要研究内容的"广州市场研究公司"。他们当时的任务主要是为政府部门提供信息资料和决策方面的咨询。

随着中国经济的市场化发展，市场竞争日益加剧，企业与企业之间的竞争达到了前所未有的白热化程度。要使自己生产的产品迎合消费者的需求，企业在开发新产品之前就必须做好市场调查工作。市场调查工作既费时间也需要巨大成本，很多大型公司都组建了市场调查机构，但一些小公司由于受到自身资金和能力的限制，不得不聘请专业的调查机构来做这些工作，这就加速了一些专业调查机构的诞生。比如零点调查公司、盖洛普（中国咨询）、华南国际市场研究等一些调查公司得到了快速发展。我们预计，21世纪中国的市场调查与统计分析是一个很有前景的新兴行业。

▶ **小思考**

调查一下国内市场调查与国外市场调查行业发展，看看有哪些差距？

提示： 虽然国内市场调查机构也得到了快速发展，但是与发达国家相比还是存在很大差距。首先，国内没有引进相对的先进理论，把市场调查工作看作是一种任务式，认为设计一份问卷，发放给大家填写，最后写一份市场调查报告，这就是市场调查工作；其次，我们国内的市场调查应用范围太狭窄，分析层次太浅显，主要是一些消费品市场调查；最后，市场调查从业人员素质不高，经过专业训练的从业员不多。

课后作业： 调查南宁市及广西的市场调查公司，看看他们的主要业务是什么？

案例思考1-4

中外企业对市场调查结果利用的区别

某调查公司服务的一家日本客户，对几百页的数据都进行仔细研究，对每个环节都细细加以琢磨，以至于还没进入中国对中国保险市场的了解就超过了中国自己的保险公司。而中国的很多企业，领导收到调查报告后只是大致翻看一下结论，就匆忙审批或束之高阁，对结果利用不足。

思考：中外企业对市场调查结果的看法有什么不同？

五、市场调查与统计分析的含义和作用

（一）市场调查的含义

市场调查又叫市场调研，是指运用各种科学的调查方式方法，搜集、整理、分析资料，对市场的状况进行反映或描述，以认识市场发展变化规律的过程。市场调查的目的是发现市场营销活动过程中出现的问题，识别营销机会，为企业制定合理的营销策略。市场调查具有以下几个方面的特征。

1. 市场调查具有较强的针对性

市场调查的针对性是由企业经营活动的目的性决定的。由于调查工作费时、费力，还要支付一定的费用，因此调查工作不能盲目进行，企业需要根据所要生产或经营的产品（或服务）进行市场调查。

2. 市场调查工作具有经常性和普遍性

在激烈的市场竞争环境中，市场调查工作不能只停留在生产或经营活动以前的阶段进行。在生产和经营过程中，售前、售后的阶段都要进行市场调查工作，收集一切可以为企业所用的信息资料。同时，现在各行各业都要进行市场调查工作，如学校要调查专业设置情况、医院要调查病人对医务工作人员的工作情况、政府要进行某项市政工程等等。

3. 市场调查的结果带有某些不确定性

市场调查根据调查内容和目的的不同，可采用不同的调查方式，加上被调查者千变万化的心理状态，所以在回答问题时可能也有些变化，这就使得通过调查得来的结果不可避免地带有某些不确定性。

▶ **课堂思考**

有些市场调查人员发现，当他们向被调查者询问洗发液的问题时，得到的回答肯定是：洗发液最重要的是能够把头发洗干净，但当调查人员把货样拿给人们看时，却有很多人总是先闻一闻有没有香味。又如在美国，长期以来肥皂制造商搞不清粉红色香皂是否受欢迎，因为每当把不同颜色的香皂摆在人们面前时，他们总是指着粉红色的那块，但是在商店里粉红色的香皂却很少成为热门货。

思考：这些现象说明了什么问题？

分析提示：这说明了市场调查具有不确定性。这种不确定性，有时会使调查人员感到无所适从，在工业品的市场调查中，由于工业品的特殊用途，这种不确定性并不明显，而在日

用消费品的调查中，这种不确定性有时会表现得很明显，这时市场调查人员不仅要"听其言"而且还要"观其行"；否则，调查结果就会出现很大的误差。

（二）统计分析的含义

统计分析是在市场调查的基础上，根据调查的基本情况、运用一定的统计分析技术，对调查的结果进行汇总，并对市场的发展情况及趋势进行分析、测算和判断，得出符合逻辑的结论的活动和过程。市场调查是统计分析的前提工作，市场调查的目的是为了进行有效的统计分析。从一定意义上来说，通过市场调查所获得的信息越可靠，统计的准确性就越高。因此市场调查是统计分析的前提和基础。

课堂提问： 为什么会产生市场调查与统计分析？

提示： 买方市场的形成是产生市场调查与统计分析的前提条件；消费者需求的多样化与多变性是市场调查与统计分析产生的基础；市场竞争的加剧是市场调查与统计分析产生的重要原因。

（三）市场调查与统计分析的区别和联系

1. 市场调查与统计分析的区别

（1）两者研究的侧重点不一样。

市场调查侧重研究市场的历史和现状；统计分析侧重研究市场调查资料的汇总分析。

（2）两者的研究过程和方法不同。

市场调查主要是了解情况，认识问题并发现问题，一般采用定性研究方法；统计分析是通过市场调查得来的数据进行定量分析。

（3）两者的研究结果不同。

市场调查的研究结果是市场调查报告；统计分析的研究结果是市场调查数据的报告。两者反映的结果形式不同。

2. 市场调查与统计分析的联系

（1）市场调查是统计分析的前提和基础，要进行统计分析首先就必须进行市场调查工作，市场统计分析的结果和效果怎样很大程度上与市场调查的结果相联系。

（2）市场调查与统计分析都是为企业从事经营和营销决策提供服务。

（四）市场调查与统计分析的作用

西班牙有句谚语："欲成斗牛士，必先认识牛的习性。"企业从事营销活动也是一样的道理，要想经营活动取得成功，就必须熟悉市场，了解消费者的需求特点和需求变化规律。"认识顾客"绝对不是一件轻而易举的事情。营销人员必须时刻保持对顾客和市场反应的关注，要做到这些就离不开市场调查工作。

有些小企业认为市场调查是可有可无的，没有市场调查也同样可以使企业正常运作。美国著名的现代营销学之父菲利普·科特勒认为，市场调查不是大企业的专利，即使是小企业，也应该像宝洁公司那样去思考：在推出产品之前，自己的顾客与竞争对手会有什么反应？

▶ **课堂思考**

某企业经营汽车美容产品，一种产品的五种包装同时上市，哪个产品卖得好就把哪个作为今后继续推出的产品，而把卖得不好的产品撤下。实际上，撤下的产品已经占用了渠道资源、人力资源、模具设计、时间成本等，无疑是一种巨大的浪费。如果事先做好市场调查，就可以大大节省管理成本。所以说市场调查有助于正确决策，有助于降低风险。但是这种决策未必是全新的。

高效的调查流程能够提高决策效率。进行市场调查的企业一般是市场化程度比较高的企业，如果决策专制就不需要市场调查。但是企业决策不能凭某位领导肆意而为，只有建立在市场调查基础上的决策才是科学的、正确的决策。在寻求外界支持的同时需要加强流程操作以便有助于决策。

思考：市场调查具有什么样的作用？

1. 市场调查与统计分析能有效地了解消费者的需求

市场调查的对象主要是消费者。企业进行生产的最终目的是为了将产品卖出去，实现其产品的价值。但在实现其产品价值的过程中必须通过交换来完成，即通过消费者购买商品来实现。消费者购买商品，是因为它能够满足消费者的欲望和需求。可见，企业要通过交换来实现其产品的价值，关键是要掌握消费者需求，生产适销对路的产品，而市场调查为此提供了最有效的方法之一。

相关知识链接 1-3

必胜客在顾客信息搜集与处理方面做得非常专业。它的数据库包含了 4 000 万美国家庭的详细顾客资料，这些数据是从遍布全国的 7 500 多家网点的电话订购、网络订购和销售点交易中慢慢搜集而来的。这些数据细致到什么地步呢？必胜客可以根据消费者偏爱的配料、最近订购什么、是否在购买奶酪和意大利腊肠比萨的同时购买过色拉等等，归纳和解析数据，然后运用所有这些数据强化客户关系。例如，基于对数年来购买交易的深入分析，必胜客设计了一个"VIP（贵宾）项目"以留住最佳顾客。它邀请这些顾客交 14.95 美元参加"VIP 项目"，从而可以收到一个免费的大比萨。然后，每月每订购两个比萨，VIP 顾客自动获得另一个比萨免费单的优惠券。必胜客追踪 VIP 购买，并用电子邮件的方式与他们保持联系与互动。总之，该项目不仅留住了必胜客的顶级客户，而且吸引了新顾客。该项目还引发了网上热议。一位作者在博客中写道："当我想吃比萨时，首先出现在我脑海里的会是谁的品牌？谁发给我优惠券和免费的东西让我想吃比萨而不是做晚饭？你猜对了，是必胜客。它吸引了我，现在还拥有了我的忠诚。它使一切如此方便，以至于我不想再烦心去别处了。"

（资料来源：陈娇. 科特勒营销全书. 北京：中国华侨出版社，2013）

2. 市场调查与统计分析是企业进行营销活动的前提

企业只有根据市场调查所掌握的信息和资料，才能对市场变化趋势做出较为科学的预测，正确地做出企业经营决策，并在此基础上制订出正确的经营规划和计划，为企业的生存和发展打下坚实的基础。市场调查最根本的目的是获取顾客的信息，并对获取的信息进行分析，以发现顾客的需求。营销人员先要搜集到顾客的信息，对数据进行分析整理，才能有针对性地为顾客提供有价值的产品或服务，这也是企业进行营销活动的前提。

相关知识链接 1-4

日本常磐百货公司经营的物品几乎包揽了当地所有人的日常生活用品和食品。自从它的新任老板长川上任以后，该公司营业额几乎每年翻一番，长川到底有什么秘诀呢？

他刚刚到常磐百货公司上任时，公司只是一个很普通的生活用品商场，当地和他们公司同样规模的百货公司还有五家。怎样才能为自己争取到更多顾客呢？

人们到百货公司买东西的时候，常集中采购，也就是三五天或者一周左右的时间集中地来商场购物，为防止丢三落四，他们常常会先写一张购物清单。有一次，长川看见一位女顾客买完一件东西要走时，把一张纸条扔到商场门口的纸篓里，他心里一动，便走过去捡起来，发现这是一张购物清单，上面写了顾客需要的另外两种商品，他们商场也有，只是质量不如顾客注明要买的品牌好。他根据这一信息，更换了该商品的品牌，果然收到很好的效果。

从此，长川开始组织员工每天把废纸篓里的纸条全部捡回去，仔细研究顾客的需要。很快，他就知道了顾客对哪几类商品感兴趣，尤其青睐哪几种牌子，对某类商品的需要集中在什么季节，顾客在挑选商品时是如何进行合理搭配的，等等。在长川的带动下，常磐百货公司总是能以最快的反应速度适应顾客，并且合理地引领顾客超前消费，一下子把顾客全部吸引进了他们的店里。

（资料来源：陈娇. 科特勒营销全书. 北京：中国华侨出版社，2013）

3. 市场调查与统计分析是企业正确制定市场营销策略的保证

凡事预则立，不预则废。企业制定市场营销策略的主要目的是为了拓展市场，并有效地占领市场，从而获得最佳经济效益。企业只有通过市场调查与统计分析，才能充分了解和掌握企业的内部条件和外部环境等动态影响因素，从而制定出切实可行的市场营销策略。

长虹彩电曾在家电行业中独领风骚。然而，至 20 世纪末，长虹公司发现其彩电零售市场份额的领先地位开始动摇，厦华、康佳等品牌正直追而至。是消费者的需求发生变化了吗？还是进口彩电占据了大量的市场份额？长虹公司经过调查发现：上述两者都不是，而是其他几家品牌的彩电拥有相对的价格优势，从而导致了长虹彩电在一定程度上出现销售滑坡，而此时长虹整机库存超过 250 万台。查出症结后，长虹公司依据自身的优势，实施了新一轮价格战略。结果，长虹公司重新巩固了自己的市场霸主地位，创造了良好的经济效益和社会效益。著名现代营销学之父菲利普·科特勒告诫企业，需要将顾客的数据包括电话号码、联系方式、姓名、出生日期以及与企业的交易行为、注册信息、电话沟通记录等信息建立一个庞大的数据库，对这些信息进行分析，并及时与顾客进行沟通。法国化妆业的某巨头企业，为每一位女顾客都建立了一份详细的个人诊断报告。企业会根据顾客的个人收入、个人皮肤特征等方面的信息做一份美容建议书。亚马逊公司在它的网站上根据每位顾客的需求以及曾经买过的书等方面的信息，制定了个人推荐书。这些企业的成功之处在于充分利用顾客的调查信息进行整理分析，使企业的促销工作和策略更具有针对性，从而提高营销效率和效果。

案例思考 1-5

应用市场调查，改进产品包装参与竞争

　　果汁饮料的市场竞争激烈且富于戏剧色彩。一些企业某一段时间在容量上大做文章，招揽顾客，频频在广播、电视中宣称自己产品的包装容量比竞争对手的产品略胜一筹。上海某市场研究公司曾参与过某企业一项竞争策略的制定，该企业并未在容量大小上步他人后尘开展竞争，而是根据对中国社会文化背景的深刻理解，以中国家庭的基本三口之家为依据准备推出一种 750 ml 瓶装的新型包装。该企业在国外开好了瓶子的模子，在国内寻找高质量的玻璃瓶制造厂生产样品，并且拍摄了广告片的动画版本。但他们并没有倚仗自身的已有实力贸然行事，在正式推向市场之前，委托上海该市场研究公司开展了市场调查，以检验这一方案的可行性和可接受性。该市场研究公司设计了座谈会的调查方案。座谈会的研究目标是了解消费者对 750 ml 包装的评价和购买意向，并了解消费者对新广告片的评价和改进意见。座谈会分为 8 组进行，要考虑出席座谈会成员的性别、年龄、文化、收入的均匀性。座谈会在单面镜会议室进行，由主持人根据商定的座谈提纲进行，在座谈会上展示了包装样品并播放了新的广告片。

　　座谈会调查结果表明，座谈者对新包装的具体印象，总的倾向是认为这是一种适于家庭使用的新包装。其主要原因是：① 有气派，体积大，造型比啤酒瓶美观，可以用来招待宾客；② 价格合算；③ 容量适宜，一瓶供全家 3～4 人饮用正好；④ 取用、储存方便，握瓶时手感舒适，瓶盖可旋，开启方便，一次喝不完，储藏不会漏气，横放在冰箱中也不会滴漏；⑤ 瓶子颜色适宜；⑥ 有安全感，玻璃瓶厚，气足不易爆炸。座谈会成员认为这种包装的主要不足之处是分量太重，购买时提拎吃力。企业根据座谈会成员的意见，对原有方案进行了改进，除了生产玻璃瓶装之外还生产造型完全一样的塑料瓶装，在大量调查研究工作的基础上，首先在某一地区以这种包装大举进入市场，首战告捷后又在其他地区推出，大获成功。

　　问题：结合案例，分析市场调查在企业生产中的作用。

课堂思考

　　某电信公司的广告从不经过测试就播放，每一个广告都耗资千万元，而一个调查就只需几万元。如果广告收效不好，则数以千万元计的资金都白白浪费掉了。这说明了什么问题？

六、市场调查的类型

　　划分市场调查的类型和提出市场调查的基本要求，有助于企业选择最好的调查途径。

（一）按照调查的目的和深度可以划分为探测性调查、描述性调查和因果性调查

1. 探测性调查

　　探测性调查又叫非正式调查，是为了使问题更明确而进行的小规模调查活动。其目的主要是对市场进行初步的探索，为后面的正式调查的开展做好准备工作。这种调查特别有助于把一个大而模糊的问题表达为小而准确的子问题，并识别出需要进一步调查的信息。比如，某公司的市场份额去年下降了，公司无法一一查明原因，就可用探测性调查来发现问题：是经济衰退的影响？是广告支出减少的影响？是销售代理效率低？还是消费者的习惯改变了？

总之，探测性调查的目的是初步了解市场的基本情况，或是为了证实市场方案和工具的可行性，一般适用于小范围调查。

课堂提问：探测性调查的适用条件是什么？

提示：探测性调查主要有如下内容。一是描述有关群体的特征。例如，给出某些名牌商店的"重型使用者"（经常购物）的轮廓，包括年龄、性别、职业以及购买的时间、购买的地点、购买的数量、购买的品牌等一些事实性问题。二是确定变量间的联系程度。例如，百货商店购物与外出就餐之间有多大的关联。三是确定产品特征的概念。例如，不同家庭是如何按照选择准则的一些重要因子来认识百货商店的。主要解决"是什么"的问题。

2. 描述性调查

描述性调查是寻求对"谁""什么事情""什么时候""什么地点"这样一些问题的回答。它可以描述不同消费者群体在需要、态度、行为等方面的差异。描述的结果，尽管不能对"为什么"给出回答，但也可用作解决营销问题所需的全部信息。比如，某商店了解到该店67%的顾客是年龄在18~44岁之间的妇女，并经常带家人、朋友一起来购物。这种描述性调查提供了重要的决策信息，使商店重视直接向妇女开展促销活动。描述性调查作为正式调查的一种形式，所获得的资料比较真实、详尽、系统，在调查过程中必须按照市场调查的步骤进行，要有明确的调查目的和周密的计划。

3. 因果性调查

因果性调查是为了研究市场现象与影响因素之间客观存在的联系所进行的调查，是为了进一步了解是什么原因引起这种结果的发生。如是预期价格、包装及广告费用等对销售额有影响还是其他什么原因。这项工作要求调查人员对所研究的项目有相当的知识，能够判断一种情况出现了，另一种情况会接着发生，并能说明其原因所在。

课堂提问：探测性调查与描述性调查有什么区别？

提示：描述性调查假定调查者事先已对问题有许多相关的认识。事实上，探测性调查与描述性调查的主要区别在于后者事先确定了具体的假设。

课堂提问：描述性调查与因果性调查有什么区别？

提示：描述性调查只是说明某些现象与变量相互关联，但是并没有说这个变量与因变量（结果）一定存在必然的联系。因果性调查主要的目的是寻找足够的证据来验证某个变量与因变量之间的联系。

注意：探测性调查、描述性调查与因果性调查并不是绝对互相独立进行的。

课堂提问：怎样选择这三种调查方案？

提示：

（1）如果对调查问题的情况几乎一无所知，那么调查研究就要从探测性调查开始。

（2）并不是每一个调查方案设计都要从探测性调查开始的。例如，每年都要搞的消费者满意度调查就不需要从探测性调查开始。

（3）一般探测性调查都是作为起始步骤的，但有时这类调查也需要跟随在描述性调查和因果性调查之后。例如，当描述性调查和因果性调查很难让管理决策者理解时，利用探测性调查将可能提供更深入的认识。

（二）按照市场调查的对象范围分为普查、典型调查、重点调查、个案调查和抽样调查等类型

1. 普查

普查就是对市场调查指标有关的总体进行调查，即对所要认识的研究对象进行全面的、逐一的调查。它是有特定目的的专门组织所进行的非经常性的全面调查，通常是一次性或周期性的，有统一的调查时间，数据的规范性程度较高，应用范围比较狭窄。如普查商业机构和人员数，对某类商品的库存量进行普查等。很多市场环境的内容，是采用普查的形式，如人口普查、经济普查、农业普查等。

普查在实际应用中有宏观、中观和微观之分。也就是说并不一定所有的普查都是在全国范围做，也可以在地区或部门范围做，甚至可以在企业中做。只要是对调查对象全部单位逐个进行调查，都可称为普查。

普查具有如下几个方面的特点。

（1）普查资料的准确性和标准化程度比较高。

在普查中必须注意：

① 普查项目必须简明。普查中，调查对象广，参加人员多，组织工作复杂，因此项目不宜太多，必须尽可能简明。

② 普查时间必须统一。

③ 必须迅速完成任务。

（2）普查最适合于了解调查总体的特征。

如通过普查可以分析人口因素对市场的影响。中国与市场调查内容有关的普查实践有三个。

① 人口普查。中国的人口普查每十年组织一次，目前我国进行了六次人口普查：1953年、1964年、1982年、1990年、2000年、2010年。

② 经济普查。中国的经济普查每十年组织两次，除2004年《全国经济普查条例》发布第一次经济普查为2004年外，以后在逢3、8的年份进行。它是在原第三产业普查（1993年进行过一次）和工业普查（1985年和1995年进行过两次）的基础上合并而成的。

③ 农业普查。中国的农业普查每十年组织一次，第一次农业普查于1997年进行。

（3）普查费用比较高。

普查对人力、财力、物力和时间的花费都比较高。

2. 典型调查

典型调查是在对市场现象总体进行分析的基础上，从市场调查对象中选择具有代表性的部分单位作为典型，进行深入、系统的调查，并通过对典型单位的调查结果来认识同类市场现象的本质及其规律性。它是一种非全面性调查。

3. 重点调查

重点调查是从市场调查对象中选择少数重点单位进行调查，并用对重点单位的调查结果反映市场总体的基本情况。重点单位是指单位数在总体中占的比重不大，而其某一数量标志值在总体标志总量中占的比重比较大，通过对这些重点单位的调查，就可以了解总体某一数量的基本情况。它是一种非全面性调查，必须是总体中确有重点单位的存在。如从全国众多

的钢铁企业中,选择首都钢铁公司、宝山钢铁公司、包头钢铁公司、鞍山钢铁公司、武汉钢铁公司、攀枝花钢铁公司等几个重点企业进行调查,就能大致了解全国钢铁生产的状况,因为这些重点钢铁企业的产量占全国钢铁产量的50%以上。

课堂提问:重点调查与典型调查有什么区别?

提示: 重点调查是一种非全面性调查,在仅仅对总体中的部分单位进行调查这一点上,它与典型调查具有相似之处。典型调查必须选择对总体具有代表性的单位,而重点调查选择的是总体中的重点单位。两者所达到的目的不同,典型调查通过对典型单位的研究,可以认识同类现象的本质和规律性,借以达到由特殊到一般的认识目的;重点调查则是通过对重点单位的调查,认识总体的基本情况。

4. 个案调查

个案调查也叫个别调查,它是从总体中选取一个或几个单位进行深入研究。其主要作用在于深入细致地反映某一个或几个单位的具体情况,而不是想通过个案调查来推断总体。如新产品上市,可以对少数购买者进行个案调查,以便了解产品的使用情况;对于一些购买行为也可以采用个案调查,对顾客的购买心理等进行深入研究。

5. 抽样调查

抽样调查是指从调查对象总体中,按随机原则抽取一部分单位作为样本进行调查,并用对样本调查的结果推断总体的相应指标。

(三)根据调查的方法划分为方案调查、实地调查和问卷调查

根据市场调查的方法不同,市场调查又可以分为文案调查、实地调查和问卷调查。

(1)文案调查是调查现已存在的各种资料,通常采用文献查找、上网检索、资料查找等方法。文案调查法又叫"第二手资料调查法""桌面调查法"。

(2)实地调查是调查人员通过跟踪、记录被调查人员或被调查事物行为痕迹来取得资料的一种调查方法。美国有家罐装饮料公司为了了解自己的产品在同类产品中的购买情况,专门派人对某个地区的垃圾场进行调查,以此来制定自己的营销策略。通过这种实地调查取得了第一手资料,对企业的营销决策更有真实性和现实性。

(3)问卷调查是调查人员以面对面的方式或以电话方式或以问卷形式调查被调查人员,以搜集市场资料的调查方法。

(四)根据市场体系中对子体系的划分分为各子市场的调查

各子市场的调查有金融市场调查、证券市场调查、期货市场调查、人力资源市场调查、房地产市场调查、网络市场调查以及技术市场调查等。

1. 金融市场调查

金融市场又称为资金市场,包括货币市场和资本市场,是资金融通市场。所谓资金融通,是指在经济运行过程中,资金供求双方运用各种金融工具调节资金盈余的活动,是所有金融交易活动的总称。资本市场是融通长期资金的市场,包括中长期银行信贷市场和证券市场。金融市场调查主要是调查货币的供给与需求情况以及信贷情况。

2. 证券市场调查

证券是多种经济权益凭证的统称。广义上,证券市场指的是所有证券发行和交易的场所。狭义上,也是最活跃的证券市场,指的是资本证券市场、货币证券市场和商品证券市场,是

股票、债券、商品期货、股票期货、期权、利率期货等证券产品发行和交易的场所。证券市场调查主要是调查股票的发行、股票价格等情况。

3. 期货市场调查

广义的期货市场包括期货交易所、结算所或结算公司、经纪公司和期货交易员；狭义的期货市场仅指期货交易所。期货交易所是买卖期货合约的场所，是期货市场的核心。比较成熟的期货市场在一定程度上相当于一种完全竞争的市场，是经济学中最理想的市场形式，所以期货市场被认为是一种较高级的市场组织形式，是市场经济发展到一定阶段的必然产物。期货市场是交易双方达成协议或成交后不立即交割，而是在未来的一定时间内进行交割的场所。

4. 人力资源市场调查

人力资源市场就是一个提供招聘信息以帮助企业寻找人才的地方。人力资源市场调查主要是调查人才的供给与需求情况。

5. 房地产市场调查

房地产市场是从事房产或土地的出售、租赁、买卖、抵押等交易活动的场所或领域。房产包括作为居民个人消费资料的住宅，也包括作为生产资料的厂房、办公楼等。所以，住宅市场属于生活资料市场的一部分，非住宅房产市场则是生产要素市场的一部分。房产也是自然商品，因而建立和发展从事房产交易的市场是经济运行的要求。

6. 网络市场调查

网络市场是以现代信息技术为支撑，以互联网为媒介，以离散的、无中心的、多元网状的立体结构和运作模式为特征，信息瞬间形成、即时传播、实时互动、高度共享的人机界面构成的交易组织形式。

7. 技术市场调查

技术市场是市场体系的组成部分。狭义的技术市场概念是作为商品的技术成果进行交换的场所。广义的技术市场概念是技术成果的流通领域，是技术成果交换关系的总和。技术市场所交换的商品是以知识形态出现的。它是一种特殊的商品，有多种表现形态，如：软件形式（程序、工艺、配方、设计图等）；咨询、培训等服务形式；买方需要的某种战略思想、预测分析、规划意见、知识传授；等等。这些都可构成技术商品。

课堂思考

2012年1月19日，一个让人震撼的消息传出——美国伊士曼柯达公司因为负债68亿美元申请破产。柯达公司有着一百七十多年的历史，曾经是世界五百强企业，310亿美元的市值，在巅峰时期，柯达的全球员工达到14.5万，拥有全球三分之二的市场份额。它吸引了全球各地的工程师、博士和科学家前往其纽约州罗切斯特市的总部工作，很多专业人士都以在该公司工作为荣。1975年，美国柯达实验室研发出了世界上第一台数码相机，但由于担心胶卷销量受到影响，柯达一直未敢大力发展数码业务。2003年，柯达最终选择了从传统影像业务向数码业务转型，2013年宣布破产。

思考：一个这么大的全球公司为什么会倒闭？

提示：柯达公司的失败不是被技术打败的，最先发明数码技术的也是柯达公司，比如早在1975年，时任柯达应用电子研究中心工程师的斯蒂夫·塞尚就创造出了世界上第一台"数码照相机"。由于担心数码照相机业务可能会冲击当时利润丰厚的胶卷业务，柯达把这种数码照相机束之高阁。

（五）根据调查对象不同分为卖方调查和买方调查

卖方主要是企业，买方主要是顾客。企业生产的产品要为顾客所接受，必须了解买方对产品的感受和满意度。顾客购买意向调查和顾客满意度调查，这两项调查都是企业必须做的重要工作。

（六）按商品流通领域环节划分为批发市场调查和零售市场调查

批发市场调查主要是从批发商品交易的参加者、批发商品流转环节的不同层次、批发商品的购销形式、批发市场的数量和规模等方面进行，着重掌握某个地区的批发市场的商品交易状况和批发市场的经营情况。零售市场调查主要是调查不同经济形式的零售商业的数量及其在社会零售商品流转中的比重，分析和研究其发展变化规律，其内容包括：调查零售市场的商品销售服务形式；调查零售商业网点分布状况；调查零售商业经营环境；调查零售商业顾客的购买心理和满意度情况；调查零售商品的数量和结构；等等。

课堂提问： 人们对市场调查的认识有没有误区？如果有，有什么误区？

提示： 有人认为市场调查是能够包治百病的处方，什么事情都依赖于市场调查，也有人认为市场调查微不足道，不用市场调查也同样能够使企业正常运作。

任务二 熟悉市场调查与统计分析的工作流程

 **知识目标**

1. 掌握市场调查的步骤。
2. 了解统计分析的步骤。
3. 明确统计分析目标。
4. 掌握市场调查的基本内容。

岗位能力目标

1. 了解市场调查的步骤。
2. 清楚了解市场调查与统计分析的步骤，为从事市场调查工作打下坚实的理论基础。

任务分析

了解市场的含义、熟悉市场调查的类型、掌握市场调查与统计分析的发展历程之后，接下来要掌握市场调查的步骤以及统计分析的工作流程。

 知识精讲

一、市场调查步骤

市场调查的全过程可划分为调查准备、调查实施和调查总结三个阶段，每个阶段又可分为若干具体步骤。

（一）调查准备阶段

这个阶段主要解决调查目的、调查范围和调查力量的组织等问题，并制订出切实可行的调查计划。具体工作步骤是：

（1）确定调查目标，拟定调查项目；
（2）确定搜集资料的范围和方式；
（3）设计调查表和抽样方式；
（4）制订调查方案。

（二）调查实施阶段

这个阶段是整个市场调查过程中最关键的阶段，对调查工作能否满足准确、及时、完整及节约等基本要求有直接的影响。

这个阶段有两个步骤：

① 对调查人员进行培训，让调查人员理解调查计划，掌握调查技术及同调查目标有关的经济知识。

② 实地调查。即调查人员按计划规定的时间、地点及方法具体地搜集有关资料，不仅要搜集第二手资料（现成资料），而且要搜集第一手资料（原始资料）。实地调查的质量取决于调查人员的素质、责任心和组织管理的科学性。

（三）调查总结阶段

这个阶段的工作可以分为以下几个步骤。

1. 整理与分析资料

实地调查结束后，就进入了调查资料的整理与分析阶段，即对所搜集的资料进行"去粗取精、去伪存真、由此及彼、由表及里"的处理。对填写好的问卷由调查人员对调查问卷进行逐份检查，剔除那些不合格的问卷，然后将合格的问卷统一编号，以便于调查数据的统计。

2. 撰写调查报告

调查报告是调查成果的最终体现，是调查人员的劳动成果，也是企业评价调查工作的主要依据。调查报告要尽可能简明扼要。市场调查报告一般由引言、正文、结论及附件四个部分组成。其基本内容包括开展调查的目的、被调查单位的基本情况、所调查问题的事实材料、调查分析过程的说明及调查的结论和建议等。

3. 追踪与反馈

提出了调查的结论和建议，不能认为调查过程就此完结，而应继续了解其结论是否被重视和采纳、采纳的程度和采纳后的实际效果以及调查结论与市场发展是否一致等，以便积累经验，不断改进和提高调查工作的质量。

二、市场调查的基本内容

市场调查是获取市场信息，为营销决策提供策略建议和决策支持的重要手段，随着市场竞争的日益激烈，企业对营销决策所需的信息也常常面临着尴尬局面：一方面是信息量的超载使决策者难以处理；另一方面是有效信息却又显得十分缺乏。在这种情形下，企业对高质量的调查工作要求也越来越迫切，在市场调查工作开展之前要熟悉市场调查的基本内容，只有明确市场调查的基本内容，市场调查才能有针对性。

案例思考 1-6

西门子欲做厨房电器市场老大

日前，经调查，厨具业务将成为西门子家电全球最大最核心的业务。西门子作为欧洲嵌入式厨房家电的领导者之一，也是欧洲最高档的厨具品牌之一，厨房电器一直是西门子家电最核心的业务，在西门子家电全球销售额中，厨具产品占据将近30%的份额。业内人士认为，严谨、技术出众的德国西门子重金进军厨卫业，标志着中国厨卫业拉开了以技术为先导的产业洗牌的大幕。

思考：
1. 你认为这个调查中使用的信息对西门子公司来说是真实有用的信息吗？
2. 西门子公司如何使用市场调查来为其未来发展提供有效的信息？

（一）宏观环境调查基本内容
1. 人口环境调查

人口是市场的第一要素。人口数量直接决定市场规模和潜在容量，人口的性别、年龄、民族、婚姻状况、职业、居住分布等也对市场格局产生着深刻影响，从而影响着企业的营销活动。企业应重视对人口环境的研究，密切关注人口特性及其发展动向，及时地调整营销策略以适应人口环境的变化。人口环境调查主要是调查人口规模、结构、民族分布、婚姻状况、居住状况、人们的生活水平、人们的购买力等方面的内容。人口环境调查主要是从人口的数量调查、人口的结构调查和人口分布调查这三部分进行。人口的数量决定了市场的规模，人是市场需求的主体，人口规模大说明了市场需求潜力也非常巨大。目前人口结构呈老龄化趋势发展，说明了银发市场是一个值得开拓的市场。调查人口环境，主要是调查人口的数量、年龄、性别等方面，从市场缝隙去寻找机会。例如，大众汽车公司发现残疾人中有很大一部分人有着旅游驾驶的需求，因此，它开发出了满足这部分群体的产品，很快就占领了这一细分市场。

案例思考 1-7

尿布大王的故事

在日本的福冈市有一家中型企业，它仅凭 2 000 余名员工和 1 亿日元的资本，竟创造出年销售额高达70亿日元且以20%的速度递增的辉煌成就。这家公司就是由多川博开创的日本尼西奇公司。它的产品既不是什么紧俏商品，也不是高科技商品，而是专为婴儿屁股服务的尿布。它的创始人兼总经理，专门从婴儿屁股寻找钱路的多川博，被人们赞誉为"尿布大王"。

多川博是一个敢于冒险、富有想象力的人。在他"出道"之初，就创办了一个生产销售防雨斗篷、卫生带、尿布等日用橡胶制品的综合性企业——尼西奇公司。当时也难说得上什么是企业的主导产品，反正市场上什么好卖，它就生产什么。

然而，由于这种泛泛的经营形不成自己的特色，企业的知名度不高。再加上年轻气盛、好大喜功，因而多川博就不可避免地陷入了"贪多嚼不烂"的处境。由于没有生产出具有特色的拳头产品，因而经营不是很稳定，经常订单不多，开工不足，这使得刚出世不久的尼西奇公司面临着倒闭的危险。

但多川博并没有手足无措、乱了阵脚，而是仔细地分析了自己在经营中存在的问题，努力地寻觅起死回生的捷径。一次，多川博从日本政府发布的人口资料中受到了启发：日本每年大约有250万名婴儿出生，如果每个婴儿每年只用两块尿布，那么这250万婴儿在一年内就需要500万条，这还不包括巨大的潜在市场需求。因此，尿布虽然看起来是不起眼的小商品，但却有一个非常大的市场。于是，他当机立断，决定专门生产其他企业不屑于生产的婴儿尿布。就这样，尼西奇尿垫专业公司应运而生了，它专门产销婴儿尿垫并集中全力形成独具一格的产品特色，创造名牌产品。

尼西奇尿垫专业公司创立后，它不断采用新材料、新技术和新设备，不断推出深受妈妈们喜爱的"尼西奇"各种尿垫，在市场中站稳了脚跟。其产品不但垄断了日本的国内市场，还远销70多个国家和地区。

征战商场，使多川博深深地领会到"消费者是企业的衣食父母，只有赢得了消费者，才能在市场上立于不败之地。由此可见，只有最大限度地满足消费者的各种需要，企业才能走上通往成功的大道"。

多川博不惜重金，聘请了200余名具有带孩子经验的妈妈们，专门负责商品的宣传和消费指导工作。她们在宣传指导中注意向顾客说明产品的特点、用法及洗涤方法，介绍产品的尺寸、号码以及如何挑选满意的产品。经过她们的指导，本来销路一般的尿垫立刻成了市场上的抢手货。原来不屑于经销尿垫这类小玩意，只知经营赚大钱的商品的经销商，也不得不调整经销范围，把目光投向"尼西奇"尿垫。

尿垫的使用者是婴儿，而购买者是他们的母亲。尼西奇公司正是通过这些妈妈推销指导员，同家长们建立起了密不可分的关系和信任，同时也成了他们理想的生活顾问。

为了让顾客更方便地购买到产品，多川博经过认真的选点和谨慎的投资，建立起了一个四通八达、无孔不入的销售网络系统，仅就国内而言，他就建立了6个销售中心、4家分公司和20多个供应点，同全国318个百货公司、3083家超级市场和3670家零售店建立起了直接的供货关系。庞大的销售网络极大地刺激了市场需求，尼西奇公司1992年的销售额，比1982年增长了15倍之多，从而建立起了庞大的"尿布王国"。

多川博深知产品质量在市场竞争中的重要意义，为此，他制定出了"取人之长，补已之短"的质量原则。他要求公司的每一位员工在外出时，都要留意各家公司生产的儿童尿垫。只要看到新式尿垫，就一定要买回来供研究和对比之用，从而能够吸收别人的长处，及时改进自己产品的款式,提高自己的产品质量,使自己的产品永远处于最优的地位。

思考:该案例给你什么启示?

提示:做到极致便是成功,不管干什么,在做之前都要做好市场调查工作,要有敏锐的洞察力,哪怕是一片小小的尿垫,只要用心,努力去做,也会成就自己的"尿布王国"。

2. 经济环境调查

经济环境是影响企业营销活动的主要环境因素,它包括消费者的收入水平、消费结构、企业所处行业的产业结构、总体经济发展水平、经济增长率、货币供应量、银行利率、政府支出、消费者的储蓄、消费信贷等内容,其中收入水平、消费结构对企业营销活动影响较大。

3. 政治法律环境调查

政治法律环境是影响企业营销的重要宏观环境因素,包括政治环境和法律环境。政治环境调查主要是了解国家政治局势的稳定性、国家的制度和政策,特别是企业从事跨国经营活动,必须了解国家的政治局势和政治发展趋势,只有对国家政策研究透彻才能尽可能避免承担经济上的损失和风险。

法律环境调查主要是了解专利、商标、关税、税收方面的政策。

政治环境引导着企业营销活动的方向,为企业规定经营活动的行为准则。政治与法律相互联系,共同对企业的市场营销活动产生影响和发挥作用。

在社会主义市场经济体制下,国家从宏观政策上控制国有企业或私有企业,它们的一切经营活动都必须在国家有关政策法令的指导下,以保证社会主义方向,保证人民群众的根本利益。因此,一个企业要规划其经营活动,应该首先对国家的方针、政策、法令有深入的了解,以明确发展方向,明确什么可做和什么不可做,使企业的经营活动既符合国家政策、法令,又能从适应时代大潮中获得发展契机。

对政治环境的调查通常着重于下列方面:

① 现有政策、法令。分析企业什么可做,什么不可做,什么可尝试着做。
② 政策、法令的变化趋势。探寻企业发展方向,争取主动,以立于不败之地。
③ 政策、法令及其变化对企业的影响程度。企业经营是否应转向,是否应调整。

案例思考 1-8

抓住市场机会

案例1:希腊船王奥纳西斯

第二次世界大战以前,人们普遍存在悲观的情绪,似乎世界末日就在不远处。然而希腊人奥纳西斯没有在悲观中沉沦。通过认真的思索,他认为生产过剩、物价暴跌只是暂时的现象,世界经济终究会再次繁荣,到时候价格自然会回升,说不定还会暴涨。所以谁能够在今天买到便宜货,必将在明天卖出好价钱。后来证明,奥纳西斯的判断非常准确。然而,令人意想不到的是,奥纳西斯并没有选择购买普遍被看好的黄金、不动产或者公司的股票,而是瞄准了似乎注定要遭难的海上运输工具——轮船。他认为一旦世界经济复苏,运输就会显得尤为重要。拥有了轮船,到时候投入的金钱就会像热带植物一样疯长,利润自然滚滚而来。

一天，奥纳西斯得到了一条他最希望得到的消息：由于经济萧条，加拿大国营运输公司无力维持经营，决定出卖6艘货轮。这6艘货轮10年前价值200万美元，如今仅以25万美元出售。看到这个消息，奥纳西斯几乎兴奋得跳了起来。他立即乘机赶到加拿大，把那6艘被遗弃在"墓地"的货轮悉数买下。当时，很多人认为奥纳西斯疯了，认为过不了多久，这些船就会变得一文不值。形势向大多数人所想象的那样发展，经济一天坏似一天，整个资本主义世界都深陷在泥潭中，光明的未来似乎只是一个美丽的谎言。但奥纳西斯从没动摇自己的信心，他坚信好日子一定会来临。

第二次世界大战爆发了，这是噩梦的开始。然而对于奥纳西斯来说却有着不同的意义。战争给那些拥有水上运输工具的人带来了神奇的机会，奥纳西斯的6艘货轮瞬间变成了6座浮动的金矿，每挪动一步都会带来可观的利润。在战争结束以后，身价倍增的奥纳西斯已然成为了希腊船王。

案例2：肯德基

20世纪80年代中期，美国肯德基炸鸡店对庞大的中国市场产生了兴趣，有意在中国发展加盟店。为此，他们先行派遣了一位执行董事到北京考察市场。

这位执行董事下了飞机以后，来到北京的街头，在不同的路口用秒表测量出行人的流量，然后又向500名不同职业、不同收入水平的人征求他们对炸鸡的价格、口味等的看法以及他们对快餐的态度。最后，这位执行董事又详细考察了北京的鸡源、油、面、盐、菜以及鸡饲料等，并将数据带回了美国进行详细的分析，最后得出了"中国市场具有巨大潜力"的结论。

果然，1987年11月肯德基在北京开业以后，在不到300天的时间内，便实现了250万元的销售收入。原计划在5年内收回的投资，不到2年就收回了。

思考：奥纳西斯、肯德基为什么能够成功？他们抓住了哪些因素？

（资料来源：傅忆. 营销圣经. 北京：中国华侨出版社，2013）

4. 社会文化环境调查

文化是一种风俗习惯，是人们看问题的思维方式和方法。社会文化环境是指在一种社会形态下已经形成的价值观念、宗教信仰、风俗习惯、道德规范等的总和。任何企业都处于一定的社会文化环境中，企业营销活动必然受到所在社会文化环境的影响和制约。为此，企业应了解和分析社会文化环境，进行消费者的文化水平、社会教育水平、民族与宗教状况、风俗习惯等方面的调查，针对不同的文化环境制定不同的营销策略，组织不同的营销活动。

 案例思考1-9

速溶咖啡为什么不畅销

在雀巢的速溶咖啡产生之前，人们一直都是通过煮咖啡才能尝到咖啡的美味，煮咖啡既费时又费力。于是雀巢公司生产了速溶咖啡，改变了人们煮咖啡的习惯，使得喝咖啡成为一件可以快速完成的事情。于是速溶咖啡广告便强调因速溶而带来的便利性，然而，令雀巢公司未料到的是，这种以"速溶咖啡"为独特卖点的产品竟然没能像想象中的那样热销。

于是雀巢公司经过深入调查了解到，许多家庭妇女在购买速溶产品时存在顾虑，认为这是一种偷懒的行为，甚至是对客人和丈夫的一种怠慢，这与男人心目中的贤惠能干的妻子形象相距甚远。在男尊女卑的三四十年代，速溶咖啡显得有点不合时宜。

雀巢公司搜集到这些信息后，开始调整自己的营销策略，既然方便性已经不能令消费者心动，于是广告的重点就转向表现产品的纯度、良好的口感和浓郁的芳香，强调雀巢咖啡是"真正的咖啡"。这一变，雀巢咖啡才真正火起来。后来，随着妇女解放，人们越来越能接受雀巢咖啡的"速溶性"，雀巢咖啡大受广大家庭主妇的欢迎，尤其对那些没有魔豆道具的家庭来说，更是方便。

后来，当调研人员发现人们逐渐认可"好咖啡就是雀巢咖啡"后，雀巢咖啡的广告又开始变化了，由理性诉求转变为感性诉求，由对产品功能性的宣传转变为对新生活方式的倡导。

思考：本案例给你什么启示？

（资料来源：陈娇. 科特勒营销全书. 北京：中国华侨出版社，2013）

▶ 课堂思考

随着人们生活水平的提升，工作节奏加快，人们的消费观念发生变化，大家都喜欢去外面就餐，这给饮食行业带来了机遇，如果你想从事饮食行业的创业，你觉得应该如何入手？

5. 自然环境调查

自然环境是指自然界提供给人类各种形式的物质资源，如阳光、空气、水、森林、土地等。随着人类社会的进步和科学技术的发展，世界各国都加速了工业化进程，这一方面创造了丰富的物质财富，满足了人们日益增长的需求；另一方面，面临着资源短缺、环境污染等问题。从20世纪60年代起，世界各国开始关注经济发展对自然环境的影响，成立了许多环境保护组织，促使各国政府加强环境保护的立法。这些问题都为企业营销带来挑战。对企业营销管理者来说，应该关注自然环境变化的趋势，并从中分析企业营销的机会和威胁，制定相应的对策。

6. 科技环境调查

科学技术是社会生产力中最活跃的因素，它影响着人类社会的历史进程和社会生活的方方面面，对企业营销活动的影响更是显而易见。科学技术又是一种创造性的毁灭力量。即技术是一把双刃剑，既给人类带来了发展机遇，同时也给人类带来威胁。美国著名的经济学家约瑟夫·熊彼特曾说，创新能够创造利润，同时创新也会有破坏，因为创新会破坏现有的经济模式和人们的思维方式。对于企业来说，要推动企业发展，就必须不断推动创新技术的更新。

 案例思考 1-10

中国人为什么狂买日本纸尿片

据 Business Insider 文章，中国人对于购买日本制造的高价尿片的狂热可能会改变投资者对投资新兴市场的看法。

我们现在来近距离地看一下新兴市场中产阶级购物习惯的演化。中产阶级特别喜欢购买优质的高档商品。这种趋势不仅反映出未来消费者消费的趋势，还能反映出新兴市场股市哪个板块未来会表现得更好。

过去数年间，日益富裕起来的中国父母们开始给他们的孩子购买更高档的纸尿片，好多纸尿片都来自于日本。日本生产的纸尿片的价格要比中国国内企业生产的同类纸尿片的价格高很多。

1998年，保洁公司的产品帮宝适品牌打入中国市场。刚开始由于纸尿片的质量差以及中国父母对一次性纸尿片的抵制，直到2007年宝洁引入"黄金睡眠"这一概念，把婴儿睡眠质量和孩子的成长与一次性纸尿片联系在一起，纸尿片才被大多数中国父母接受。

之后，其他的一些公司也开始跟进。比如日本的Unicharm，韩国的合资公司Kimberly Clark，也开始进入这一领域，最后Kao公司（花王）也开始进入这一市场。

随着纸尿片需求的增长，虽然Kao公司进入中国市场较晚，但是其市场份额在中国却不断扩大，即使是宝洁和中国本土的公司恒安国际也不得不丧失大量的市场份额。

这种情况对于试图了解新兴市场情况的投资者意味着什么呢？我们发现以下三个关键点。

（1）随着中国中产阶级的增长，中国对高端市场产品的需求量也大幅增加。中国中产阶级购买的产品有美国制造的斯坦韦钢琴和美泰芭比娃娃，还有意大利的La Perla。

但是，随着纸尿片战争的打响，这种趋势已经蔓延到了奢侈品以外市场。在宝洁还在继续引领中国一次性纸尿片市场，并把目标人群定位为一般大众，在中国本土生产低成本的纸尿片的时候，Kao公司已经把焦点凝聚到了更具有消费能力的中产阶级身上，它的产品Merries凭借超高的吸收技术，吸引了中国高端消费者的大量购买。事实上，Kao公司接近90%的销售额都是来自于高端纸尿片产品，而宝洁25%的销售额以及Unicharm接近40%的销售额来自于高端纸尿片。

随着中国人对高端产品的需求越来越强，中国中产阶级对于好产品的要求越来越高。因此国外公司在中国的机会也越来越多。

（2）电子商务的崛起。在电子商务快速崛起的时候，Kao公司就开始关注互联网渠道。中国的电子商务发展得非常迅速，而且手机端的用户量也在大幅上涨。据Bernstein研究机构的调查，电子商务对中国家庭和个人的渗透率已经从2013年的3%上升到2015年的21%。而且互联网渠道对于高端消费者来说非常具有吸引力。原因是在网上购物方便，而且可选择的商品种类也比较多。

（3）新时代需要新的游戏规则。现在新兴经济体与此前相比发生了巨大变化，而且这些巨大变化是在短时间内出现的。过去10年投资者用来指导投资的规则估计在未来数年不会再起作用。不要假设大众市场将来会是什么样子，最重要的是要关注电子商务未来的走向。

（资料来源：腾讯财经，2016-07-31）

思考：为什么消费者都喜欢购买日本的纸尿片？该案例给你什么启示？

（二）微观环境调查基本内容

1. 市场供给情况调查

市场供给情况调查主要的调查对象是供应商。供应商是指为企业进行生产而提供所需的特定的原材料、辅助材料、设备、能源、劳务、资金等资源的供货单位。这些资源的变化直接影响到企业产品的产量、质量以及利润,从而影响企业营销计划和营销目标的完成。供应商调查主要是就供应商供应商品的质量、供应的能力、供货的水平、种类、价格、供应的及时性和稳定性等方面做调查。

2. 企业内部环境调查

企业开展营销活动要充分考虑到企业内部的环境力量和因素。企业是组织生产和经营的经济单位,是一个系统组织。企业内部一般设立计划、技术、采购、生产、营销、质检、财务、后勤等部门。企业内部各职能部门的工作及其相互之间的协调关系,直接影响企业的整个营销活动。企业内部环境调查主要调查企业的资金、规模、实力、人力资源、企业文化、企业形象、品牌知名度、产品的包装、价格、销售渠道、广告的知晓度等情况。

3. 营销中介调查

营销中介是指为企业营销活动提供各种服务的企业或部门的总称。营销中介对企业营销产生直接的、重大的影响,只有通过有关营销中介所提供的服务,企业才能把产品顺利地送到目标消费者手中。营销中介的主要功能是帮助企业推广和分销产品。

▶ **课堂思考**

某保健品生产公司计划在"十一黄金周"上市某种保健品,但其广告功效与消费者期望的功效未能很好地结合,导致产品上市推迟。原因在于该公司提前没有与消费者沟通,不了解消费者期望的广告。公司对该保健品的定位是营养礼品,而在消费者眼中该保健品并不适合做礼品。这就要求企业在广告前期设计时做好调查工作。

有些广告可能让人们产生好感和兴趣,但是留下深刻印象的只是广告明星而不是广告产品,还有些广告仅仅具有娱乐效果而不能使人产生购买欲。

提问:你觉得该保健品公司应该如何进行产品推广?

4. 消费者购买行为调查

消费者购买行为调查是市场调查的主要内容。消费者购买行为调查的内容有很多,包括消费者的购买行为内容、消费者购买行为动机、消费者购买影响因素等方面。消费者购买行为调查主要是对消费者的购买模式和习惯的调查,通常来讲就是"5W1H"即 why(为什么买)、what(买什么)、where(在哪里买)、who(谁来买)、when(何时买)、how(怎么买)。消费者购买行为动机有心理动机、情感动机、惠顾动机、求新动机、求异动机、求名动机、求廉动机、求实动机等。影响消费者购买行为的有文化因素、心理因素、社会因素、个人因素等。

消费者的需求往往是多方面的、不确定的,需要企业去分析和引导,很少有客户、尤其是消费品的购买者对自己要购买的消费品形成了非常精确的描述,也就是说,当一位客户站在企业销售人员的面前时,他对该企业的产品有了极大的兴趣,但仍然不知道自己将要买回去什么样的产品。在这种情况下,企业的销售人员需要增强与客户的沟通,对他们的需求做出定义。

对消费者的需求进行定义就是指通过买卖双方的长期沟通,对消费者购买产品的欲望、用途、功能、款式进行逐渐发掘,将消费者心里模糊的认识以精确的方式描述并展示出来的过程。

课堂思考

消费者人口统计资料包括哪些？这些资料对企业从事营销活动有什么启示？

提示： 消费者人口统计资料包括消费者的性别结构、年龄结构、职业情况、地域分布情况、教育程度、家庭规模、家庭所处生命周期等基本情况。

课堂思考

市场信息瞬息万变，如何瞄准消费者的"嘴巴"开店？

5. 社会公众调查

社会公众是企业营销活动中与企业营销活动发生关系的各种群体的总称。公众对企业的态度，会对其营销活动产生巨大的影响，它既可以帮助企业树立良好的形象，也可能妨碍企业的形象。所以企业必须采取措施处理好与主要公众的关系，争取公众的支持和偏爱，为企业的营销活动营造和谐、宽松的社会环境。

案例思考 1-11

"奶球"重新定位

"奶球"是一种糖果的品牌。这种糖果的包装很别致，是一个小巧而精致的黄棕色盒子。购买奶球糖果的多是青少年，他们觉得在看电影的时候嚼着奶球糖果很带劲。但是作为奶球品牌的拥有者，史维哲·克拉克公司对现有的市场并不满意。客观地说，青少年对糖果的需求有限，这也是奶球糖果的销售业绩总是不尽人意的根源所在。相较而言，糖果对少不更事的儿童更有吸引力。你会发现，这些儿童的嘴里总是含着一颗糖果，对每一种口味的糖果都非常感兴趣。毫无疑问，平均年龄在10岁以下的儿童是糖果的最佳消费者。为了吸引最佳消费者，克拉克公司决定对品牌重新定位。

选定了目标消费者，克拉克公司开始着手进行消费心理分析。调查显示，每当接触到有关糖果的信息，小朋友们首先想到的是糖果的品牌，比如好时、杏仁乐、银河、雀巢等品牌的棒糖都非常受欢迎。上述品牌的知名度和美誉度都是奶球糖果所望尘莫及的。这就意味着，克拉克公司若把奶球品牌定位为棒糖形象，即使花巨额的广告费，也很难在消费者的心目中扎下根。此路不通，克拉克公司必须寻找其他的突破点。

经过再三的调查分析，克拉克公司的营销人员终于发现了竞争对手的一个弱点：市场上现有的棒糖都很小，不耐吃。比如五元钱一根的好时牌棒糖，孩子一般两三分钟就吃完了。这就使贪吃但零用钱并不宽裕的小朋友们非常不满，调查人员常常听到这样的抱怨："不是我吃得太快，而是棒糖本来就不大""因为买棒糖，我的零用钱不知不觉就花光了"，小朋友们会有这样的经验之谈："告诉你，棒糖千万不能吮吸太快，否则一会儿就没有了。"通过这些充满童趣的话语，小朋友们其实是在传达这样一个信息："我需要耐吃而且价格不贵的棒糖。"

针对消费者的这种需求，克拉克公司很快生产了一种新型的奶球糖，它们被装在盒子里，每盒有15颗糖。小朋友们可以一颗一颗地品尝，也可以分几次把这些糖吃完。毫无疑问，这样一盒奶球糖比同等价值的棒糖要耐吃得多。虽然奶球糖不是棒糖，但是小朋友们很快就会发现，奶球糖其实是棒糖不错的替代品。

通过市场调查和分析竞争对手，奶球品牌确定了新的市场定位，但这个定位能否取得最后的成功呢？这还要依赖于接下来的广告宣传。策划人员自然而然地将耐吃作为宣传的重点，在此之前，还从来没有其他的糖果广告侧重于宣传耐吃的特点。奶球糖果的广告是这样的：从前有一个小孩，他有张大嘴（一个小孩站在一张大嘴巴旁边），非常喜欢吃棒糖（小孩一根接一根地把棒糖塞入那张大嘴中），但是糖棒并不耐吃（棒糖很快吃完了，大嘴巴非常生气）。这时候小孩发现了一盒奶球糖（小孩兴奋地举起奶球糖，大嘴巴开始舔它的下颚），大嘴巴爱上了奶球，因为它们耐吃（小孩把奶球糖一颗一颗地滚到大嘴巴的舌头上去）。最后，小孩和大嘴巴合唱了一曲欢快的歌谣："当棒糖变成一段遥远的回忆，你不会有什么留恋，因为你拥有了奶球，现在给你的嘴巴弄一些奶球吧！"这则广告发布以后，奶球牌糖果的销售业绩很快就有了起色，品牌知名度也大大提高了。

（资料来源：傅忆. 营销圣经. 北京：中国华侨出版社，2013）

思考：奶球糖果是怎么取得成功的？克拉克公司分析了哪些环境？

6. 竞争对手调查

任何产品都会有竞争对手。竞争对手的竞争其实就是对顾客的争夺。竞争是商品经济的必然现象。在商品经济条件下，任何企业在目标市场进行营销活动时，不可避免地会遇到竞争对手的挑战。即使在某个市场上只有一个企业在提供产品或服务，没有"显在"的对手，也很难断定在这个市场上没有潜在的竞争企业。竞争对手根据其商品是否具有替代性，可分为欲望竞争对手、一般竞争对手、产品形式竞争对手和品牌竞争对手。所谓的欲望竞争对手是指满足消费者同一个愿望的竞争者，比如房地产企业和旅游企业，他们都能够满足消费者的某种愿望，这两类企业可以称为欲望竞争对手；一般竞争对手是指不同产品同时能满足消费者的同一种需求，比如咖啡馆和茶馆就是一般竞争对手；产品形式竞争对手是指同一种产品又有不同的规格、价格、尺寸，如某品牌汽车有高档汽车、中档汽车和低档汽车，生产这些档次汽车的企业就是产品形式竞争对手；品牌竞争对手是指生产同样规格、价格、档次产品的竞争者，如宝马与奔驰可以说是品牌竞争对手。在激烈的市场竞争中，超越竞争对手无疑是企业的战略重点。并不能单纯地认为生产同样的产品，面对相似的顾客就是竞争对手。阿里巴巴和华为公司是两家截然不同的企业，从顾客资源的角度来说，他们没有竞争关系。但是在面对相同的劳动力供给的条件下，他们都要争夺优秀的计算机编程人员。因此从人力资源的角度来看，他们也是竞争对手。

企业竞争对手的状况将直接影响企业营销活动。如竞争对手的营销策略及营销活动的变化就会直接影响企业营销，最为明显的是竞争对手的产品价格、广告宣传、市场细分、促销手段的变化，以及产品的开发、销售服务的加强都将直接对企业造成威胁。为此，企业在制定营销策略前必须先弄清竞争对手，特别是同行业竞争对手的生产经营状况，做到知己知彼，有效地开展营销活动。

竞争对手调查主要从以下几个方面进行。

（1）现实竞争对手有多少？力量强弱对比状况如何？哪些是主要竞争对手，哪些是次要竞争对手？竞争对手有哪些优势，有哪些劣势？

（2）潜在竞争对手可能有多少？力量强弱对比状况如何？什么时候会出现？会以什么形式出现？对企业会有什么影响？

（3）竞争对手的加入或退出情况如何？即：哪些竞争对手可能增强攻势，哪些竞争对手可能退出竞争？

（4）竞争对手的策略如何？即：竞争对手会采用什么战略和策略？竞争对手的反应如何？

案例思考 1–12

王永庆卖米的故事

王永庆小时候家里贫困，小学毕业就辍学了，被父亲送到永嘉县的一个小镇上去做米店的学徒。做学徒几乎没什么工钱，每天做很辛苦的活，但他并不怕苦。当时这家米店生意平平，同行业的米店也很多，老板经常叹息，生意越来越难做。王永庆听了也担心，自己才来没多久，如果生意不好米店关门，可能自己会没工作做，所以他开始观察其他米店的情况。他发现所有的米店基本和他老板开的米店没什么区别，同质化竞争激烈，卖一样的大米，生意也一般。然后王永庆开始对经常来店里买米的几位客户询问，听了客户的想法后向老板提出：每天为镇上年纪大的顾客送米到家，再收钱。这样一来，镇上年纪大的顾客都来到王永庆老板的米店里要求送米到家。老板发现这个方法使米店生意一下子好了起来。他觉得永庆很聪明，救活了他的米店。但好景不长，其他米店的生意清淡了许多，这些米店的老板们一打听原来是这么一回事，纷纷仿效王永庆的做法。没过多久，镇上的米店老板们都采用了送米上门的销售方法，王永庆老板的米店生意又不太好了。一天老板找王永庆谈，生意不好了能否再想些办法，永庆说他会有办法的。过了几天永庆开始询问镇上的客户，为什么每次买米总是很少，而且经常到不同的店里去买。客户告诉他：大家都是这样的，习惯了，到不同的店里可以比较一下。王永庆把这个消费习惯用小本子记录了下来。于是他对店里现有的老顾客一个个询问，每次去送米时问他们家有几口人，家里今年是否办些喜事等。他每天白天送米，晚上回来开始做功课，在小本子上记录下今天送过米的几个顾客的家里情况。有一天他背了一袋米，敲响了一家顾客的门。主人出来满脸疑惑地问："永庆，我们家今天没有让你送米，怎么你送来了？"永庆回答道："东家，你的米缸里已快没米了，今天我特地给你们送一袋过来。"这位东家打开自家的米缸一看，果然快没米了，当场就对永庆表示赞赏并表示以后他家的米就指定让永庆送了，以后他也不再到镇上其他米店去买了。又有一天，永庆看到一位老顾客从他的米店前路过，他马上叫住他，说："李某某，你家的米缸里已没米了，你今天是否买些回去？"那人一听觉得奇怪了，他怎么知道我家没米了，就是不信，他说回家看看，如果没有的话就到他的店来买。他回家打开米缸一看果然所剩下无几，他真的来到永庆老板的米店买米了，并请教了永庆："你难道是我家米缸里的老鼠，我家的米有多少你也知道？"原来，王永庆每次去送米时都从左口袋掏出小笔记本对客户做了详细的记录：家里的人口数量、每天吃多少，这样他就完全掌握了客户的需求信息，很有针对性地提供服务，并且每次出门送米时他的右口袋放着一把卷尺，测量一下客户家的米缸的深度和直径，也掌握了最多能存放的米的数量。另外他还了解到客户每年有几次大的事要办，以便在办大事的月份可以多储备些。这样一来，王永庆老板的米店生意非常红火，使镇上的其他米店生意惨淡，有些米店老板甚至连怎么倒闭的都不知道，只感觉客户越来越少。

思考：该案例给你什么启示？

提示：当一个行业面临的竞争对手越来越多时，当产品不能及时创新时，当一定区域内客户的数量有限时，竞争的差异化焦点就在人的服务上了，因为不同的销售员可以提供个性化的服务，服务营销才能取胜。

案例思考1-13

麦当劳的汉堡包之战

如今，麦当劳的连锁店已遍布全球，是名副其实的快餐巨人，然而这个巨人是如何一步一步成长起来的呢？这还得从咖啡馆说起，因为麦当劳正是踏着咖啡馆的肩膀上路的。

20世纪中期，咖啡馆在美国相当受欢迎（当然现在也不冷清）。一家小的咖啡馆里通常只有六七只凳子和一个柜台。在这样的一个温馨的小空间里，顾客除了品尝咖啡以外，还可以吃到火腿蛋、烟熏猪肉、莴苣三明治和冰淇淋等，当然汉堡包、法式炸鸡也是必不可少的。每一个城市、每一个地区的咖啡馆都有不同的特色，例如在费城，奶酪牛排三明治是其特色，蛤肉杂烩则是波士顿的特色。不同地区的咖啡馆都在警惕地防卫着自己的地盘。

是的，各地的咖啡馆都有自己的特色，但是这些咖啡馆并没有专心经营自己的特色。顾客可以在一个小咖啡馆点到许多自己喜欢吃的食物。当然，这样做可以满足顾客多方面的需求，但是从营销战略的角度来看，它的战线拉得太长了，因而不堪一击。精明的雷·克罗克敏锐地发现了咖啡馆的弱点，他以最受人们欢迎的食品——汉堡包作为突破口，向咖啡馆发起了猛烈的攻击。

事情进展得很顺利，应该说麦当劳的战役打得非常漂亮。作为对手的咖啡馆甚至没有意识到自己受到了攻击，而成千上万的咖啡馆的顾客却走进了麦当劳。暂时的成功并没有令克罗克得意忘形，雄心勃勃的他立即着手扩张他的麦当劳版图，很快麦当劳的连锁店就开遍了整个美国。当咖啡馆意识到他们的顾客更多地光顾麦当劳的时候，想办法应对这一状况时已经来不及了，麦当劳已经确立了它在汉堡包领域的不可动摇的优势。就这样，麦当劳开始了向巨人成长的旅程。

如今，在讨论麦当劳的成功时，营销专家们津津乐道于它严格的程序和标准以及它对清洁的狂热追求，却很少提及其最初的成功秘诀。但也许那才是最为重要的，而成功的原因就是：在正确的时间选择了正确的对手，最后用正确的方式战胜了对手。

（资料来源：傅忆. 营销圣经. 北京：中国华侨出版社，2013）

思考：麦当劳是怎么打败竞争对手的？

市场营销环境是不断变化的，对于企业来说，不能主动地改变市场营销环境，但可以采取合理的方式去适应变化的环境。企业必须时刻关注市场的最新动向，做到这一点最常用的方法就是进行市场调查研究，加强企业人员与顾客的联系，密切关注竞争对手的最新动向。营销人员必须关注宏观环境和微观环境的变化，通过收集、分析、比较竞争对手的相关信息，了解本企业在市场竞争中的地位，及时进行战略的调整，才能使自己立于不败之地。

 案例思考 1-14

奇　瑞

奇瑞 QQ 在国内轿车低端市场中广受消费者青睐。

在一项调查中，消费者被问及奇瑞最像什么动物的时候，大多数消费者选择了猴子。因为奇瑞 QQ 车非常小巧，而且车前灯好像炯炯有神的"大眼睛"，给人非常灵活的感觉。所以消费者对奇瑞品牌的印象就是一只灵活的猴子。

国　美

国美电器自己定位的企业形象好比老鹰——非常有高度、力度、冲力、速度；而消费者认为国美像老虎——财大气粗、扩张速度快、有气势。

思考：奇瑞和国美的案例给你什么启示？

提示：产品名称对于品牌塑造有重要作用，但是很多企业的内部理念与企业的外部品牌有冲突，与消费者对企业的评价完全不同，甚至企业自身对自己的品牌认识不够，定位有误。

国美自己树立的品牌是企业家自己的理想，是自身企业文化的定位，而企业文化应传播到外部成为品牌。但是现实中企业的内部文化和外部的品牌有很大差异。这时企业家往往将这种偏差归结为消费者的误解。

7. 产品自身调查

产品自身调查包括产品的包装、口味、颜色、市场细分、市场定位、价格以及消费者对产品的需求特性、顾客对产品的满意度等方面的调查。

▶ **课堂思考**

某洗发水企业开发的五种洗发水品牌的销售都比较乐观，但是只有一条产品线。一条产品线，最后分装为五种产品。该企业把同样的洗发水分装为不同品牌的目的在于进行市场细分和定位，赋予每种品牌不同的特性：A 品牌定位为顺直功效，B 品牌定位为去屑，等等。定位是把无差异的产品卖出差异化，这是定位的本质。

思考：你觉得如何进行洗发水市场细分？

三、统计分析的步骤

统计分析的一般步骤大致有以下。

（一）确定统计分析目标

确定统计分析目标就是明确市场调查所要解决的问题是什么，即为什么进行某项市场分析，通过分析要达到一种什么状态。目标要尽可能详细、具体。在市场资料统计分析中，只有确定了统计分析的目标，才能进一步落实统计的内容，选择适当的统计分析方法，调查或搜集必要的资料，也才能决定统计分析的水平和所能达到的目标；否则统计分析就是盲目的，也是根本无法开展的。

确定统计分析的目标，主要是根据商品生产和营销决策的要求，针对不同的需要进行不同的市场统计分析。确定统计分析的目标，特别要做到具体明确，才不至于背离市场统计的实际需要。

（二）调查、搜集、整理市场统计分析所需资料

统计分析不论采用定性方法还是定量方法，都不是无根据的或任意的主观设想。统计分析必须以充分的历史和现实资料为依据。在统计分析中，其分析过程是否能顺利完成，统计分析结果准确程度如何，分析是否符合市场现象的客观实际表现等，在很大程度上取决于分析者是否占有充分可靠的直接和现实的市场资料。统计分析所需资料的调查、搜集、整理是统计分析的一个非常重要的步骤。

1. 直接市场资料

直接市场资料是指由市场分析者自己采用各种市场调查方法，对市场信息进行搜集、整理、分析的结果，即通过市场调查取得的市场资料。

这里的直接性主要表现在两方面：一方面是指资料是通过市场调查直接取得的，而不是对第二手资料的搜集；另一方面是指通过市场调查所取得的市场资料，在内容上是直接反映市场现象的资料。

2. 间接市场资料

间接市场资料是指从由别人所组织的各种调查搜集和积累起来的材料中摘取出的市场资料或与市场有紧密联系的社会经济现象的有关资料。

间接市场资料的出处很多，如常见的定期发布的经济公报、情况简报、报纸杂志、经济年鉴、统计年鉴等，都是间接市场资料的重要来源。

（三）撰写分析报告

市场调查者对经过整理的市场调查资料，还必须进行周密的分析。对市场调查的资料进行周密分析，主要是分析研究市场现象及各种影响因素是否存在相关关系，其相关的紧密程度、方向、形式等如何；还要对市场现象及各种影响因素的发展变化规律和特点进行分析。然后根据市场现象及各种影响因素的具体特点选择适当的分析方法，进行正确的市场决策。

最后，根据市场现象及各种影响因素的发展变化规律，运用所建立的统计分析模型，撰写分析报告。

案例思考 1-15

错误的市场调查结论带来的后果

一位在上海经营宠物食品公司的企业家到北京出差，趁空闲时间，在西单图书大厦买了一本市场调查技术方面的书。3 个月以后，他为这本书付出了三十几万元的代价。更可怕的是这种损失还在继续，除非这位先生的宠物食品公司关门，否则那本书会如同魔咒般伴随着他的商业生涯。

原来，这位企业家回到上海后，为了能够了解更多的消费者信息，他根据市场调查书中的技术介绍，亲自设计了精细的问卷，在上海选择了 1 000 个样本进行调查，并且保证所有

的抽样在超级市场的宠物组购物人群中产生，内容涉及价格、包装、食量、周期、口味、配料等六大方面，覆盖了所能想到的全部因素。沉甸甸的问卷让企业的高层着实振奋了一段时间，谁也没想到市场调查正把他们拖向溃败。

2005年年初，这家宠物食品公司采用新配方、新包装的狗粮产品上市了，短暂的旺销持续了一星期，随后就是全面萧条，后来产品在一些渠道甚至遭到抵制。过低的销量让企业高层不知所措，当时远在美国的这位企业家更是惊讶："科学的市场调查为什么还不如以前我们凭感觉定位来得准确？"到2005年2月初，新产品被迫从终端撤回，产品革新宣布失败。

这位企业家告诉记者："我回国以后，请来一些新产品的购买者参加座谈，他们拒绝再次购买的原因是宠物不喜欢吃。"产品的最终消费者不是"人"，人只是一个购买者，错误的市场调查方向，决定了调查结论的局限性，甚至是荒谬的。

经历了这次失败，这位企业家认识到了市场调查的两面性：市场调查可以增加商战的胜算，而失败的市场调查对企业来说是一场噩梦。

（资料来源：覃常员.市场调查与预测.大连：大连理工大学出版社，2009）

思考：
1. 这位企业家的调查决策为什么会失败？
2. 你从案例中得到什么启示？

案例思考 1-16

不科学的市场调查影响公司的决策

某软件开发公司对杀毒软件进行过不科学的市场调查，错误的结论导致公司决策和长期发展部署的失败。其董事长感慨万分地说："如果不是调查偏差，我们公司现在会发展得更好。"原来，该公司当时请了一所大学来做网络人群对杀毒软件需求的调查，这所大学将调查对象错误地设计为当时上网的单机版人群，所以调查结果都是关于单机版软件的市场需求状况，而没有看到单机版需要改进的方向以及单机版进一步发展的空间，因此忽略了网络版杀毒软件的市场需求。这是一个战略方向的错误。此项调查应当将调查对象设计为两类：单机版用户群和网络版用户群。这样，调查结果必然会显示网络版的用户需求更大，而单机版用户会逐渐向网络版用户转变。

思考：软件开发公司的市场调查为什么会失败？

项目小结

根据市场调查业务活动顺序，市场调查是市场调查与统计分析工作的第一项任务。对于企业来说，市场调查活动是经营活动中最重要的活动。本项目主要介绍市场调查与统计分析的含义、市场调查与统计分析的产生与发展、市场调查的类型。任务二主要介绍市场调查与统计分析的步骤。学好本项目的基本理论将为以后相关内容的学习打下基础。

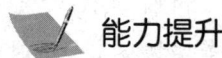 能力提升

公司的调查目标是什么

某公司以生产的某种新型功能饮料供应市场。由于产品新颖,推出后颇受欢迎,出现供不应求的现象,故该公司考虑建新厂以增加供应能力。但是,对于这个计划是否恰当,公司管理层面临以下几个问题。

其一,因为是新产品,企业的内部资料并不够,无法提供分析。

其二,若借消费者调查以确定该产品是处于"成长期"还是"成熟期",又将以何种指标来判断呢?可能的指标有以下几种。

① 本产品的消费者有多少?
② 购买者比例有多少?
③ 购买者满意度如何?
④ 重复购买率如何?
⑤ 消费者的年龄层、性别有何特点?
⑥ 消费者对功能的选择有何特性?
⑦ 新产品扩散途径有哪些?

市场调查者与产品行销负责人对这些测定指标进行相互沟通后,他们决定靠消费者购买调查,以正确了解消费者购买需求动向,进而决定是增设新厂还是保持现况。根据上述资料,你认为该公司的调查目标应该是什么?

(资料来源:赵轶. 市场调查与分析. 北京:北京交通大学出版社,2009)

习　题

一、单项选择题

1. ( ) 是进行市场调查与统计分析的首要问题。
　　A. 确定市场调查的目的　　　　B. 调查、搜集、整理资料
　　C. 对资料进行分析　　　　　　D. 检验分析成果

2. 在营销实践活动中,确定市场调查目标时,如果将调查目标定义得过于狭窄,可能导致( )。
　　A. 搜集的资料不准确　　　　　B. 调查结论不科学
　　C. 决策者缺乏对市场基本情况的把握　　D. 经营决策失败

3. 市场调查与统计分析是在当今激烈的市场竞争中必不可少的工具,市场调查应用最早的国家是( )。
　　A. 德国　　　B. 英国　　　C. 美国　　　D. 日本

4. 下列( )不是市场调查应该遵循的原则。
　　A. 经济性　　B. 实效性　　C. 准确性　　D. 合理性

5. 市场调查最后一个步骤是( )。
　　A. 调查资料分析　　B. 数据处理　　C. 明确调查目标　　D. 形成调查报告

二、多项选择题

1. 根据市场的竞争程度可将市场划分为（　　）。
   A. 完全竞争市场　　　　　　　　B. 完全垄断市场
   C. 不完全竞争市场　　　　　　　D. 竞争充分市场
2. 按流通领域环节划分，市场调查分为（　　）。
   A. 批发市场调查　　　　　　　　B. 零售市场调查
   C. 生产资料市场　　　　　　　　D. 消费者市场
3. 市场调查的特征有（　　）。
   A. 市场调查具有较强的针对性　　B. 市场调查工作具有经常性
   C. 市场调查的结果带有某些不确定性　D. 市场调查工作具有普遍性
4. 市场调查与统计分析的作用有（　　）。
   A. 市场调查与统计分析能有效地了解消费者的需求
   B. 市场调查与统计分析是企业进行营销活动的前提
   C. 市场调查与统计分析是企业正确制定市场营销策略的保证
   D. 通过市场调查与统计分析能够准备地把握市场机会
5. 根据调查结果是否准确，市场调查分为（　　）。
   A. 探测性调查　　　　　　　　　B. 描述性调查
   C. 因果关系调查　　　　　　　　D. 重点调查

三、简答题

1. 简述市场调查的产生与发展趋势。
2. 如何理解市场调查与统计分析的含义？
3. 市场调查有哪些特征？
4. 如何理解市场的含义？
5. 市场调查具体包括哪些内容？

四、案例分析题

案例 1

微波炉与电磁炉的畅销与滞销

早在十几年前，我国上海的一家大企业决定上马新型电器厨具。他们首先购买了 50 台家用微波炉和电磁炉，然后在一个基点展销会上进行试销，结果全部产品在 3 天内全部销售出去。考虑到展销会的顾客缺乏代表性，于是他们又购买了 100 台各种款式的微波炉和电磁炉，决定在上海南京路的两个商店进行试销，并且提前 3 天在《解放日报》《文汇报》上登了广告。结果半夜就有人排队待购，半天时间全部产品都销售出去了。

他们很高兴，但是厂长仍不放心。他让企业内部的有关部门做一个市场调查，据该部门的负责人说，他们走访了近万户居民，据汇报上来的数据统计，有 80% 的居民有愿意购买电磁炉和微波炉的要求。

他们想：上海有 1 000 多万户居民，加上各种不方便使用明火的地方、各种边远地区的、不方便做饭的小单位和各类值班人员，总之对于电磁炉和微波炉的需求量应该是巨大的。如果加上辐射的地区如江苏、浙江等省份，对微波炉和电磁炉的需求量将是一个太令人惊喜的数据。于是，他们下决心引进新型的生产线，立即上马进行生产。

可是，当他们的第二条生产线投产的时候，产品已经滞销，企业全面亏损。厂长很不服气，他亲自到已经访问过的居民家中核对调查情况。结果是：所拜访的居民都承认有人来问过他们关于是否购买微波炉和电磁炉的事，而且他们当时都认为自己想买。但是他们后来却都没有买，问其原因，居民的回答各种各样。有的说原来指望儿子给钱，可是现在儿子不给钱买了；有的说没有想到现在收入没有那么好；有的说单位给安装了煤气；等等。不管厂长如何生气，微波炉和电磁炉生产线只好停产。

思考：你认为上海这家企业的问题出现在什么地方？如果你来进行这个市场调查活动，你将会怎么做？请进行详细分析并列举理由。

案例 2

某银行每年对硬件设施投入巨大，在技术、网络、设备及安全方面是一流的，其市场部每天都做市场调查。但是调查结果表明，该银行在技术感指标方面是很差的。原因在于其柜台人员办理交易速度非常慢，因而给顾客留下技术不好的错觉。目前有一些银行的顾客刷卡之后立即收到银行发来的短信息，这使顾客真实地感受到技术方面的优势。而硬件一流的该银行往往不屑于此种技术细节，然而消费者理解技术是通过办理业务的速度和银行系统反应的灵敏度体现出来的。

思考：该案例说明了什么问题？

 实训项目

实训一

实训形式

1. 全班按 5～6 人分成若干个小组，每组分别选择学校周边的店铺实地考察不同市场。
2. 进行小组交流。
3. 在全班展开全面讨论。

实训重点

1. 训练感性认识能力、观察能力、思考能力和分析问题的能力。
2. 训练比较、归纳与说明能力。

实训评估

1. 写出一份简要的市场实地考察报告。
2. 在市场实地考察结束后，组织各小组依次进行课堂交流与讨论。
3. 以小组为单位，分别由组长和每个成员根据各成员在考察与讨论中的表现进行评估。

实训二

假如你想在学校附近开一家咖啡屋，准备投资 5 万元用于市场调查，你觉得应该调查哪些内容，请你将这些调查点列示出来。

提示：

首先从宏观角度考虑当地的文化观念、消费水平、地区政策等方面。其次从微观角度考虑本地有多少咖啡店？盈利情况如何？他们的主要业务有哪些？学校附近有多少人有喝咖啡的可能？他们喜欢何种品牌的咖啡？

实训三

到图书馆查找因为进行了市场调查活动而取得成功的实例（个人或企业的均可，但要注意是关于市场调查的实例）；或者相反，查找一个因为没有进行科学的、系统的市场调查而导致失败的例子。然后在全班会议上进行心得体会的交流。

实训四

作为一个公司（或者其他企业）的一位新上任的市场调查部经理，为了提高公司各种人员，尤其是管理人员对市场调查部重要性的认识，增加公司对市场调查部的资源支持，拟定一份宣传提纲（300字左右），并且发表5分钟的关于市场调查重要性的演讲。看看哪位同学的演讲更能使与会者感动。

项目二

制订市场调查方案

 项目学习指南

市场调查工作需要调查者按照一定的程序协同进行,每一步骤的完成都为下一步骤的顺利开展创造条件,从而最大限度地节约调查费用和时间。只有市场调查方案设计周密,市场调查的各个环节才能有条不紊地进行。

本项目包括三个任务:任务一主要是界定调查课题,了解如何从企业内部和外部获知调查课题的背景,掌握界定调查课题的四种途径;任务二主要是设计市场调查方案,了解市场调查方案的意义,明确调查方案的内容;任务三主要是审核市场调查方案,掌握调查方案的审核标准和修改方法。通过本项目的学习,培养大家捕捉市场调查课题的洞察力,掌握制订市场调查方案的基本能力和技巧。

 情景描述

大学生是一个独特的消费群体,知识水平相对较高,愿意尝试也容易接受新鲜的事物和理念。虽然当前的大学生消费能力相对偏低,但人数庞大,消费领域集中。更重要的是,现在的大学生在不久的将来就是整个中国社会的中坚力量和消费主体,谁抓住了他们,谁就抓住了未来的市场。由此,国内外众多厂商纷纷把目光投向大学校园,如××公司放弃中国足协杯,转而赞助中国大学生足球联赛就是一个很好的例子。现在,我们拟对某市大学校园内的商业推广活动进行调查,以深入了解大学生这个特殊的消费群体,挖掘其中蕴藏的商机,为商家提供决策依据。请为本次市场调查制订调查方案。

任务一 界定调查课题

 **知识目标**

1. 了解调查课题的含义。
2. 了解调查课题界定的一般程序。

岗位能力目标

1. 掌握明确调查课题背景的方法。
2. 掌握确定调查课题的途径。

任务分析

在企业每天的经营活动中，各个部门可能都会面临这样或那样的问题，如：经过千辛万苦开发出来的新产品没有得到市场的认可，销售局面迟迟不能打开；由于企业缺乏知名度，产品在国际市场上竞争能力弱；产品研发部门刚刚立项准备新的开发计划，突然传来市场上已有同类产品的消息……遇到这些令人烦恼的问题，很自然我们就会问"怎么办？""如何才能加以改正？"。我们不要急于订立市场调查方案，而应该围绕问题，和相关人员进行充分的研究分析，以这些问题为基础，从分析中找出原因，才能清晰地确定调查课题，才能使最终调查有意义。

如果你是本市大学校园内的商业推广活动调查人员，你又会怎么做呢？

相关知识链接 2-1

新可口可乐：调研失误

20 世纪 70 年代中期以前，可口可乐公司是美国饮料市场上的"No.1"，可口可乐占据了全美 80%的市场份额，年销量增长速度高达 10%。

然而好景不长，70 年代中后期，百事可乐的迅速崛起令可口可乐公司不得不着手应付这个饮料业"后起之秀"的挑战。1975 年全美饮料业市场份额中，可口可乐领先百事可乐 7 个百分点；1984 年，市场份额中可口可乐领先百事可乐 3 个百分点，市场地位的逐渐势均力敌让可口可乐胆战心惊起来。

百事可乐公司的战略意图十分明显，通过大量动感而时尚的广告冲击可口可乐市场。

首先，百事可乐公司推出以饮料市场最大的消费群体年轻人为目标消费群的"百事新一代"广告系列。该广告系列迎合青少年口味，以心理的冒险、青春、理想、激情、紧张等为题材，于是赢得了青少年的钟爱；同时，百事可乐也为自己树立了"年轻人的饮料"的品牌形象。

随后，百事可乐又推出一款非常大胆而富创意的"口味测试"广告。在被测试者毫不知情的情形下，请他们对两种不带任何标志的可乐口味进行品尝。由于百事可乐口感稍甜、柔和，因此，百事可乐公司此番现场直播的广告的结果令百事可乐公司非常满意：80%以上的人回答是百事可乐的口感优于可口可乐。这个名为"百事挑战"的直播广告令可口可乐一下子无力应付。市场上百事可乐的销量再一次激增。

为了着手应战并且得出可口可乐发展不如百事可乐的原因，可口可乐公司推出了一项代号为"堪萨斯工程"的市场调研活动。

1982 年，可口可乐公司广泛地深入到 10 个主要城市中进行访问。通过调查，看口味是否是可口可乐市场份额下降的重要原因，同时征询顾客对新口味可乐的意见。于是，在问卷设计中，询问了例如"你想试一试新饮料吗？""可口可乐的口味变得更柔和一些，您是否满意？"等问题。

调研结果表明，顾客愿意尝新口味的可口可乐。这一结果更加坚定了可口可乐公司决策者们的想法：长达99年的可口可乐配方已不再适应今天消费者的需要了。于是，满怀信心的可口可乐公司开始着手开发新口味可乐。

可口可乐公司向世人展示了比老可乐口感更柔和、口味更甜、泡沫更少的新可口可乐样品。在新可口可乐推向市场之初，可口可乐公司又不惜血本进行了又一轮的口味测试。可口可乐公司倾资400万美元，在13个城市中，约19.1万人被邀请参加了对无标签的新、老可乐进行口味测试的活动。结果60%的消费者认为新可口可乐比原来的好，52%的人认为新可口可乐比百事可乐好。新可口可乐的受欢迎程度一下子打消了可口可乐公司领导者原有的顾虑。于是新可口可乐推向市场只是个时间问题。

在推向生产线时，因为新的生产线必然要以不同瓶装的变化而进行调整，于是，可口可乐公司各地的瓶装商因为成本加大而拒绝生产新可口可乐。然而可口可乐公司为了争取市场，不惜又一次投入巨资帮助瓶装商们重新改装生产线。

在新可口可乐上市之初，可口可乐公司又大造了一番广告声势。1985年4月23日，在纽约城的林肯中心举办了盛大的记者招待会，共有200多家报纸、杂志和电视台记者出席，依靠传媒的巨大力量，可口可乐公司的这一举措引起了轰动效应，终于使可口可乐公司进入了"变革时代"。

起初，新可口可乐销路不错，有1.5亿人试用了新可口可乐。然而新可口可乐配方并不是每个人都能接受的，而不接受的原因往往并非因为口味，这种"变化"受到了传统配方的可口可乐消费者的排挤。

开始，可口可乐公司已为可能的抵制活动做好了应付准备，但不料顾客的愤怒情绪犹如火山爆发般难以驾驭。

顾客之所以愤怒是因为他们认为99年秘不示人的可口可乐配方代表了一种传统的美国精神，而热爱传统配方的可口可乐就是美国精神的体现，放弃传统配方的可口可乐意味着一种背叛。

在西雅图，一群忠诚于传统配方可口可乐的人组成"美国老可乐饮者"组织，准备发起全国范围内的"抵制新可乐运动"。在洛杉矶，有的顾客威胁说："如果推出新可乐，将再也不买可口可乐。"即使是新可乐推广策划经理的父亲，也开始批评起这项活动。

而当时，老口味的传统可口可乐则由于人们的预期会减少而居为奇货，价格竟在不断上涨。每天，可口可乐公司都会收到来自愤怒的消费者的成袋信件和1 500多个电话。

为数众多的批评，使可口可乐公司迫于压力不得不开通83部热线电话，雇请大批公关人员来温言安抚愤怒的顾客。

面临如此巨大的批评压力，公司决策者们不得不稍作动摇。在随后又一次推出的顾客意向调查中，30%的人说喜欢新口味可口可乐，而60%的人却明确拒绝新口味可口可乐。故此，可口可乐公司又一次恢复了传统配方的可口可乐的生产，同时也保留了新可口可乐的生产线和生产能力。

在不到3个月的时间内，即1985年4—7月，尽管公司曾花费了400万美元进行了长达

2 年的调查，但最终还是彻底失算了！

这是已经成为历史的真实的案例。可口可乐公司在几乎毁灭性的打击下戏剧性地扭转乾坤，必将永远载入公司的史册。然而，痛定思痛，人们不禁要问，可口可乐公司犯的这个灾难性错误的根源在哪里？在仔细剖析调查活动的每个步骤、环节后，公司决策者发现，他们在进行调查时，头脑中思考的只有适应新时代的新可乐资料，整个调查的目的、方向和工作实施围绕着生产或增加新配方的饮料。在市场调查问卷的一系列问题中，没有任何一个类似"如果是在停止老可乐饮料的情况下，您是否会选择新可乐饮料"的问题。问卷实施时，他们都关心产品的口感部分，而忽略了万万不该忽略的品牌情感成分。而事实上，事后的调查证明，几乎所有的消费者都认为，问卷是在保留老可乐的情况下，询问对新口味可乐的态度，于是他们认为那当然是一件好事。问题就出在这里：看起来多么简单，同时又是多么可惜的事情。在进行调查活动中，一开始就没有将调查的问题界定清楚，没有把工作落到实处，最后导致了调查结果的混乱和决策的严重失误。庆幸的是，尽管经历了这场噩耗，可口可乐公司在 1985 年的销量还是占到了全球饮料总销量的 21.7%，雄踞世界第一。直到今天，可口可乐公司仍是全球最大的饮料公司，200 多个国家和地区的消费者仍然以每天 15 亿瓶的消费量享用着公司的饮料。

我们从中受到的启发是：调查活动中，清楚界定调查问题至关重要。本任务阐述的就是如何界定市场调查课题。

知识精讲

一、调查课题的含义

要确定市场调查课题，先要了解何为调查课题。调查课题是指一项调查研究所要解决的具体问题和主要问题下的分支问题。由企业单位或其他客户提出的市场调查问题，大多是最初没有经过仔细深入的考虑而提出的，因此问题范围会较广泛，针对性不强，如新产品不被市场上的消费者所认可、销售局面难以打开、企业缺乏知名度、产品在市场上的竞争力弱及市场份额逐渐下滑等问题。这就需要调查问题逐层分解为若干个问题，从而确定调查课题。当企业遇到抽象问题时，应该围绕问题，和相关人员进行充分的研究分析，以这些问题为基础，从分析中找出原因，这样才能清晰地确定调查意图，明确调查课题。

二、调查课题的界定

通常为了准确界定研究问题，调查人员需要对研究问题产生的背景有较深入的理解。比如，客户做市场调查的原因；行业发展的基本状况与趋势；客户以往的经营情况、销售量、利润；可利用的资源和面临的限制条件；企业对市场前景的主观预测；客户要做的决策及实现的目标；现有的顾客与潜在的顾客的人数、产品消费习惯；相关的经济、法律环境；等等。

市场调查课题是信息导向型的，是以信息为中心，它的主要内容是确定需要什么信息，以及如何有效地获取信息。在实际情况中，只有确定好经营管理者想做何种决策后，我们才能最后确认市场调查的课题。

界定市场调查课题是一项重要而细致的工作，涉及不同方面的工作内容，其一般的工作程序如图2-1所示。

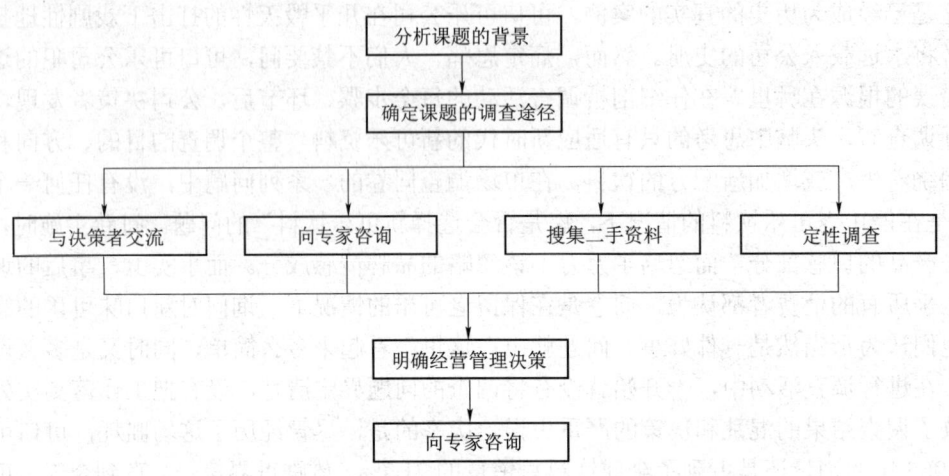

图2-1　界定调查课题的工作程序

1. 分析课题的背景

任何问题的产生或机会的出现，都在一定的背景之下。了解这些背景有助于更准确地认识和把握课题。

为了了解调查课题的背景，调查人员必须首先了解客户的公司和产业，尤其应该分析对界定调查课题会产生影响的各种因素，诸如购买者的行为、法律环境、经济环境以及公司的营销手段和生产技术等。

1）了解企业本身的条件

（1）了解企业历史资料和发展趋势。

了解企业的销售量、市场份额、盈利性、技术、人口及与生活方式有关的历史资料和对未来趋势的预测，能够帮助调查人员理解潜在的调查课题。对这种资料的分析应该在产业和公司的层面上进行。例如：一个公司的销售业绩下滑，而同时整个产业的销售业绩却在上升，这和整个产业销售业绩同时下滑是完全不同的问题。因此历史资料和趋势预测对于发现潜在的问题和机遇都很有价值，尤其在公司资源有限和面临其他限制条件的时候。

（2）了解企业各种资源和调查面临的限制条件。

作为专业调查公司，如果想恰当、正确地确定调查课题的范围，必须要考虑到公司可以利用的资源（如调查技术），以及面临的限制条件。任何调查策划都必须考虑经费支持的限度。如果一个大规模的调查项目需要花费几十万元，而公司的预算经费只有几万元，显然这个项目是不会被企业管理者批准的。在很多时候，市场调查课题范围都不得不被压缩以适应预算。比如，计划对公司的顾客进行调查时，我们往往会从全国范围压缩到几个主要的区域市场。

（3）分析决策者的目标。

界定管理决策课题时必须分清两个目标：组织目标和决策者个人目标。组织目标有时比较抽象，对它的描述常常是笼统而不准确的，如"提高企业的竞争力"等。调查人员必须有能力把概括性的目标分解，找出具体目标。

2）了解企业的环境条件

（1）了解消费者行为。

在大多数的营销决策中，所有的问题都会回到预测消费者对营销者具体行为的反应上来。理解潜在的消费者行为对于理解市场调查课题非常有用。预测消费应考虑以下因素：消费者和非消费者的人数及地域分布；消费者人口统计和心理特征；产品消费习惯以及相关种类产品的消费；传播媒体对消费行为以及产品改进的反应；消费者对价格的敏感性；零售店的主要光顾人群。

（2）了解法律环境。

法律环境包括公共政策、法律。重要的法律领域包括专利、商标、特许使用权、交易合同、税收等。另外，还有管理各个产业的相关法律。法律对营销活动有很大影响，法律环境对于界定营销调查课题有重要作用。

（3）了解经济环境。

经济环境包括收入总额、可支配收入、价格、储蓄以及总的经济形势。经济的总体状况（快速增长、慢速增长、衰退和滞涨）会对消费者和企业信用交易以及购买昂贵产品的意愿产生影响。

（4）了解营销能力和科技水平。

通过对企业原有营销知识及技术手段的了解，我们可以从中找到一部分确定市场调查课题的依据。技术的进步，如计算机的持续发展，对营销调查产生了深刻的影响。例如，计算机的结账系统，使超市经营者能够了解每天消费者对于产品的需求，并能向调查者随时提供相关的数据。

在对调查课题的环境内容有充分了解之后，调查者能够识别出管理决策课题和市场调查课题。

2. 确定课题的调查途径

为了更科学、准确地确定市场调查课题，先期的调查或交流工作是必要的，这包括与决策者交流、向专家咨询、搜集二手资料、定性调查等。

1）与决策者交流

与决策者交流是因为市场调查要为经营管理决策提供依据，决策者所面临的问题是什么，希望从市场调查中得到什么，这些都是市场调查人员在确定课题过程中所需要的重要信息。通常决策者都了解比较全面的情况，与决策者进行交流，不仅有助于将调查的课题确定得更为准确和恰当，还有助于增进双方的了解，为今后的合作奠定基础。一般在和决策者沟通时，调查人员已对课题做了初步的分析，这时的沟通是一种为了发现营销问题的实质和产生的原因而进行的全面综合检查。

2）向专家咨询

与不同的专家交流有助于对市场调查课题的了解和认识。调查人员应通过多种渠道找到愿意合作的专家并与他们多交流，以获得宝贵的资源。

3）搜集二手资料

通常情况下，搜集二手资料是市场调查的开始。尽管二手资料不可能提供特定调查课题的全部答案，但二手资料在很多方面是很有用的。随着信息传播方式的不断丰富和传播渠道的不断拓展，搜集大量的二手资料越来越重要。

4）定性调查

有时，通过与决策者交流、向有关专家咨询和搜集二手资料获得的信息仍不足以确定调查的课题，就有必要进行定性调查。常用的定性调查方法，如深层访谈法、座谈会法、德尔菲法等。

经过上述一些步骤，市场调查人员应该对经营管理的决策课题有比较清楚的了解并对范围有明确的界定，在此基础上，将经营管理的决策课题转化为市场调查的课题。

▶ 课堂思考

某家公司制造产品多年，过去一直受政策保护，经营十分顺利，营业额节节上升，收益率尚佳。近年来，市场的国际化、消费者消费习性的多元化，致使该公司在既有产业的市场竞争上节节败退。因此该公司除积极地进行总体经营体制改善，以提高市场竞争力之外，更积极寻求企业经营多角化，为企业寻找新契机。

在众多多角化计划中，几经节选之后，将"土地有效开发利用"列为优先计划。可是土地有效开发的途径很多，诸如土地出售、兴建大楼出售、发展游乐产业、兴建大型购物中心等等，该公司又面临着决策难题。

该公司在某大都会区附近拥有的大量土地已列入都市计划，现在该公司最高经营层决定在该土地上建筑"大型购物中心"：一则配合未来消费者购买习性多元化；二则营业行为可产生可观现金流量，增加该公司营运周转能力；三则继续保持土地所有权，以得土地增值之利，在做出最后经营决定之前，该公司决定进行一次"大型购物中心之市场调查"，以帮助最高决策当局做出最后决策。

思考：大型购物中心的市场调查目标重点在于哪些方面？

提示：

1. 消费群体的特点；
2. 周边环境存在的竞争；
3. 购物中心的定位。

任务二 设计市场调查方案

知识目标

1. 了解市场调查方案的含义。
2. 了解设计市场调查方案的意义。
3. 掌握市场调查方案的主要内容。

岗位能力目标

1. 体会市场调查方案的作用。
2. 掌握市场调查方案的内容。
3. 学会设计市场调查方案。

项目二 制订市场调查方案 47

 任务分析

确定本市大学校园内的商业推广活动调查这一课题后,就需要对整个工作进行一个通盘的安排,明确本次调查的目的、对象、项目、方式、方法、时间、地点、经费预算等等,进而初步设计出本次调查的总体方案。

 相关知识链接 2-2

失败的调查方案设计

联合利华公司的冲浪超浓缩洗衣粉(Surf Laundry)在进入日本市场前,做了大量的市场调查。Surf Laundry 的包装经过预测试,设计成日本人装茶叶的香袋模样,很受欢迎;调查还发现消费者使用 Surf Laundry 时,方便性是很重要的性能指标,于是联合利华又对产品进行了改进;同时,消费者认为 Surf Laundry 的气味也很吸引人。联合利华就把"气味清新"作为 Surf Laundry 的主要诉求点。可是,当产品在日本全国上市后,市场份额仅能占到2.8%,这远低于原来的期望值,一时使得联合利华陷入窘境。问题出在哪里呢?

问题1:消费者发现那么好的 Surf Laundry 在洗涤时难以溶解,原因是日本当时正在流行使用慢速搅动的洗衣机。

问题2:"气味清新"基本上没有吸引力,原因是大多数日本人是露天晾衣服的。

显然,Surf Laundry 进入市场时设计的调查方案存在严重缺陷,调查人员没有找到日本洗衣粉销售中应该考虑的关键属性,而提供了并不重要的认知,即气味清新,从而导致了对消费者消费行为的误解。

基于上述案例,我们发现市场调查方案的设计如果出现了问题,效果就会打折扣,甚至还不如不调查。如何避免这种不必要的错误,是本任务主要介绍的内容。

知识精讲

市场调查方案又称市场调查计划,是指在正式调查之前,根据市场调查的目的和要求,对调查的各个方面和各个阶段所做的通盘考虑和安排。

一、市场调查方案设计的意义

市场调查是一项复杂的、严肃的、技术性较强的工作。一项调查往往参加者众多,为了在调查过程中统一认识、统一内容、统一方法、统一步调,圆满完成调查任务,就必须事先制订出一个科学、严密、可行的工作计划和组织措施,以使所有参加调查工作的人员都有章可循。具体来讲,市场调查方案设计的意义有以下三点。

(一)从认识上讲,市场调查方案设计是从定性认识过渡到定量认识的开始阶段

虽然市场调查所搜集的许多资料都是定量资料,但是应该看到,任何调查工作都是先从对调查对象的定性认识开始的,没有定性认识就不知道应该调查什么和怎样调查,也不知道

要解决什么问题和如何解决问题。例如，要研究某一工业企业的生产经营状况，就必须先对该企业生产经营活动过程的性质、特点、现状等有详细的了解，设计出相应的调查指标以及搜集、整理调查资料的方法，然后再去实施调查。可见，调查方案设计正是定性认识和定量认识的连接点。

（二）从工作上讲，调查方案设计起着统筹兼顾、统一协调的作用

现代市场调查可以说是一项复杂的系统工程，对于大规模的市场调查来讲，尤为如此。在调查中会遇到很多复杂的矛盾和问题，其中许多问题是属于调查本身的问题，也有不少问题则并非调查本身的问题，而是与调查相关的问题。例如，抽样调查中样本量的确定，按照抽样调查理论，可以根据允许误差和把握程度的大小，计算出相应的必要抽样数目，但这个抽样数目是否可行，还要受到调查经费、调查时间等多方面条件的限制。再如，采用普查方法能够取得较为全面、准确的资料，但普查工作涉及面广，工作量大，需要动用的人力、物力十分庞大，而且普查工作时间较长，这些都需要各方面的通力协作。像人口普查、第三产业普查等全国性的调查，通常要由国家有关部门牵头组织协调，并非某一调查机构的力量所能胜任的。因此，只有通过调查方案设计，设置调查工作流程，才能分清主次，根据需要和可行性采用相应的调查方法，使调查工作有序地进行。

（三）从实践要求上讲，调查方案设计能够适应现代市场调查发展的需要

现代市场调查已由单纯的搜集资料的活动发展到把调查对象作为整体来反映的调查活动。与此相适应，市场调查过程也应被视为市场调查方案设计、资料搜集、资料整理和资料分析的一个完整的工作过程，调查方案设计正是这个全过程的第一步。

二、市场调查方案设计流程

市场调查的总体方案设计是对调查工作各个方面和全部过程的通盘考虑，包括了整个调查工作过程的全部内容。调查总体方案是否科学、可行，是整个调查成败的关键。

现以某市居民住宅消费需求调查为例（以下简称"该调查"），对调查方案设计的工作流程加以说明。

（一）梳理调查背景

调查背景是指对调查活动开展的必要性、原因的介绍。对调查背景的理解和掌握会在很大程度上影响对调查目的、调查内容等的理解，因此，在调查前必须要对调查的背景知识有所了解。其内容要点包括：简述行业大背景，回顾行业竞争态势；分析诊断企业、品牌及产品的现状；在分析、诊断的基础上，界定客户面临的营销决策课题；说明开展市场调查的必要性和重要性。

（二）确定调查目的

确定调查目的，就是要明确在调查中要解决哪些问题，通过调查要取得什么样的资料以及取得这些资料有什么用途等。衡量一个调查设计方案是否科学的标准，主要就是看方案的设计是否体现了调查目的的要求，是否符合客观实际。例如，"通过对某市部分居民的收入水平、住房现状、住宅消费与购房意向、存贷款观念等方面的实地调查，分析金融机构开展住宅储蓄及购房抵押贷款业务的市场需求与潜力，为某银行在这两项业务上推出新举措提供客观可靠的依据"。该调查的目的就规定得十分明确。

（三）确定调查对象和调查单位

明确了调查目的之后，就要确定调查对象和调查单位，这主要是为了解决向谁调查和由谁来具体提供资料的问题。调查对象就是根据调查目的、任务确定调查的范围以及所要调查的总体，它是由某些性质上相同的许多调查单位所组成的。调查单位就是所要调查的社会经济现象总体中的个体，即调查对象中的一个个具体单位，它是调查中要调查登记的各个调查项目的承担者。例如，在该调查中，经与委托方磋商，拟以某城市近郊区的三类消费群为对象进行调查。

（1）中、高收入阶层。该阶层收入水平较高，购房倾向及实现性相对较强，是开展住宅存贷业务的主要对象，也是本次调查的重点。具体包括：个体经营者、私营业主、企业承包租赁者、出租车司机、经纪人、文娱工作者和三资企业高级雇员等。

（2）普通工薪阶层。该阶层收入水平不高，目前尚不具有购买商品房的能力。但这一阶层人数众多，对改善住房条件的要求亦很强烈，是发展住宅存贷业务的潜在对象群。

（3）企事业单位。由于历史原因，我国各类职工的住房大部分由其所在单位解决。除自建房外，购房分给职工或租给职工已成为一种现实有效的方式。另外，企业以商品房作为对其骨干业绩奖励的方式也日益盛行。企事业单位购房是直接现实的购买力，也应是住宅存贷业务的可靠客户。因此，选取部分有代表性的企业，向其负责人了解对职工住宅问题的看法和打算，对其开展住宅存贷业务无疑是有帮助的。

以上三类消费群就是该调查中的调查单位。

在确定调查对象和调查单位时，应该注意以下四个问题。

（1）由于市场现象具有复杂多变的特点，因此，在许多情况下，调查对象也是比较复杂的。必须以科学的理论为指导，严格规定调查对象的含义，并指出它与其他有关对象的界限，以免造成调查登记时由于界限不清而发生的差错。例如，以城市职工为调查对象，就应明确职工的含义，划清城市职工与非城市职工、职工与居民等概念的界限。

（2）调查单位的确定取决于调查目的和对象，调查目的和对象变化了，调查单位也要随之改变。例如，要调查城市职工本人的基本情况，这时的调查单位就不能是每一户城市职工家庭，而应是每一个城市职工。

（3）调查单位与填报单位是有区别的，调查单位是调查项目的承担者，而填报单位是调查中填报调查资料的单位。例如，对某地区工业企业设备进行普查，调查单位为该地区工业企业的每台设备，而填报单位是该地区每个工业企业。但在有的情况下，两者又是一致的。又如，在进行职工基本情况调查时，调查单位和填报单位都是每一个职工。在调查方案设计中，当两者不一致时，应当明确从何处取得资料并防止调查单位重复或遗漏。

（4）不同的调查方式会产生不同的调查单位。如果采取普查方式，调查总体内所包括的全部单位都是调查单位；如果采取重点调查方式，只有选定的少数重点单位是调查单位；如果采取典型调查方式，只有选出的有代表性的单位是调查单位；如果采取抽样调查方式，则用各种抽样方法抽出的样本单位是调查单位。

▶ 课堂思考

某餐厅做顾客满意度调查，将选好的调查对象请到该餐厅，让专业调查人员对他们进行访谈。大多数调查对象在回答"满意不满意该餐厅服务"这一问题时，倾向于列举功能性的指标，比如菜的价格、卫生情况、环境幽雅情况等，顾客对餐厅满意与否主要取决于这些指标。当调查人员问到"您最满意的一次服务经历是什么？您最不满意的一次服务经历是什么"时，调查对象回答的往往是有关情感要素方面的事情，例如某件事情不是服务员的责任，但是服务员还是帮顾客处理了，体现出一种特殊的关怀，而这正是情感层面的非常重要的指标。

又如，某餐厅为吸引顾客而安排了演出，演出时间长了顾客就会失去兴趣，就此问题进行调查的目的是解决如何引起顾客兴趣。首先要假设几种可能性：第一种假设是除了演出以外，加入其他的服务内容；第二个假设是对演出本身做一定改动，比如演出结构、顾客参与方式、演出附加值。思路想好后，问卷设计也会显得清晰，从而达到调查效果。

思考：以上两则案例说明了什么问题？

提示：调查对象的界定并不是只要自己的客户就可以，竞争对手的客户以及不同年龄层的客户都应该考虑。调查的对象应精心选择，避免遗漏持有反对意见的人。比如在顾客满意度调查中，调查对象说"满意"并不代表真正的满意，如果问卷设计不够精细或者太抽象，没有涉及调查对象不满意的方面，就会使调查结果失真。所以问卷中问题的设计应避免泛泛，以具体精细为好。在界定调查对象之后，要明确调查目的，调查目的不明确会影响调查的效果。

（四）确定调查项目或内容

调查项目是指对调查单位所要调查的主要内容，确定调查项目就是要明确向被调查者了解哪些问题。调查项目一般就是调查单位的各个标志的名称。例如，在消费者调查中，消费者的性别、民族、文化程度、年龄、收入等，其标志可分为品质标志和数量标志，品质标志是说明事物质的特征，不能用数量表示，只能用文字表示，如性别、民族和文化程度；数量标志表明事物的数量特征，它可以用数量来表示，如年龄和收入。标志的具体表现是指在标志名称之后所表明的属性或数值，如消费者的年龄为30岁或50岁，性别是男性或女性等。

在确定调查项目时，除要考虑调查目的和调查对象的特点外，还要注意以下几个问题。

（1）确定的调查项目应当既是调查任务所需，又是能够取得答案的，否则不应列入。

（2）项目的表达必须明确，要使答案具有确定的表示形式，如数字式、是非式或文字式等。否则，会使被调查者产生不同理解而给出不同的答案，造成汇总时的困难。

（3）确定调查项目应尽可能做到项目之间相互关联，使取得的资料相互对照，以便了解现象发生变化的原因、条件和后果，便于检查答案的准确性。

（4）调查项目的含义要明确、肯定，必要时可附以调查项目解释。

（五）确定调查方式和方法

在设计调查方案过程中，还要确定采用什么组织方式和方法取得调查资料。搜集调查资料的方式有普查、重点调查、典型调查、抽样调查等。具体调查方法有文案法、询问法、观察法和实验法等。在调查时，采用的方式、方法不是固定和统一的，而是取决于调查对象和调查任务。例如，在该调查中，对于中、高收入层和普通工薪层采取分层、分区与随机抽样调查相结合的方式，对于企事业单位组则采取分类与重点调查相结合的方式。在市场经济条件下，为准确、及时、全面地取得市场信息，尤其应注意多种调查方式的结合运用。

（六）确定调查资料的整理和分析方法

采用实地调查方法搜集的原始资料大多是零散的、不系统的，只能反映事物的表象，无法深入研究事物的本质和规律性，这就要求对大量原始资料进行加工汇总，使之系统化、条理化。目前，这种资料处理工作一般已由计算机进行，但设计中也应考虑采用何种操作程序，以保证必要的运算速度、计算精度。

随着经济理论的发展和计算机的运用，越来越多的现代统计分析技术可供我们在分析时选择，如回归分析、相关分析、聚类分析等。每种分析技术都有其自身的特点和适用性，因此，应根据调查的要求，选择最佳的分析方法并在方案中加以规定。

（七）确定调查时间、调查期限和调查地点

调查时间是指调查资料所属的时间。如果所要调查的是时期现象，就要明确规定资料所反映的是调查对象从何时起到何时止的资料。如果所要调查的是时点现象，就要明确规定统一的标准调查时点。

调查期限是指规定调查工作的开始时间和结束时间。它包括从调查方案设计到提交调查报告的整个工作时间，也包括各个阶段的起始时间，其目的是使调查工作能及时开展，按时完成。为了提高信息资料的时效性，在可能的情况下，调查期限应适当缩短。

通常，一个市场调查项目的进度安排大致如下：总体方案论证、设计；抽样方案设计；问卷设计、测试、修改和定稿；调查员的挑选与培训；调查实施；数据的计算机录入和统计分析；调查报告的撰写；有关鉴定、发布会和出版。

在调查方案中，还要明确规定调查地点。调查地点与调查单位所在地通常是一致的，但也有不一致的情况，当不一致时，有必要规定调查地点。例如，人口普查，规定调查的是所登记的常住人口，若登记时不在常住地点，或是不在本地常住的流动人口，均须明确规定处理办法，以免调查资料出现遗漏或重复。

（八）确定调查经费预算

市场调查费用的多少通常视调查范围和难易程度而定。不管何种调查，费用问题总是十分重要和难以回避的，故对费用的估算也是调查方案设计的内容之一。

在进行经费预算时，一般需要考虑以下几个方面：

① 调查方案策划费与设计费；
② 抽样设计费；
③ 问卷设计费（包括测试费）；
④ 问卷印刷、装订费；
⑤ 调查实施费（包括试调查费、培训费、交通费、调查员和督导员劳务费、礼品费和其他费用等）；
⑥ 数据录入费；
⑦ 数据统计分析费；
⑧ 调查报告撰写费；
⑨ 资料费、复印费等其他费用；
⑩ 管理费、税金等。

（九）确定提交报告的方式

主要包括报告的形式和份数，报告的基本内容，报告中图表量的多少等。

（十）确定调查的组织计划

调查的组织计划，是指为确保调查顺利实施的具体工作计划。主要是指调查的组织领导、

调查机构的设置、人员的选择和培训、调查的质量控制等。例如，为保证调查的顺利实施，提高调查质量，调查的组织计划是：在方案确定后和印制调查问卷期间，从各类调查对象中抽取少量样本进行试调查。通过试调查，了解问卷质量，摸索针对具体调查对象的访问技巧等，为全面推开调查做好准备。此外，还要对调查人员进行培训，包括解说问卷内容，分配调查对象，掌握访问技巧，明确工作进程及质量要求，等等。

任务三　审核市场调查方案

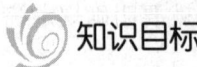知识目标

1. 了解市场调查方案的评价标准。
2. 掌握市场调查方案的修改方法。

岗位能力目标

1. 会修改市场调查方案。
2. 能审定市场调查方案。

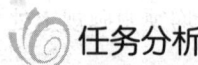任务分析

如何对本市大学校园内的商业推广活动调查的初步方案进行评价审定？对不妥之处应如何修改呢？

相关知识链接 2-3

银行个人住房和汽车贷款消费者购买行为调查方案设计

一、调查背景

近年来，各银行普遍面临着中小企业资信较差，不良贷款持续增长的问题，银行对于企业贷款普遍存在信贷的现象。但银行的居民个人存款数却持续上升，老百姓购房热情持续高涨，个人住房贷款业务已经成为银行业个人消费贷款的主流，成为银行业的主要利润来源。随着人民生活水平的不断提高，汽车消费的高潮即将到来，这为银行发展该类业务提供了新的市场机遇。

二、调查目标

某商业银行 C 市分行决定在继续扩大住房个人贷款业务的同时，在本市开展"个人汽车贷款"业务，作为该行新的利润增长点。为了有效地开展此项业务，决定进行消费者购买行为调查。

三、调查内容

本次调查的具体内容包括以下几个方面。

（1）了解目标消费群体的基本特征，包括：人口统计特征、消费及贷款心理特征、贷款使用的主要方向等。

（2）了解本市居民对于个人住房消费贷款和汽车消费贷款的认知情况。

（3）了解目标消费群体对此项新业务的反应。

（4）了解哪些因素会对目标消费群的反应产生影响，哪些因素会使目标消费群做出积极的反应。

（5）确定目标消费群的反应程度，进行预测。

四、调查方法及抽样

同时采用定性调查方法和定量调查方法。

本次调查的数据通过以下四种方式搜集。

（一）拦截调查

主要选择机关、事业单位、大专院校、高档写字楼附近的区域，共选择20个点，对居民进行问卷调查，采用随机抽样，规模为800人，男女比例为1:1，老、中、青的比例为1:3:1；样本误差为±5%，置信度为95%。执行问卷调查的访问员为某市社会调查大队的兼职调查员，每一个调查点派出2名访问员执行任务，故需40名访问员。

本部分调查主要实现调查内容的（1）（2）（3）（5）。

（二）网络调查

通过在本行的网站上自制问卷、给原有客户发放电子邮件问卷，收集目标消费者对汽车贷款业务的看法和意见。在知名网站上建立汽车消费贷款业务论坛，公布调查人员的邮件地址，广泛听取意见。

（三）直接体验

此项调查为探测性调查，体验申请办理汽车消费贷款业务，了解办理手续，切实了解办理此项业务的条件和便利程度，同时为后续的深度访谈做好前期限备。访问员直接以消费者的身份到C行办理此项业务。

（四）深度访谈

此项调查是为了把握目标消费者的行为和心理，为该行提供直接与消费者沟通的渠道。深度访谈采用头脑风暴法进行，预先选择一间现代化的多媒体小型会议室，选定16名目标消费者（办理过住房贷款和汽车贷款的各一半，男女各一半），用3个小时，由专业调查人员组织讨论该项业务，了解消费者的认知度、接受度和满意度，确定消费者对该项业务的认同情况和存在的问题。网络调查、直接体验、深度调查都是为了了解调查内容（4）。

五、调查流程（略）

六、调查组织计划

本次调查由一名项目经理负责组织，配有3名助理，聘请某市社会调查大队兼职调查员40名做拦截调查。

七、调查进程和费用预算

调查进程和费用预算如表2-1所示。

表 2-1　调查进程和费用预算表

项　目	时间分配/天	预算经费/元	备　注
确定调查目标，制订调查计划	5	6 000	
设计问卷和组织问卷调查、网上调查、直接体验	7	12 000	包括问卷设计费、访问员的劳务费、办理贷款的手续费等
深度访谈调查	4	4 000	包括礼品、租用会议室费用
资料整理分析	4	3 500	含数据录入、统计、分类等
草拟调查报告	5	3 500	
召开调查报告评审会	3	3 000	
调查报告定稿并印刷	4	1 000	
合　计	32	33 000	

八、提交调查报告的方式

本次调查报告为书面形式，同时提供电子稿件，内容包括引言、摘要、调查目的、调查方法、调查结果、结论和建议、附录等七大部分。

知识精讲

在完成了调查方案的设计工作之后，为了使方案能够切实可行地指导调查的实际工作，能使调查顺利进行下去，还须对方案展开进一步的审核和修改。

一、市场调查方案的审核

在修改方案前，需要对方案进行审核评价，这就必须知道调查方案的审核标准。一般地，可以从以下三个方面去审核。

（一）方案设计是否基本上体现了调查的目的和要求

方案设计是否基本体现了调查的目的和要求，这是最基本的审核评价标准。例如，第二次全国工业普查从摸清我国工业家底的目的出发，根据方案确定的调查范围、调查单位、调查内容，以及据此设置的一系列完整的指标体系，反映了我国工业的现状和全貌。方案指标设置的重点基本上能够体现国家调整工业内部结构、发展科学技术、提高职工素质、提高经济效益等。

（二）方案设计是否科学、完整和适用

例如，第二次全国工业普查对生产、流通、分配和消费各个环节，设置了许多相互联系、相互制约的指标，形成一套比较完整的指标体系，其特点是全面、系统和配套，适用性较强。

（三）方案设计能否使调查质量有所提高

影响调查数据质量高低的因素是多方面的，但调查方案是否科学、可行，对最后的调查数据质量有直接的影响，第二次全国工业普查由于方案设计合理，使调查的实际差错率大大低于20‰的规定。

（四）能否通过调查实效检验

评价一项调查方案的设计是否科学、准确，最终还要通过调查实施的成效来体现。即必须通过调查工作的实效检验，来观察方案中哪些符合实际，哪些不符合实际，产生的原因是什么，肯定正确的做法，找出不足之处并寻求改进方法，这样就可以使今后的调查方案设计更加接近客观实际。

二、市场调查方案的修改

用上述标准评价调查方案，如果存在不足，就可以开始组织对方案进行讨论和修改。

（一）采用项目小组座谈会的方法

可由项目调查小组的组长主持会议，项目小组人员参加会议，同时可邀请委托方代表参加。主持人在该座谈会前针对调查任务的调查方案列出提纲，使座谈会围绕调查目的、调查内容、调查对象、调查范围、调查方法、调查工具、调查时间进度安排、调查经费预算等展开讨论。评价方案的标准从是否体现调查目的和要求，是否科学、完整和适用，操作性是否强三个角度考虑。参加座谈会的人员可以公开发表各自的意见或想法，踊跃发表看法，集思广益，相互启迪，相互交流，相互补充，针对某一个问题最好能达成一致的修改意见。

（二）采用经验判断法

经验判断法是指通过组织一些市场调查经验丰富的人士，对设计出来的市场调查方案进行初步研究和判断，以说明调查方案的合理性和可行性。

例如，针对某市白领阶层的消费支出结构进行研究，就不宜采用普查的形式，实际上这样做既没有必要也不可能。在对白领阶层这一概念进行量化处理之后，完全可以采用抽样调查的方式。又如，国家统计局在对我国全年农作物收成做出预测时，常采用抽样的方法在一些农作物重点产区做重点调查。

经验判断法的优点是可以节约人力和物力资源，并在较短的时间内做出快速的判断。缺点是鉴于人们的认识毕竟是有限的，并且事物的发展变化常常有例外，各种主要客观因素都会对人们的判断的准确性产生影响。

（三）采用试点调查法

即通过在小范围内选择部分单位进行试点调查，对调查方案进行实效检验，及时总结并且做出修改。具体操作时应注意以下几个问题。

（1）应选择好适当的调查对象。应尽量选择规模小，具有代表性的试点单位。必要时还可以采用少数单位先行试点，然后再扩大试点的范围和区域，最后全面铺开。如此这般，循序渐进。

（2）事先建立一支精干的调查队伍，这是做好调查研究工作的先决条件。团队成员包括调查的负责人、调查方案设计者和调查骨干，这将为搞好试点调查工作提供组织保证。

（3）调查方法和调查方式应保持适当的灵活性，不应太死板。事先确定的调查方式可以多准备几种，以便经过对比后，从中选择合适的方式。

（4）试点调查工作结束后，应及时做好总结工作，认真分析试点调查的结果，找出影响调查的各种主客观因素并进行分析。检查调查目标的制定是否恰当，调查指标的设置是否正确，哪些项目应该增加，哪些项目应该减少，哪些地方应该修改和补充，及时地提出具体意见，对原方案进行修改和补充，以便制订的调查方案科学合理，能切合实际情况。

试点调查还可以理解成实战前的演习，可以让我们在大规模推广应用之前及时了解我们的调查工作哪些是合理的，哪些是我们工作的薄弱环节。例如，第二次全国工业普查，调查了300多个指标，进行了500多个行业分类，涉及40多万个企业填报。因此，必须通过试点取得这方面的实践经验，把分散的经验集中起来，形成做好普查工作的各项细则，成为各个阶段、各项工作应当遵循的规则。

案例思考 2-1

中国门禁产品市场调查方案书

一、调查背景与目的

由于中国安防市场的快速发展，门禁产品在中国有极大的市场潜力。应某公司委托，北京慧聪国际资讯有限公司安防市场研究所（以下简称"慧聪"）对中国门禁市场状况进行调查，特拟定本调查方案书，并希望通过本次调查达到以下目的。

（1）明确门禁产品整体市场及细分市场的历史规模、现状与未来的发展趋势。

（2）明确门禁产品市场主要竞争厂商的基本状况。

（3）明确门禁产品的用户分布状况。

二、调查对象和范围

调查对象如下。

（1）中国门禁产品主要厂商。

（2）中国门禁产品主要代理商和经销商。

（3）中国门禁产品主要工程商。

（4）安防行业专家。

调查范围：中国。

三、调查内容和具体项目

（一）主要营销（宏观、微观）环境分析

中国门禁产品市场外部宏观环境分析（相关政策规定等）。

中国门禁产品市场内部环境分析（技术发展趋势等）。

中国门禁产品市场发展的影响因素分析。

（二）市场规模与未来潜力分析

2012年中国门禁产品市场的总体销售规模（以销售额计）。

2012年中国门禁产品市场的各种产品的销售规模（以销售额计）。

2012年中国门禁产品市场的区域市场销售规模（以销售额计）。

2012年中国门禁产品市场的应用行业分布及销售规模（以销售额计）。

2012—2016年中国门禁产品市场的总体市场销售规模（以销售额计）预测。

2012—2016年中国门禁产品市场的各种产品的销售规模（以销售额计）预测。

（三）竞争环境分析（竞争市场）

中国门禁产品市场的主要竞争品牌。

中国门禁产品市场的主要竞争品牌2012年的销售额与市场占有率。

中国门禁产品市场的主要竞争品牌的基本背景状况。

中国门禁产品市场的主要竞争品牌的产品线分布。

中国门禁产品市场的主要竞争品牌的产品价格状况。

中国门禁产品市场的主要竞争品牌的销售渠道状况。

中国门禁产品市场的主要竞争品牌的应用行业分布。

中国门禁产品市场的主要竞争品牌的竞争力分析。

四、调查研究方法

（一）文案调查法

对慧聪已有资料及其他二手资料进行案头分析和研究，为大规模的调查提供指导。

文案调查将针对慧聪研究的以下资源展开：慧聪渠道数据库、慧聪产品数据库、慧聪香港研究成果、其他相关文案资料。

通过文案调查预期将取得以下成果：门禁产品厂商与代理商样本名单、各品牌的产品资料、门禁产品用户样本名单、门禁产品应用行业的基础资料、门禁产品市场及相关技术资料。

（二）深度访谈法

对门禁产品厂商及渠道中的代理商、经销商、工程商和行业专家进行深度访谈，获取门禁产品的相关市场与用户方面的深入信息。

门禁产品厂商及渠道中的代理商、经销商和工程商的采访对象为对于市场非常了解的市场负责人。

在深度访谈中主要以面访为主，通过多对一的深访，保证采访内容的完整，采访过程的配合，以保证采访结果真实有效。

对各种无法面访的厂商进行电话采访，采访过程完全按深度访谈的流程实施。

（三）问卷调查法

对渠道代理商、经销商和工程商进行各品牌产品的销售程度及销售规模概况的统计调查，得出门禁产品的品牌市场份额、整体市场销售规模等相关信息。

五、确定样本数量

（一）深度访谈法（85个）

门禁产品重点厂商10家。

门禁产品一级代理商、经销商20家。

门禁产品代理商、经销商30家。

门禁产品工程商20家。

行业专家5人。

（二）问卷调查法（150个）

采用问卷调查法对门禁产品代理商、经销商、工程商进行调查的区域和数量分布如表2-2所示。

表2-2　问卷分布表

区　　域	数　　量/个
深圳	60
广州	20
上海	20
北京	30

续表

区　域	数　量/个
其他地区（武汉、成都、长沙、南宁）	20
合计	150

六、调查实施流程

（一）前期准备阶段

自协议书签署之日慧聪将进行并完成如下工作。

（1）成立项目小组，全面负责本项目的计划、组织、执行、监督工作。

（2）由项目负责人向小组成员说明本次调查的具体内容及要求，分配工作，并与调查中心协调。

（3）项目小组对厂商及经销渠道采访整体情况进行方案调查，为下阶段大规模调查采访及采访提纲撰写进行准备。

（4）撰写采访提纲、设计调查问卷。

（5）由调查员与调查督导进行厂商与经销商试访。

（6）调查中心安排采访人员与调查人员的工作量。

（7）对调查人员进行本次调查的培训。

（二）具体调查阶段

具体调查阶段的主要工作如下。

（1）各类采访对象预约、确定采访时间。

（2）厂商采访。

（3）分销商、总代理采访。

（4）二级代理及下一级代理采访。

（5）工程商采访。

（6）行业专家采访。

（7）调查结果的交叉验证。

在项目执行期间，项目负责人要对调查工作进行监督，并及时解决调查工作中出现的问题。慧聪应与该委托公司保持紧密联系，双方就项目中出现的问题进行随时解决。

（三）数据搜集整理及汇总分析阶段

本阶段的任务是相关资料及采访记录的整理、分类和汇总，具体工作如下。

（1）对深度访谈的资料进行整理、分类、录入。

（2）对采访资料进行整理、分类、录入，并进行纵向比较。

（3）对调查问卷进行录入与统计。

（4）项目小组将数据整理后进行初步分析。

（四）报告撰写及提交阶段

本阶段的主要工作如下。

（1）数据分析出来后进行报告撰写。

（2）报告撰写前的集中培训，以便统一思路，把握方向。

（3）报告章节的分工合作安排。

（4）报告的撰写。
（5）报告的审定（由科研总监负责）。
（6）内部报告演示会。
（7）修改报告。
（8）提交报告。
（9）报告交流会。

七、调查时间安排

本次调查所需工作日为30天（每周工作日为5天），如表2-3所示。

表2-3 调查时间安排

调查阶段	工作明细	1	2	3	4	5	6	7	8	9	10	11	12	13	14	15	16	17	18	19	20	21	22	23	24	25	27	28	29	30
调查准备	项目小组成立																													
	项目运作规划、人员安排、工作进程安排																													
	历史资料研究、文案研究																													
	采访提纲、调查问卷设计，初步访问																													
	试访，修订采访提纲与问卷																													
	采访人员培训																													
	初步确定采访对象																													
具体调查	采访预约																													
	深度访谈与面访																													
	采访复核和进一步补充调查																													
	调查结果交叉验证																													
录入整理分析	采访资料进一步整理、对比、初步分析；问卷录入、数据库整理、出图表																													
报告编写	确定报告编写思路，编写报告																													
报告审核	慧聪内部报告审核、修订																													
报告提交	提交报告																													

八、调查结果的表达形式

以 Word 形式提交调查报告,书面文本一式两份,电子文本一份。

九、调查预算及付款方式

人民币××××× 元整,具体费用预算列入表 2–4 中。

表 2–4 费用预算表

科 目		费 用
	项目设计	
调查费用	宏观市场(专家)调查	
	调查问卷设计	
	厂商调查	
	渠道与问卷调查	
	数据录入、统计	
	项目研究	
	方案编写、制作	
	调查项目管理	
	人力成本	
	办公费用	
	合计	

按惯例,委托方在合同签订之日预付本调查费用的 60% 作为调查启动资金;合同期满后的十日内,付清余款。

保密协议:(略)。

(资料来源:赵轶. 市场调查与分析. 北京:北京交通大学出版社,2009)

思考题:

(1)中国门禁产品市场调查方案书符合市场调查方案的格式和要求吗?如果有不符合的地方,请完善之。

(2)中国门禁产品市场调查方案书的调查对象和调查内容符合调查目的和要求吗?请说明理由。

案例思考 2–2

市场调查方案(一)

广西桂林三花酒调查计划书

一、前言

桂林三花酒是桂林有名特产"桂林三宝"之一。作为桂林的老牌酒,它深受桂林人们的喜爱。但是随着各种酒类的不断涌入，三花酒的销售也面临着冲击。虽然三花酒在桂林特产方面的销售仍然占据着重要的市场。但是只在广西一带被人熟知，对于其他地区的人们来说仅仅是一种特产而已，甚至于对此完全陌生。

二、调查目的

（1）为该产品更加快速地进入外地市场。

（2）针对不同人群、不同地域采取不同的营销手段。

（3）做出更好的推销宣传方案，让熟悉它的人成为它的忠诚客户，让不熟悉它的人更加了解它。

三、调查项目

广西桂林三花酒。

四、调查对象和范围

桂林三花酒的价格高低不同，适合不同收入阶层的人群消费。

调查按照消费者和经销商两类对象展开。

（1）消费者：18岁以上消费者，不论职业。

（2）经销商：10家大中型商场或超市。

五、调查内容

（一）消费者

（1）消费者资料统计：性别、年龄、收入、地区。

（2）消费者对桂林特产的认识程度。

（3）消费者消费白酒：一般购买什么牌子、在什么地方购买、购买的价格、选购标准、一次性买多少等。

（4）消费者对桂林三花酒的认识程度：价格、味道、品牌、历史。

（5）评价：消费者对三花酒的评价。

（6）消费者认识三花酒的渠道。

（二）市场

（1）除桂林外其他地区的白酒种类、价格。

（2）消费者的需求及购买力。

（3）市场潜力测评。

（4）进入外地市场的门槛。

（三）竞争者

（1）中国地区其他品牌种类白酒价格及销售区域。

（2）其他种类白酒的销售卖点。

（3）各品牌白酒主要购买者。

（4）竞争对手的广告策略及销售策略。

六、市场调查方法

第一阶段：以问卷调查为主，考察调查区域是否符合调查内容。

时间：3天。

实施人员：×人（人员数量）。

第二阶段：设计调查方案。

时间：2天。

实施人员：×人（人员数量）。

第三阶段：实施调查。

时间：5天。

实施人员：×人（人员数量）。

第四阶段：数据输入处理和分析。

时间：5天。

实施人员：×人（人员数量）。

第五阶段：撰写调查报告。

时间：×天。

实施人员：×人（人员数量）。

市场调查人员工作安排见表2-5。

表2-5 人员工作安排表

序号	内容	负责人	联系方式	备注
1	第一阶段			
2	第二阶段			
3	第三阶段			
4	第四阶段			
5	第五阶段			

七、经费预算

本调查经费预算见表2-6。

表2-6 经费预算表

开支项目	单价/元	数量	金额/元	备注
纸张	0.3	500张	150	
资料袋	3.5	10个	35	
铅笔	0.5	10支	5	
水性笔（红、黑）	1.5	10支	15	
交通费			1 000	
住宿费			1 000	
食品茶水			1 000	
工作牌	3.5	5个	17.5	
总计			3 222.5	

八、实施效果预测

（1）实施需要财务支持：根据我们的经费预算，在实施过程中，我们会缺少相应的资金。

（2）人员：需要大量工作人员，可能人员不够，展开调查的地区不够广，还有我们不能进行相应的调查培训，难以取得比较专业的效果。

（3）时间：时间是充裕的，我们有足够的时间去做市场调查，可以比较全方位地分析结果。

（4）选题：我们的选题为桂林三花酒，除广西一带的人们外多数地区的人们还不了解这个品牌，调查过程会很艰难。

（5）被调查人员可能会不配合。

市场调查方案（二）

晨全吉牌沙棘饮料市场调研计划书

一、前言

据了解，沙棘饮料属于功能型饮料，与世界发达国家相比，我国功能型饮料的人均消费量每年仅为 0.5 千克，距离全世界人均 7 千克的消费量尚有较大空间，并且随着我国功能型饮料市场的发展环境得到了进一步的改善，这将为我国功能型饮料的健康发展创造良好发展前景。此外，沙棘饮料还有其独特的功能，它是目前世界上含有天然维生素种类最多的珍贵经济林树种，被誉为天然维生素的宝库。沙棘能够有效地降低胆固醇及血脂，增强血管弹性及降低血压，减低血小板凝聚力并能减少心脏病的发作。它还有强力杀菌的作用，尤其适用于肺、胃部的感染；它还有增强免疫系统的功能。此外，它还有调节免疫活细胞、延缓人体衰老等奇特功能，普通的果蔬是无法与之相比拟的。别的不说，单是上述这些功能就可预见，它一定会前途无量。

为更好地使沙棘饮料进入中国市场，评估功能型饮料行销环境，制定相应的广告策略及营销策略，预先进行全中国饮料市场调查大有必要。

本次市场调查将围绕策划金三角的三个立足点：消费者、市场、竞争者来进行。

二、调查目的

（1）为该产品进入中国市场进行广告运作策划提供客观依据。

（2）为该产品的销售提供客观依据。

具体为：

了解中国功能型饮料市场状况。

了解中国消费者的人口统计学资料，测算沙棘饮料市场容量及潜力。

了解中国消费者对功能型饮料消费的观点、习惯。

了解中国消费功能型饮料的消费者情况。

了解竞争对手广告策略、销售策略。

三、市场调查内容

（一）消费者

（1）消费者统计资料（年龄、性别、收入、文化程度、家庭构成等）。

（2）消费者对功能型饮料的消费形态（消费方式、消费花费、消费习惯、消费看法等）。

（3）消费者对功能型饮料购买形态（购买过什么饮料、购买地点、选购标准等）。

（4）消费者理想的功能型饮料的描述。

（5）消费者对功能型饮料类产品广告的反应。

（二）市场

（1）中国功能型饮料种类、品牌、销售状况。

（2）中国消费者需求及购买力状况。

（3）中国市场潜力测评。

（4）中国功能型饮料的销售通路状况。

（三）竞争者

（1）中国市场上出现了哪几类功能型饮料，饮料的品牌、产区、价格如何。

（2）市场上现有功能型饮料销售情况。

（3）各品牌、各类饮料的主要购买者描述。

（4）竞争对手的广告策略及销售策略。

四、调查对象及抽样

目前中国功能型饮料市场上都以国内品牌为主，中低档次、中低价位，购买者较大众化，所以在确定调查对象时，适当针对目标消费者，点面结合，有所侧重。

调查对象组成及抽样如下：

消费者：3 000 名消费者，其中个人月收入 3 000 元以上的占 50%。

经销商：100 家，其中大型综合商场 50 家，中型综合商家 20 家，零售店 10 家，小卖铺 10 家，小型综合商场 10 家。

消费者样本要求如下。

家庭成员中没有人在功能型饮料生产单位或经销单位工作。

家庭成员中没有人在市场调查公司工作。

家庭成员中没有人在广告公司工作。

家庭成员中没有人在最近半年内接受过类似产品的市场调查测试。

五、市场调查方法

（1）以访谈为主：以访谈和售点访问形式进行。

（2）访员要求如下。

① 举止谈吐得体，态度亲切、热情，具有把握谈话气氛的能力。

② 经过专门的市场调查培训，专业素质比较好。

③ 具有市场调查访谈经验。

④ 具有认真负责、积极的工作精神及职业热情。

六、市场调查程序及安排

第一阶段：初步市场调查 2 天。

第二阶段：计划阶段。

制订计划 2 天。

审定计划 2 天。

确定修正计划 1 天。

第三阶段：问卷阶段。

问卷设计 2 天。

问卷调整、确认 2 天。

问卷印刷 3 天。

第四阶段：实施阶段。

访员培训 2 天。

实施执行 10 天。

第五阶段：研究分析。

数据输入处理 3 天。

数据研究、分析 2 天。

第六阶段：报告阶段。

报告撰写 2 天。

报告书打印 2 天。

调查实施自调查问卷确认后第四天执行。

七、经费预算

经费预算见表 2-7。

表 2-7 经费预算表

项　　目	费　　用
调查问卷设计与制作	1 000 元
其他费用	1 000 元
调查报告撰写打印费用	100 元
合　　计	2 100 元

思考题：

以上两个市场方案是否有问题？如果有，请指出来。

项目小结

调查方案的制订是整个调查过程的开始，从认识上讲，市场调查方案制订是从定性认识过渡到定量认识的开始阶段；从工作上讲，调查方案制订起着统筹兼顾、统一协调的作用；从实践要求上讲，调查方案制订能够适应现代市场调查发展的需要。因此，市场调查方案是指导市场调查任务的蓝图，是调查工作的总纲。

调查方案制订的第一步就是要从企业内部和外部获知调查课题的背景，从多种途径界定调查课题。

市场调查总体方案的设计主要包括以下内容：梳理调查背景，确定调查目的，确定调查对象和调查单位，确定调查项目或内容，确定调查方式和方法，确定调查资料的整理和分析方法，确定调查时间、调查期限和调查地点，确定调查经费预算，确定提交报告的方式，确定调查的组织计划等。

为了使调查方案能有效地指导调查活动，还应该从方案设计是否基本上体现了调查的目的和要求，是否科学、完整和适用；能否使调查质量有所提高，能否通过调查实效检验等几个方面，对方案进行一系列的审核和评价，通常可采用项目小组座谈会法、经验判断法、试点调查法等对方案进行一系列的讨论和修改，直到取得多方面的一致认可。

能力提升

随着互联网和电子商务的飞速发展,网络购物越来越频繁。假设你是某实体店的商家,为了拓展业务,准备开办网店和微店,因此需要本市的大学生网购行为进行市场调查。根据本项目所述,请你设计关于大学生网购的市场调查方案。

习　题

一、单项选择题

1. （　　）是整个调查过程的开始,其地位十分重要。
   A. 调查方案　　　　　　　　　B. 抽样方案设计
   C. 访问实施方案设计　　　　　D. 调查方案设计

2. 调查方案的制订首先必须建立在对（　　）的深刻认识上。
   A. 调查内容　　　　　　　　　B. 调查背景
   C. 调查方法　　　　　　　　　D. 调查技巧

3. 某市进行工业企业生产设备普查,要求在7月1日至7月10日全部调查完毕,则这一时间规定是（　　）。
   A. 调查时间　　　　　　　　　B. 调查期限
   C. 标准时间　　　　　　　　　D. 登记期限

4. （　　）还可以理解成实战前的演习,可以让我们在大规模推广应用之前及时了解我们的调查工作哪些是合理的,哪些是我们工作的薄弱环节。
   A. 试点调查法　　　　　　　　B. 小组座谈会法
   C. 经验判断法　　　　　　　　D. 逻辑推理法

二、多项选择题

1. 确定调查课题的途径有（　　）。
   A. 与决策者交流　　　　　　　B. 向专家咨询
   C. 搜集二手资料　　　　　　　D. 定性调查

2. 若调查方案需要讨论和修改,其研究方法有（　　）。
   A. 经验判断法　　　　　　　　B. 小组座谈会法
   C. 试点调查法　　　　　　　　D. 以上都不是

3. 市场调查方案设计的意义有（　　）。
   A. 是从定性认识过渡到定量认识的开始阶段
   B. 起着统筹兼顾、统一协调的作用
   C. 能够适应现代市场调查发展的需要
   D. 没有任何意义

4. 一个调查方案的优劣,可以从（　　）等方面去评价。
   A. 方案设计是否基本上体现了调查的目的和要求
   B. 方案设计是否科学、完整和适用
   C. 方案设计能否使调查质量有所提高

D. 能否通过调查实效检验

三、简答题
1. 举例说明市场调查方案设计的重要意义。
2. 市场调查方案的设计主要包括哪些内容？
3. 如何对市场调查方案的优劣进行审核和评价？

四、案例分析题
案例 1

是否设立校园饮料自动售卖机

李亮和张峰是大三市场营销专业的学生，他们非常看好校园市场。随着毕业的临近，他们想针对校园市场看看有没有可做的项目。他们偶然发现，饮料自动售卖机在很多地方都已经普及了，但是在他们所就读的高校及当地很多院校还是空白。要不要引进这个项目？校园饮料自动售卖机在本地学生中会有多大的市场？到底引进什么样的产品？他们需要认真地进行市场调查。按照课堂上学到的理论知识，调查的第一步工作就是要定义调查课题，这关系到后续工作是否能顺利进行及将来调查结果的准确度。那么，这次调查到底应该明确什么问题呢？请大家帮他们设计。

问题与要求：
1. 分析确定调查课题的步骤。
2. 分析背景资料。
3. 分析获取背景和环境资料的途径。

案例 2

酒水市场调查方案

市场调查是从事营销人员必须掌握的基本技能。合适而有方法的市场调查能使营销人员在实际的工作中事半功倍，营销人员是否掌握了市场调查的内容、市场调查的步骤和市场调查技巧关系到企业在营销道路上能否走得更远。作为酒水市场的营销人员，要进行产品的推广，就需要进行多方位的市场调查。下面就是我们关于酒水市场调查方案的一些想法。

一、酒水市场调查的内容

营销人员到一个新的市场首先要了解该区域内的 PEST，即政治（political）、经济（economic）、社会（social）、科技（technological）等宏观环境，当地的政治、经济、社会、科技环境状况决定着本地的消费形态，这些宏观情况可以通过上网收搜、查阅图书资料或拜访当地人士很容易地获得；其次要了解酒水营销需要掌握的微观环境，其中主要包括如下几个层面。

（1）产品层面：产品的包装材质及色彩，如有的区域消费者不喜欢白色包装或蓝色包装；产品的度数及规格，如产品的规格影响消费者购买的便利性。

（2）渠道特征：酒店渠道的加价率、流通渠道的加价率、区域的自带率、终端渠道的数量、经销商及分销商数量。

（3）市场投入状况：酒店渠道投入状况（开瓶费、礼品、进店政策）、经销商及分销商投入政策及方式、消费者促销投入状况。

（4）品牌宣传及推广：媒体投入方式、媒介费用情况、事件营销方式。

（5）竞争品牌运作模式：直销模式、分销模式、人员分配状况及收入构成等。

二、酒水市场调研的步骤

步骤一：寻找当地运作多年的多个经销商，以从整体上了解该区域内酒水竞争状况。经销商是最了解市场，最了解当地消费习惯的，与经销商交流可以了解该区域市场整体竞争状况、整体市场容量、渠道特征、竞争品牌市场操作模式等。

步骤二：走访餐饮终端。通过与经销商的访谈可以从整体上了解当地酒水的状况，然后走访餐饮终端对经销商阐述该区域的市场状况进行一一比对，有时候经销商自己的判断是片面的或者是个人主观臆断，这个时候就要通过走访餐饮终端逐步去伪存真，得到我们的市场调查所需要的准确信息。走访餐饮终端主要可以得到如下市场信息：酒店渠道的利润空间、进店费用情况、餐饮渠道市场投入状况、消费促销情况、盖费设计情况、竞争销售情况。

步骤三：走访流通终端与超市卖场。走访流通终端也是对经销商提供的相关信息进行验证的过程，或者对经销商没有掌握的市场信息进行补充。通过对流通终端的走访，我们可以得到市场价格体系、主流产品及具体销售量、具体市场投入政策等信息。

步骤四：对核心消费者进行市场调查。核心消费者市场调查是指对区域内酒水消费的忠诚者或带动者进行实地拜访，听取消费者对产品及竞争品牌的实际感受；了解当地消费习惯及当地政商务消费主流的价位及品牌。通过对核心消费者的市场调查，我们可以找出存在的问题，然后根据问题进行逐步调整，使其达到合理状态。

步骤五：对品牌传播及媒介进行调查。

三、酒水市场调查的方法及技巧

进行市场调查时，调查人员首先要向调查对象表明自己的身份，取得调查对象的信任后逐步由浅入深地询问自己调查的内容。其次，调查人员在进行市场调查时不要带正式的记录本，尤其不能在调查对象面前进行现场记录，因为面对陌生人的询问，被调查者自身就有一种防备心理，如果现场进行记录更易增加被调查者的不安全感。我们说不要现场记录不等于不记录，记录本最好是便携式的，记录最好在访谈完成以后进行或用录音设备。如果涉及拍照等相关工作要争取到被调查者的同意。上述是市场调查的基础工作技巧，面对专业或者核心商业机密的市场信息，在上述工作基础上，我们应采用以下几种方法进行更深层次的挖掘。

（1）假设法（也称抛砖引玉法）。假设法是通过自己的初步判断假设市场的情况是自己设想的状态，通过假设与调查对象交谈让调查对象纠正你的假设，从而得到真实可靠的调查数据。如笔者在山东市场调查A产品的价格体系，首先说出A产品假设的价格为68元/瓶，如果价格正确终端店老板就会给予肯定，如果说错终端店老板会加以纠正，一旦纠正便可得出实际价格。采用此调查方法要求必须大致了解产品价格体系，假设的价格体系与实际价格体系不可太离谱，否则会引起终端店老板的猜疑。假设法适用于产品价格体系、产品销售政策、市场投入状况、工资薪金等涉及调查对象核心商业机密的问题。

（2）转换角度简单提问法。在对调查对象不熟悉的情况下，要用简单的方式来访谈调查对象，避免用专业术语或直接涉及调研对象自身利益的敏感问题，可以通过侧面或迂回的方式得到需要的调查信息。小王是泸州老窖合肥市场业务人员，由于第一次来到合肥对合肥市场加价率及经销商的利润率把握不准，他与好福楼的老板是这样交谈的：刘老板，我们公司可能要推出一款供价 50 元/瓶的产品，你看在你们店里卖多少钱比较合适？刘老板思考一下说 80 元左右。小王走访了三四个店以后很快就掌握到合肥餐饮店的加价率在 60%左右。如果小王问刘老板你们店加价率是多少，有可能刘老板不知道加价率这个专业术语是什么，或者知道加价率是什么但不愿意透露自己的商业机密而予以拒绝。采用简单的问话方式事半功倍。再如想了解该区域酒水自带率情况，应向调查对象提问：你们酒店消费者一般情况下 10 桌有几桌自带，而不宜直接问你们店自带率是多少。

（3）比较法。比较法是利用自己知道的某品牌的市场情况，与想知道的另外品牌情况进行对比，通过对比及调查对象的反馈情况了解到自己想要获得的准确的市场信息。此种方法与《西游记》中孙悟空不知道如何使用宝葫芦擒收对方而变出一个一样的葫芦进行比对有异曲同工之妙。张武是河南某酒厂业务经理，调研周口市场正是运用了比较法从而快速了解了竞争品牌市场投入政策。张武是多年的老业务了，第一次调到周口市场对周口本地酒 B 品牌市场投入情况不是很了解，于是他到 B 品牌的一个二批经销商那里进行信息的采集。进门后张武寒暄稍许就说起 B 品牌其他二批经销商的投入政策，"张三季度返利 12%，年度返利 3%，每个月给予 2 名促销人员工资的支持，你是周口 B 品牌产品的核心经销户，一定比他们那边多"。该经销商说不可能，他的力度比我们的还大，这边是季度返利 9%，年度返利 2%。张武很有经验地补充道：我是听××说的，信息不一定可靠。比较法是要自己先抛出一定事实让调查对象在此基础上进行对比，从而套出准确信息。此种方法最后要补充说明"自己的信息不可靠"，以避免调查对象对调查人员产生负面印象，给以后的工作带来不利。

（4）倒推法。倒推法是在已经了解一定市场信息的情况下，根据调查对象细枝末节的信息反馈，推算出必要的准确信息。通过一个案例来分析什么是倒推法。某酒店 C 产品的零售价格是 98 元/瓶，调查人员有意识询问百元产品大概毛利是多少，如果调查对象回答是 20 元左右，我们就可以倒推出该产品的供价在 70 元左右。调查人员继续询问其他方面的信息转移调查对象注意力，问完其他信息后再补充一句，其他店 C 产品供价是 75 元，你们店是多少，或者在其他店利用假设法来获得产品价格的准确信息。

（5）直接观察与提问法。直接观察与提问法是对市场调查基础信息进行搜集、整理，通过观察与简单提问就可以得到准确的信息，如酒水的主流度数、主流包装喜好、产品规格、主流价位消费喜好等。这些信息不需要太多的询问技巧，可以向调查对象进行直接提问。

市场调查的方法很多，不同的市场、不同的调查对象、不同的产品，调查的方式与技巧也有一定差异，但目的是一致的，即为企业决策提供真实、可靠、详尽的市场信息。酒水市场调查是动态持续的过程，因为市场随竞争环境的变化而日日不同。

（资料来源：单芳，石斌，徐蓁. 市场调查与预测，南京：南京大学出版社，2015）

问题：
1. 结合案例谈谈一般市场调查包括哪些内容。
2. 评价本市场调查方案。
3. 分析获取背景和环境资料的途径。

 实训项目

1. 根据本项目提出的实训任务，完成调查方案的初稿并讨论修改。

2. 根据下列背景材料拟定肯德基公司对消费者的调查方案。

时间：20 分钟。

人数：全班，以小组为单位。

活动目的：练习设计调查方案。

工具：肯德基公司对消费者的调查的背景资料。

活动过程：

（1）各小组仔细阅读背景资料；

（2）找出这次调查中用来配合调查的实物；

（3）分析资料中包括了调查方案的哪些内容；

（4）拟定美国肯德基公司这次调查的方案；

（5）全班交流，评比哪个小组的调查方案最完整。

☆ **背景资料**

1986 年夏天，骄阳似火，几乎要将北京城烤焦。在北海公园的树荫下，一群游客正准备坐下休息，走来一位衣着典雅脱俗、文静清秀的小姐，她微笑着说："你们好。我是北京商学院的学生，暑假被美国肯德基公司聘为临时职员。公司为了征求中国顾客对肯德基炸鸡的意见，在这个公园里设置了免费品尝点，还准备了一些免费饮料。"小姐指着公园东边的一个小餐厅，"各位能否帮助我的工作？谢谢。"

这群游客随着这位小姐走进了餐厅。餐厅内，大理石地面，奶白色墙纸，粉红色窗帘，两边墙上各有一排古铜色的红运扇。正面墙上挂着巨大的迎客松图，20 多张大圆桌上铺着洁白的桌布，宽大明亮的窗户外是翠绿婆娑的修竹……一切使人感觉仿佛进入了春天。

待游客洗漱完毕，一位男士彬彬有礼地请他们就座，并在每个人面前摆放好袋装毛巾，随后送上苏打水和白开水，以消除口中的异味，片刻又送上油亮嫩黄的鸡块。

稍事品尝后，另外一位女士开始发问："您觉得这鸡块做得老了还是嫩了？""鸡块外表是否酥软？""鸡块水分多了还是少了？""胡椒味重了还是轻了？""是否应加点辣椒？""味精量如何？""还应该加点什么佐料？""鸡块大小是否合适？""每块鸡块卖 0.9 元是贵还是便宜？"其所问项目十分详细，令人赞叹。"那么，您对餐厅设计有什么建议呢？"她边说边拿出一本彩色画册，显示了各种风格、色调和座位布置的店堂设计。她一边翻着画册，一边询问，涉及墙壁和窗户的色调及图案、坐椅靠背的高低、座次排列的疏密、室内光线的明暗等，无一遗漏。

为了使气氛更加轻松愉快，她随便聊起北京的天气和名胜古迹，而后谈话又很自然地引入她的需要。"您认为快餐店设在北京哪儿最好？""像您这样经济状况的人每周可能光顾几次？""您是否愿意携带家人一起来？"最后她询问了游客的地址、职业、收入、婚姻和家庭状况等。

整个询问过程持续了约 20 分钟。那位女士几乎搜集了游客所能给予的全部信息。临行前，那位男士又给游客每人送上一袋热腾腾的炸鸡，纸袋上"肯德基 Kentucky, Co."的字样分外醒目。"带给您的家人品尝，谢谢您的帮助。"他轻声说道。

以上是美国肯德基公司在进入中国之前进行市场调研的一幕。由此可见，美国肯德基公司在市场调研方面独具匠心。

（资料来源：周宏敏. 市场调研案例教程. 北京：北京大学出版社，2008）

项目三

制定调查问卷

 项目学习指南

　　本项目主要有两个任务，任务一主要是掌握问卷设计的相关知识；任务二主要是设计调查问卷。问卷设计是进行市场调查的主要工具，它相对于其他调查方式来说具有一定的正式性和规范性。要进行问卷设计，首先要了解问卷的基本结构和类型，以及问卷设计的原则，掌握问卷的基本知识后，才能很好地进行问卷设计。

 情景描述

情景一

　　大学生是一个独特的消费群体，知识水平相对较高，愿意尝试也容易接受新鲜的事物和理念。虽然现在的消费能力相对偏低，但人数庞大，消费领域集中。现在我们拟对南宁市大学校园内的商业推广活动进行调查，以深入了解大学生这个特殊的消费群体，挖掘其中蕴藏的商机，为商家提供决策依据。在广泛调查的基础上，我们确定了南宁市几所有代表性的高校的学生，并决定对这些学生进行一次市场问卷调查。本次调查的具体研究目的可概括为：

1. 大学校园内的主要媒介；
2. 大学校园最常规、最普遍的商业推广形式；
3. 大学校园商业推广的产品类型；
4. 大学生对商业推广活动的态度；
5. 大学生最喜欢的推广形式；
6. 各商业推广形式的影响效果比较；
7. 大学生的消费观。

　　请你根据以上研究目的，利用已经学过的知识，为商家在高校的商业推广活动拟定一份市场调查问卷。

情景二

　　某休闲服装公司想了解消费者对该公司休闲服装的满意程度，假如你接手该项目，请你为该公司设计一份关于消费者满意度的调查问卷，你怎么设计？

情景三

　　某品牌矿泉水想在南宁市的高校推广，在推广活动中准备搞一些促销活动，但不知道设计什么样的促销活动。如果你担任这一品牌产品的推广负责人，你会怎么去推广这个产品？

在推广产品之前首先需要设计一份调查问卷，通过问卷调查了解消费者的喜好程度，然后有针对性地开展推广促销活动。你会如何设计该调查问卷？

任务一　掌握问卷设计的相关知识

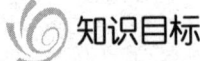
知识目标

1. 了解问卷设计的含义。
2. 掌握问卷调查法类型。
3. 掌握问卷设计的原则和程序。

岗位能力目标

1. 了解问卷和问卷设计的概念，问卷设计的原则和程序。
2. 具体把握问卷的内容及其基本结构。

任务目标解析

在你学习了市场调查的相关知识后，又掌握了调查方案的设计，接下来的工作就是设计调查问卷。进行问卷设计，首先要了解问卷的基本结构和类型，掌握问卷设计的基本原则和需要注意的事项，其次需要一定的专业知识，这样问卷设计工作就不难了。

相关知识链接 3-1

××休闲服装调查问卷设计

目前，某服饰公司与市场调研机构达成共识，围绕××休闲服装市场调研项目制订了市场调查方案，明确了调查的目的、调查对象、调查时间、调查时限及相关的调查内容。现在，该市场调研机构的项目组需要草拟一份消费者个体调查问卷，问卷设计需要充分考虑调查方案中确定的调查对象和调查内容，符合调查目的的需要及市场信息资料整理的需要。

针对××休闲服装市场调研方案中所涉及的消费者调查，请拟定一份调查问卷。

知识精讲

一、问卷设计的概念、作用与类型

（一）问卷设计的概念

问卷又被称为调查表，是询问调查中使用的以问题的形式系统记载所需要调查的具体内容，让访问员向被调查者发问并记录被调查者答案以搜集第一手资料的一种书面问卷。在搜集资料时,最基本而又最常用的方法就是问卷调查法。问卷设计,就是根据研究的需要而编制成的一套问题表格,由被调查者自填回答的一种搜集资料的工具,同时又可以作为个人行为和态度倾向的测量手段。问卷本身往往包含多种类型的量表,但又不等同于测量量表。问卷调查法是指调查者应用统一设计的问卷,由被调查者填答,向被调查者了解市场等有关情况的搜集资料的方法。

问卷调查法的特点如下。

1. 问卷调查一般是间接调查

应用问卷调查法搜集资料,被调查者填写问卷是在调查者不在场的情况下进行的,调查者与被调查者一般不见面。

2. 问卷调查是标准化的调查

所谓标准化调查是指调查者按统一设计的,有一定结构的标准化问卷进行调查,每个被调查者都是填写完全相同的文件,并按相同的规律填答。

3. 问卷调查是书面化的调查

调查者通过问卷用书面形式提出问题,被调查者对书面形式的问卷进行填写,这就要求调查者全面掌握书面问卷设计的方法。

(二) 问卷设计的作用

(1) 通过问卷设计,可以有针对性地了解被调查者的基本情况。

调查问卷是根据调查目的来设计的,所要调查的问题都经过反复思考,能够充分反映调查者的意图,所以能够有针对性地了解被调查者的基本情况。

(2) 采用调查问卷可以节省调查时间,提高工作效率。

调查问卷事先根据调查者意愿进行问题设计,在调查过程中,调查者不需要重新考虑调查所提出的问题,也不需要对调查问题做太多的解释,被调查者只需要根据自己的思维填写问卷,因此采用这种方式做调查,可以更好地节省时间。

(3) 调查问卷有利于对调查资料进行整理分析。

问卷调查中,除了少部分开放性问题不便于统计之外,一些结构性的问题给出了答案,这些答案顺序的选择有一定的相似性,这样便于统计归类,以及定量和定性分析。

(三) 问卷调查法的类型

1. 根据研究目的的不同,问卷可分为结构型问卷和无结构型问卷两大类

1) 结构型问卷

结构型问卷又称为封闭式问卷,它的特点是问题的设置和安排具有结构化形式,问卷中提供有限的答案,受试者只能选择作答。结构型问卷,由于已设置了有限的答案供受试者选择作答,因此它适用于广泛的、不同阶层的调查对象;同时有利于控制和确定研究变量之间的关系,易于量化和进行数据的统计处理,因此,这类问卷被普遍使用。但是,限制性选答导致回收的问卷难以发现特殊的问题,难以获得较深入、详尽的资料,因此,通常在结构型问卷为主的情况下,可以加入一两个无结构型问题,两种类型的问卷结合使用可以获得较好的效果。

2) 无结构型问卷

无结构型问卷又称为开放式问卷,它的特点是在问题的设置和安排上,没有严格的结构形式,受试者可以依据本人的意愿做自由的回答。无结构型问卷一般较少作为单独的问卷进行使用，往往是在对某些问题需要做进一步深入的调查时，和结构型问卷结合使用。通过无结构型问卷，我们可以搜集到范围较广泛的资料，可以深入发现某些特殊的问题，探询到某些特殊的受试者的特殊意见，也可以获得某项研究的补充和验证资料。有时候调查者可以根据受试者的反应，形成另一个新问题，做进一步的调查，使调查者与受试者之间形成交流，使研究更为深入。

对于文化程度不高，文字表达有一定困难的受试者，不宜采用无结构型问卷进行调查，而且问卷所搜集到的资料也难以数量化，难以进行统计分析。调查者需要具有较高的研究分析能力，才可能从回收的问卷中做出判断和分析。因此，这类问卷多适合做进一步深入调查时使用。

2. 根据问卷的使用方法的不同分为自填式问卷和访问式问卷

1）自填式问卷

自填式问卷是调查者通过邮件方式发给被调查者，由被调查者填写好后再邮寄给调查者。自填式问卷在设计上可以借助视觉功能，在内容上可以更加详尽、全面。自填式问卷又可分为送发式问卷、邮寄式问卷和报刊式问卷。

送发式问卷：就是将调查问卷送发给选定的被调查者，待被调查者填答完毕之后再统一收回。

邮寄式问卷：是通过邮局将事先设计好的问卷邮寄给选定的被调查者，并要求被调查者按规定的要求填写后回寄给调查者。这种问卷匿名性较好，但问卷回收率低。

报刊式问卷：是随报刊传递发送问卷，并要求报刊读者对问题如实回答并寄给报刊编辑部。这种问卷有稳定的传递渠道、匿名性好、费用省，有很大适用性，但问卷回收率低。

2）访问式问卷

访问式问卷是调查者事先设计好问卷或问卷提纲向被调查者提问，被调查者回答后，由调查者填写。一般而言，访问式问卷在设计上要求简单，力求不占用被调查者太多时间，一般控制在30分钟以内。访问式问卷分为人员访问式问卷、电话访问式问卷和网上访问式问卷。

人员访问式问卷：是由调查者按照事先设计好的调查提纲或调查问卷询问被调查者，然后再根据被调查者的口头回答填写问卷。这种问卷回收率高，便于设计一些便于深入讨论的问题，但不便于涉及敏感性问题。

电话访问式问卷：是通过电话来对被调查者进行访问调查的问卷类型。此种问卷要求简单明了，一般应用于问题相对简单明确但需及时得到调查结果的调查项目。

网上访问式问卷：是通过网络来进行调查的问卷类型。此种问卷不受时间、空间限制，便于获得大量信息，特别是对于一些敏感性问题，相对而言更容易获得满意的答案。

二、问卷设计的原则与程序

（一）问卷设计原则

一份成功的问卷必须达到以下两个目的：一是能将所要调查的问题有效地传递给被调查者；二是通过调查能获得自己所希望的效果。为了克服调查工作的困难，顺利实现这两个目的，问卷设计必须遵循以下几个原则。

1. 先易后难原则

在设计问题时一般先问一些让被调查者容易回答的问题，比如事实性的问题，再问比较难的问题，如被调查者态度方面的问题，这样能吸引被调查者往下填写，否则会遭到被调查者的反感，从而会影响调查效果。

2. 先封闭性提问后开放性提问

封闭性提问是指答案已经列出，被调查者只能从中选择一个或几个答案的提问方式。比如，您经常访问哪些网站购物：A. 淘宝网　B. 易趣网　C. 当当网　D. 卓越网　E. 拍拍　F. 其他。

开放性提问是指只提出问题，不列出答案，而由被调查者自由回答的提问方式。开放式提问经常采用"追问"的方式进行。追问是访问员为了获得更详细的资料而采用的一种方式。比如，您对我们商场的服务还有什么好的建议吗？

封闭性提问问题的优点：标准化程度高，调查结果易于处理，便于定量分析，对文化程度较低的被调查者也可适用，回答率较高，节省时间。

封闭性提问问题的缺点：被调查者的选项可能不能准确表达自己的意见和看法，给出的选项可能对被调查者产生诱导，被调查者可能误解了问题或圈错了答案，使答案难以反映内容。

开放性提问问题的优点：被调查者可以充分表达自己的意见和看法，调动被调查者的积极性，防止固定选项对被调查者的诱导，从回答中可以检查被调查者是否误解了问题。

开放性提问问题的缺点：标准化程度低，调查结果不易处理，无法深入进行定量分析，要求被调查者有一定的文字表达能力，回答率比较低，需要占用较多的时间。

封闭性问题具有回答方便，能节省被调查者时间的特点；开放性问题由于没有限定答案，让被调查者自由发挥，需要一定时间，如果在问题设计时一开始就用开放性问题，易于使被调查者产生反感情绪，所以在设计问题是要遵循先封闭性提问后开放性提问的原则。一份问卷也不要设置太多开放性问题，一般可以设置一到两个开放性问题，如果全部是封闭性问题也不能得到所要调查的信息，因为封闭性问题是根据调查者的思维来设计的，开放性问题是让被调查者自由回答，可能更加全面地获得所需要的信息。

案例思考 3-1

开放性问题

问题1：请您对目前高职院校与企业合作的情况进行评价。
问题2：您认为影响高职院校与企业合作的主要因素有哪些？
问题3：请您简述企业对高职毕业生能力的要求有哪些。
问题4：您认为高职院校校企合作中，怎样为培养人才发挥更好的作用？
问题5：您认为高职院校校企合作的最大困境是什么？怎么解决这种困境？
问题6：您对高职院校校企合作育人有哪些好的意见和建议？
思考：开放性问题有什么优缺点？

3. 可接受性原则

问卷的设计要比较容易为被调查者接受。由于很大部分被调查者都不愿意接受调查，加上填写问卷需要时间，所以问卷调查很容易遭到反感甚至拒绝，一旦产生反感情绪就会影响调查效果，即使被调查者接受调查有时也是敷衍了事。因此请求合作就成为问卷设计中一个十分重要的问题。应该在问卷中加上一些卷首语,卷首语要亲切、自然,提问涉及个人隐私的问题要委婉,必要时可以采取一些物质奖励,以使被调查者认真填好问卷。

4. 简明性原则

简明性原则主要体现在四个方面。

① 调查内容要简明。没有价值或无关紧要的问题不要列入,同时要避免出现重复,力求以最少的项目设计获得必要的、完整的信息资料。

② 调查时间要简短,问题和整份问卷都不宜过长。设计问卷时,不能单纯从调查者角度出发,还要为被调查者着想。调查内容过多,调查时间过长,都会招致被调查者的反感。

③ 通常调查的场合一般都在路上、店内或居民家中,应答者行色匆匆,或不愿让调查者在家中久留,而有些问卷多达几十页就会让被调查者望而生畏,即使勉强做答也只是草率应付。根据经验,一般问卷回答时间应控制在30分钟左右。

④ 问卷设计的形式要简明易懂,易读。

(二) 问卷答案设计原则

1. 互斥性原则

它是指同一问题的若干答案之间关系是相互排斥的,不能有重叠、交叉、包含等情况。从逻辑上讲,互斥是指两个概念之间不能出现交叉和包容的现象。在设计答案时,一项问题所列出的不同答案必须互不相容,互不重叠,否则被调查者可能会做出有重复内容的双重选择,对资料的整理分析不利,影响调查效果。

[示例] 您平均每月支出中,花费最多的是哪项?

a. 食品　　　　b. 服装　　　　c. 书刊　　　　d. 报刊
e. 日用品　　　f. 娱乐　　　　g. 交际　　　　h. 饮料
i. 其他

在选项中食品跟饮料、娱乐跟交际、书刊跟报刊存在重复现象,所以违背了互斥原则。

> **课堂思考**
>
> 请问您来某百货超市一般是选购什么商品? 可多选(　　)
> A. 散装零食　　B. 包装食品　　C. 水果蔬菜　　D. 米面油粮
> E. 服装鞋类　　F. 内衣床上用品　G. 日常用品
> 思考:这个问卷设计是否合理?

2. 穷尽性原则

穷尽性原则又叫完备性原则,是指所排列出的答案应包括问题的全部表现,不能有遗漏。

[示例] 下列哪项是您购买住宅的主要理由? 可多选(　　)

A. 想有套自己的房子　　　　B. 现有住宅太小
C. 现有住宅地点不好　　　　D. 现有住宅功能不全
E. 现有住宅已破旧　　　　　F. 想住更舒服的房子
G. 想住更气派的房子　　　　H. 想要有一幢度假用的别墅
I. 想投资房地产

这几项答案可能并不完全包括被调查者想购买某某品牌商品房的原因,容易造成填写困难。为了防止出现列举不全的现象，可在问题答案设计的最后列出一项"其他（请注明）"，这样，被调查者就可将问卷中未穷尽的项目填写在所留的空格内。但需注意，如果一项问题选择"其他"类答案作为回答的人过多，说明列举是不恰当的。

比如：您觉得政府应该通过哪些方式介入职业教育校企合作？可多选（　　　）

A. 制定校企合作相关法规条例
B. 通过制度优惠引导企业参与校企合作
C. 对校企合作的参与方进行财政补贴
D. 政府应该加强对校企合作的监督与管理
E. 搭建校企合作信息、服务平台
F. 通过多种渠道宣传、传播，营造企业参与职业教育的社会风气
G. 政府直接参与校企合作组织
H. 其他（请注明）＿＿＿＿＿＿

▶ **课堂思考**

在一周工作日内，你通常吃几次早餐？（　　　）

A. 1次　　　　B. 2次　　　　C. 3次　　　　D. 4次
E. 5次

思考：这个问题答案设计是否完备？

提示：这个问题没有穷尽全部答案，如果一顿早餐也不吃呢？应该加上第六种选择：0次。

▶ **课堂思考**

您在午餐上平均花费多少钱？（　　　）

A. 0~2美元　　　　　　　　B. 2~4美元
C. 4~6美元　　　　　　　　D. 4~6美元

E. 6~8美元

思考：这个问题答案设计是否合理？

提示：这个问题的答案有重叠，花2、4、6美元的人可能会选择两个答案，这个问题也没有穷尽所有的答案。

（三）问卷设计的程序

问卷设计的准备阶段是整个问卷设计的基础，是问卷调查能否成功的前提条件，需要调查人员在根据调查目的确定所需的信息资料之后，进行问题的设计与选择。设计一份良好的问卷是进行市场调查工作的基础，一般而言，问卷设计需要经过以下几个过程。

1. 确定调查问卷的类型

根据调查的目的和调查方式不同而选择不同的问卷形式，比如是采用开放性问卷还是封闭性问卷，如果是采用访谈法一般采用开放性问卷形式比较合适。

2. 确定调查问卷的结构，明确注意事项

1）问卷的标题

问卷的标题是概括说明调查研究主题，使被调查者对所要回答哪个方面的问题有一个大致的了解。问卷的标题应简明扼要，让被调查者一看就知道是调查什么内容，自己是否有能力填写该问卷，而不要简单采用"问卷调查"这样的标题，它容易引起被调查者因不必要的怀疑而拒答。例如"高职毕业生就业状况调查""××休闲服装消费调查""大学生恋爱观调查""我与法律——法律意识调查""大学生网上购物问卷调查"等。另外问卷标题要吸引被调查者的兴趣，如果被调查者一看到标题就有反感情绪，他们可能会拒绝填写或敷衍了事应付，这样就达不到调查的目的。

2）卷首语

每一份问卷的开头，必须有一段简短的卷首语，包括调查的目的、意义、主要内容、调查的组织单位、调查结果的使用者、保密措施等。设定卷首语的目的在于引起被调查者对填答问卷的重视和兴趣，争取他们对调查给予积极支持和合作，消除被调查者的顾虑。卷首语一般放在问卷的开头，篇幅宜小不宜大，要求简短（100字以内）。卷首语的语气要谦虚、诚恳、使人易于接受，重要的是要有吸引力和可读性。在卷首语的前面一般要加上称呼和问候语，以示对被调查者的尊敬。

[示例一]

亲爱的女士/先生：

您好！

我们是××高校的在校学生，正在进行有关啤酒市场的调查，可以占用您几分钟时间问您几个问题吗？您所提供的信息仅用于学习，没有任何商业用途，我们将对您的信息绝对保密。

[示例二]

亲爱的同学们，我们是经济与管理系的学生，欢迎您参与大学生婚恋观问卷调查，请仔细阅读下列问题，这些问题没有标准答案，只要根据自己的实际情况做出选择就可以，我们会对您的信息进行保密，此次调查对您没有任何影响，答案结果仅供研究之用。感谢您的支持，我们表示衷心的感谢，请在选项中打"√"。

此外，在卷首语中要说明调查的意义。这方面的内容可以从以下几个角度入手。一是着重强调被调查者对该项市场研究项目的重要性，如"您的意见对企业提高服务质量非常重要"。二是强调被调查者的回答对社会、对他人能提供宝贵的帮助，如"您的看法能帮助其他消费者正确使用产品"。三是郑重强调被调查者对主持该项研究的机构或企业所做的贡献，如"企业需要您的帮助"。当然也可以综合这几种思路，以取得被调查者的合作。但需要注意的是，第三条思路的措辞要采用中立的立场，不要使用"我们""我们企业"这样的字句，以免被调查者产生某种程度的心理负担而在回答问题时尽量说好话。有的问卷在卷首语部分还列出了问卷的填写说明。问卷填写说明是为了帮助被调查者能够准确顺利地回答问题而设计的，内容一般包括填写问卷需要注意的事项、填写方式（打钩或选择字母）、交回问卷的时间等。

3）甄别性问题

甄别性问题主要用来将不符合项目访问要求的被调查者剔掉，找出真正符合项目要求的

合格的被调查者。可以作为甄别被调查者的内容包括：

（1）被调查者所在行业的要求；
（2）被调查者年龄的要求；
（3）被调查者对某类产品有特定经验的要求；
（4）被调查者收入的要求；
（5）被调查者职务的要求；
（6）被调查者对某类产品有决策权的要求。

比如，消费者就某一品牌满意度情况做调查时，提出"你了解某一品牌吗？"的问题如果被调查者回答了解，那就继续做调查，如果被调查者回答不了解，那就没必要再往下做调查了。

4）被调查者基本情况

这是指被调查者的一些主要特征，如性别、年龄、民族、家庭人口、婚姻状况、文化程度、职业、单位、收入、所在地区等等。又如，对企业调查中的企业名称、地址、所有制性质、主管部门、职工人数、商品销售额（或产品销售量）等情况。通过这些项目，便于对调查资料进行统计分组与分析。在实际调查中，列入哪些项目，列入多少项目，应根据调查目的、调查要求而定，并非多多益善。有些涉及隐私的问题可以放在结尾部分，或采用分段式提问。

5）调查内容

调查内容是调查问卷的主要部分，其篇幅也最大，它是整个问卷调查目的之所在。调查内容的设计优良与否，直接关系到整个调查过程的成败。调查内容主要包括：根据调查目的而提出的各种问题；各种不同问句的回答方式；对回答方式的指导和说明。问卷中的问答题，从内容上看大致可分为三类。

第一类是被调查者行为的问题。

行为性问题是用于调查曾经发生过的行为，包括发生行为的时间、地点、行为方式等多方面的内容。调查者可以从被调查者过去及现在的行为状况预测其未来行为的可能性，尤其是消费行为的调查，可以从各种消费行为的调查结果推断未来消费市场的潜力。一般消费行为的调查项目包括：购买品牌、购买数量、购买频率、购买动机、金额、续购性及人际推荐意愿等。

[示例]

问题1：请问您是通过何种渠道知道某品牌酒的？（　　）

A. 杂志广告　　B. 听人介绍　　C. 电视
D. 网络　　　　E. 其他

问题2：请问您平时喝酒吗？（　　）

A. 滴酒不沾　　　　　　　　B. 应酬聚会时喝一点
C. 吃饭都要喝　　　　　　　D. 酒不离身

第二类是关于被调查者态度的问题。

态度是人对某种现象的相对稳定的心理倾向。为了研究人的态度，因而要对态度进行测量，但态度作为一种心理倾向，无法进行直接测量，只能从人的语言、行为以及其他方面加以间接地推断。通常较多采用态度量表作为工具进行态度测量，设计态度量表时，必须注意两个态度指标。

（1）态度的方向性：即喜欢或不喜欢、满意或不满意、肯定或否定的正负方向。

（2）态度的强度：即喜欢或厌恶、肯定或否定的程度。态度的强度以态度等级来衡量，通常分有几种不同的等级。

这类问题是要研究被调查者对特定问题的感受、认识和观点。例如，"您为什么选择到我们商场购物？"在实际工作中，处理态度性的问题比较麻烦，因为被调查者可能从未面临或思考过调查者所询问的问题，另外有可能会询问一些涉及个人隐私方面的问题，而且一个人的态度也很容易受到本身情绪及外在环境因素的影响。

[示例]

问题1：您比较喜欢哪种口味的饮料呢？（　　）

A. 水果味　　B. 薄荷味　　C. 巧克力味　　D. 茶味

E. 其他（请注明）_____

问题2：您比较喜欢哪种颜色的饮料呢？（　　）

A. 红色　　B. 绿色　　C. 黄色　　D. 紫色

E. 无色透明　　F. 其他（请注明）_____

第三类是事实性问题。

事实性问题要求被调查者回答一些有关事实方面的问题。通常在一份问卷的开头和结尾要求被调查者填写某些资料。这部分一般包括被调查者的性别、年龄、教育程度、职业、婚姻状况、收入、居住地区、党籍、宗教信仰等。这部分的结果在进行统计分析时有两大作用：一是研究者可将完成的有效样本与母体进行样本代表性检验，若检验结果显示样本与母体间无显著差异时，表示样本的代表性好，可根据调查的结果推断母体的意见；二是研究者可对基本资料各项问题的回答情形做交叉分析，以了解不同性质、不同属性的人在行为和态度上是否有明显的差异。这种分析结果对市场细分工作非常有用。

在进行问卷设计时，并不是问题越多越好，也不是问题越少越好，问题过多，会耽误被调查者太多时间，引起被调查者的反感，问题太少，很难达到调查的目的，一般而言根据调查的目的选择合适的问题内容。

6）编码

编码是为了对问卷调查结果资料进行计算机统计处理和分析调研工作者面对问卷的有关项目预先做好的计算机编码。通常是在每一个调查项目的最左边按顺序编号，与询问问题同步编制。

[示例]

"桂林三花酒"给您印象最深的是什么？（　　）（多选题）

1. 天然　　　2. 价格　　　3. 包装　　　4. 味道浓烈

5. 品牌　　　6. 不清楚　　7. 其他

这些答案前面的数字就是编码，将问卷信息转化成计算机可以识别的代码，便于计算机对其进行数据整理和分析。

7）结尾部分

结尾部分包括作业证明记载和结束语。作业证明记载是用来证明访问作业的执行、完成、访问人的责任等情况，并便于检查、整理、修正等使用。作业证明记载的内容包括：

被调查者姓名或名称、电话,访问的地点;访问的时间,通常在问卷最后,但对于一些涉及被调查者隐私的问卷,上述内容则不宜列入。结束语一般放在问卷的最后,用来简短地对被调查者的合作表示感谢,也可征询被调查者对问卷设计和问卷调查本身的看法和感受。

三、问卷设计需要注意的事项

(一)问题的逻辑性

例如,问卷开始就来一句:"您对某品牌产品的满意程度如何?"这样突如其来的问题让被调查者感到很难堪,要是没有使用过该品牌就不好回答,因此一般为了排除不合格的被调查者,需要事先设计一个过滤性的问题,比如,"您使用过某品牌产品吗?"假如被调查者回答是,就可以继续填写问卷,否则,便结束调查。

(二)问卷的排版

问卷的外观形式也容易引起被调查者很大的反应。首先,问卷设计最好用一张 A4 纸张打印出来,如果打印纸张过多,会造成被调查者反感。其次,问卷表面设计要明快、简洁,纸张要高级,不要粗制滥造,让别人感觉不够正式。再次,问卷要单面印刷,间距要合理,必须给对方留下足够的空间回答,条理要清楚,所列的问题要一目了然,方便阅读和回答。最后,尽量将问句与选项做垂直平行排列,同一个问题应该排在同一个版面。

[示例]

您的年龄阶段是(　　)。

横排方式:

A. 20 岁以下　　B. 20～40 岁　　C. 41～60 岁　　D. 61 岁以上

竖排方式:

A. 20 岁以下

B. 20～40 岁

C. 41～60 岁

D. 61 岁以上

显然竖排方式更为直观、简洁,容易让人接受。

(三)问句设置要合理

问句设置要有一定的合理性,不要设置一些与调查主题无关的问题,所有的问题应确保都是必要的,即每一个问题都是服务于调查主题的。在问卷设计中最好将所要调查的问题分类,比如调查的基本情况、调查的行为性问题及调查的态度性问题等,这样容易给被调查者留下比较清晰的印象。

任务二　设计调查问卷

知识目标

1. 了解问卷设计的基本程序。
2. 了解问卷设计的形式。

3. 掌握问卷询问技术。
4. 了解量表的概念。
5. 掌握量表的类型。

岗位能力目标

1. 具体把握问卷的内容及其基本结构。
2. 能进行问卷设计。

任务分析

在确定了调查方案之后，就要根据调查方案里的调查目的和调查内容进行问卷设计。学会市场调查问卷设计的专业技巧，就可以根据自己的实际业务活动，将所要调查的内容用问卷形式表达出来，能够更好地为自己服务，因为好的调查问卷可以得到被调查者的配合。要设计问卷，就必须了解问卷的基本结构和问题的类型。任务一已经进行了问卷结构和类型的介绍，任务二主要是介绍问卷设计的形式以及如何设计一份合理的问卷。

相关知识链接 3-2

问卷一

晨全吉牌沙棘果饮问卷调查

尊敬的先生/女士：

您好！

为了调查消费者购买我们晨全吉牌沙棘果饮的习惯和情况，我设计了这份问卷，希望您能抽出一点时间来完成这份问卷，问卷中可能会有一些问题涉及您的隐私，不过我的这份问卷只是作为调查使用，不做商业用途，绝不会泄露被调查者的信息的，请您放心。

请您填一下您的基本资料：

1. 请选择您的性别。（   ）

　　A. 男　　　B. 女

2. 请选择您的年龄。（   ）

　　A. 18 岁以下　　　　　　　B. 18～35 岁
　　C. 35～55 岁　　　　　　　D. 55 岁以上

3. 请选择您的职业。（   ）

　　A. 学生　　B. 自由职业　　C. 普通员工　　　D. 经理等高层管理人员

4. 请选择您的月薪。（   ）

　　A. 2 000 元以下　　　　　　B. 2 000～5 000 元
　　C. 8 000～10 000 元　　　　D. 10 000 元以上

下面将进行有关购买饮料的调查（可多选）：
1. 您是否购买过沙棘果饮之类的饮品？（　　　）
   A. 是　　　B. 否
2. 您是否愿意尝试沙棘果饮呢？（　　　）
   A. 很愿意　B. 愿意　　　　　C. 一般般　　　　D. 不愿意
3. 您可以接受饮料的价格范围是什么？（　　　）
   A. 5 到 10 元/500mL　　　　B. 11 到 31 元/500mL
   C. 31 到 100 元/500mL　　　D. 100 元以上/500mL
4. 您对饮料可以接受的口味有哪些？（　　　）
   A. 酸　　　B. 甜　　　　　　C. 苦　　　　　　D. 辣
   E. 咸　　　F. 涩
5. 您愿意去尝试没有接触过的保健饮品吗？（　　　）
   A. 愿意　　B. 看情况　　　　C. 不愿意
6. 选择饮品，您最注意考虑的是什么？（　　　）
   A. 味道口感　B. 健康营养　　C. 功能性　　　　D. 品牌
   E. 性价比
7. 您一般在什么场合下购买饮料呢？（　　　）
   A. 运动后　B. 吃饭时　　　　C. 逛街时　　　　D. 聚会、开会
8. 您通常会在哪里购买饮品？（　　　）
   A. 便利店　B. 超市　　　　　C. 饮料专卖店　　D. 自动售货机
9. 您比较喜欢哪种包装的饮料？（　　　）
   A. 塑料瓶　B. 易拉罐　　　　C. 盒装　　　　　D. 玻璃瓶
10. 您比较喜欢哪种口味的饮料？（　　　）
    A. 水果味　B. 薄荷味　　　　C. 巧克力味　　　D. 茶味
    E. 其他（请注明）_____
11. 您比较喜欢哪种颜色的饮料？（　　　）
    A. 红色　　B. 绿色　　　　　C. 黄色　　　　　D. 紫色
    E. 无色透明　　　　　　　　　F. 其他（请注明）_____
12. 在您购买饮料时，哪些是您优先考虑的因素？请您为以下的选项评分（10 分为最重要，1 分为最不重要）
价格：_____　容量：_____　包装：_____　口味：_____
颜色：_____　品牌：_____　营养价值：_____　时尚因素：_____
功能：_____　健康：_____
以下的问题是有关饮料促销和宣传方面的：
13. 您是否会优先选择购买电视上经常宣传的饮料？（　　　）
    A. 是　　　　　　　　　　　　B. 否
14. 您比较喜欢哪一类人作为饮料的宣传代言人？（　　　）
    A. 影视明星　　　　　　　　　B. 体育明星
    C. 网络红人　　　　　　　　　D. 普通人
15. 您比较喜欢哪种类型的饮料广告？（　　　）

A. 场面震撼，明星云集   B. 超越现代，魔幻奇异
C. 场面温馨，阖家团圆   D. 充满活力，激情无限

16. 您认为哪种促销活动更能吸引您购买饮料？（   ）
    A. 买一送一   B. 有奖销售
    C. 免费赠饮   D. 打折促销
    E. 赠送礼品

17. 您会经常尝试一些新推出的饮料产品吗？（   ）
    A. 经常会   B. 偶尔会
    C. 从不

18. 哪种原因更能让您选择购买新产品？（   ）
    A. 品牌企业的新产品   B. 他人推荐
    C. 广告媒体   D. 促销活动
    E. 其他（请注明）_____

非常感谢您参加此次的问卷调查，此次调查到这里就结束了。谢谢您！

问卷二

大学生社会兼职调查

亲爱的同学们：

    你们好！为了了解学生兼职的情况，我特意进行此份问卷调查，希望同学们能够配合，根据你的实际情况和感受回答，在你认为合适的选项上打√（如选择其他，请在后面的横线处标明），此次调查仅限本人学习参考使用，不会对你造成任何的影响，请各位同学放心。感谢你的合作与支持！

1. 请选择你的性别。
    A. 男   B. 女
2. 请选择你的年级。
    A. 大一   B. 大二   C. 大三
3. 你认为大学生有必要做兼职吗？
    A. 有必要   B. 没必要
4. 你是否做过兼职？
    A. 是   B. 否
5. 如果做兼职，你愿意做什么类型的兼职？
    A. 促销   B. 发传单   C. 家教
6. 你认为兼职会影响你的学习吗？
    A. 一定会   B. 可能会因人而异   C. 一定不会   D. 不知道
7. 当兼职与上课冲突时，你会怎么做？
    A. 逃课   B. 放弃兼职   C. 请假去做兼职   D. 其他
8. 兼职过程中你最大的收获是什么？
    A. 赚钱   B. 交际面扩大

C. 对社会的了解更深 　　　　D. 其他（请注明）＿＿＿＿＿
9. 兼职过程中，你是否遇到过性别歧视？
   A. 经常遇到 　　　　　　　B. 偶尔遇到
   C. 从未遇到
10. 你认为兼职过程中，你最大的优势是什么？
    A. 口齿伶俐，善于表达 　　B. 大胆自信，活泼开朗
    C. 出众的仪表和气质 　　　D. 兴趣广泛，知识渊博
11. 你的家长是否同意你做兼职？
    A. 完全同意 　　　　　　　B. 基本同意
    C. 无所谓 　　　　　　　　D. 不同意
12. 你曾经通过什么方式和途径找到过兼职工作？（多选）
    A. 海报或广告专门的中介机构　B. 传单
    C. 兼职群 　　　　　　　　D. 同学介绍
13. 你是否认为学校应该建立专业兼职指导机构？
    A. 应该　　B. 不应该　　C. 不知道

思考：你觉得以上两份问卷的设计有问题吗？如果有问题，请指出来。

一、问卷设计的程序

问卷设计是由一系列相关工作过程所构成的，为使问卷具有科学性和可行性，需要按照一定的程序进行。

（一）准备阶段

准备阶段是根据调查问卷的需要，确定调查主题的范围及调查项目，将所需问卷资料一一列出，分析哪些是主要资料，哪些是次要资料，哪些是调查的必备资料，哪些是可要可不要的资料，并分析哪些资料需要通过问卷来取得，需要向谁调查等，对必要资料加以搜集。同时要分析调查对象的各种特征，即了解各被调查对象的社会阶层、行为规范、社会环境等社会特征，文化程度、知识水平、理解能力等文化特征，需求动机、行为等心理特征，以此作为拟定问卷的基础。在此阶段，应充分征求有关各类人员的意见，以了解问卷中可能出现的问题，力求使问卷切合实际，能够充分满足各方面分析研究的需要。可以说，问卷设计的准备阶段是整个问卷设计的基础，准备阶段的工作是否充分是问卷调查能否成功的前提条件。

（二）初步设计

在准备工作基础上，设计者就可以根据搜集到的资料，按照设计原则设计问卷初稿，主要是确定问卷结构，拟定并编排问题。在初步设计中，首先要标明每项资料需要采用何种方式提问，并尽量详尽地列出各种问题，然后对问题进行检查、筛选、编排，设计每个项目。对提出的每个问题，都要充分考虑是否有必要，能否得到答案。同时，要考虑问卷是否需要编码，或需要向被调查者说明调查目的、要求、基本注意事项等。这些都是设计调查问卷时十分重要的工作，必须精心研究，反复推敲。

（三）试答和修改

一般说来，所有设计出来的问卷都存在着一些问题，因此，需要将初步设计出来的问卷，在小范围内进行试验性调查，以便弄清问卷在初稿中存在的问题，了解被调查者是否乐意回

答和是否能够回答所有的问题，哪些问题语义不明，哪些问题是多余的，是否遗漏了哪些，问题的顺序是否符合逻辑，回答的时间是否过长等。如果发现问题，应做必要的修改，使问卷更加完善。试调查与正式调查的目的是不一样的，它并非要获得完整的问卷，而是要求回答者对问卷各方面提出意见，以便于修改。

（四）付印

付印就是将最后定稿的问卷，按照调查工作的需要打印复制，制成正式问卷。

二、问卷设计的形式

（一）两项选择法

两项选择法又称是否选择法或真伪选择法，它是在询问语句下只提出两个答案，受访者必须二者择一，因而是一种强迫性选择法。这种问句的备选答案常用是或否、对或错、有或没有、喜欢或不喜欢、需要或不需要、满意或不满意表示。这种问句的优点是可求得明确的判断，并在短暂的时间内求得受访者的回答，并使持中立意见者偏向一方；条目简单，易于统计。缺点是不能表示意见程度的差别，结果也不太精确。例如：

您家有冰箱吗？　　　　　① 有　　　② 没有
您家的冰箱是海尔牌吗？　① 是　　　② 不是
您是否喜欢海尔牌冰箱？　① 喜欢　　② 不喜欢
您是：　　　　　　　　　① 男生　　② 女生

（二）多项选择法

多项选择法是在询问语句下，事先列出两个以上的答案，受访者可任选其中一项或几项。这种问句的优点是可以避免两项选择法必须二者择一的缺点，也较便于统计。其缺点是答案较多，归类工作量较大。多项选择的语句答案的设计可以是强迫性的，也可以是非强迫性的，大多数情况下采用非强迫性设计。

例如，您认为决定是否找到合适工作的最主要因素是（请在合适的答案后的括号里打"√"）：

① 自己的能力（　　）　② 有无关系（　　）　③ 家庭条件（　　）
④ 社会中介服务（　　）　⑤ 其他（请写明）＿＿＿＿＿＿＿＿＿＿

又如，吸引你去该商圈购物的原因是（　　）（可多选）：

A. 交通便利　　　　　　B. 距离近
C. 知名度高　　　　　　D. 品种齐全
E. 服务态度好　　　　　F. 物美价廉
G. 促销活动多　　　　　H. 娱乐设施齐全
I. 其他原因

多项选择的问句答案设计得也不要太多，一般不宜超过八个，五至六个答案算比较合理的，太多了，会让人产生厌烦情绪。

（三）顺位法

采用顺位法设计的问题，答案有多个，让被调查者根据自己的观点、看法、认识程度等对所列的事项定出先后顺序。

例如，您选择冰箱时主要考虑的因素是（请将所给答案按重要顺序 1，2，3，4，5，6，

7，8 填写在右边的括号内）：

价格便宜（　　）　　　经久耐用（　　）　　　制冷效果好（　　）
外观大方（　　）　　　牌子名气大（　　）　　售后服务好（　　）
噪声低（　　）　　　　其他（请注明）（　　）

又如，您选购空调的主要条件是（请将所给答案按重要顺序 1，2，3，4，5，6，7，8 填写在□中）

价格便宜□　　外型美观□　　维修方便□
牌子有名□　　经久耐用□　　噪声低□
制冷效果□　　其他□

顺位法便于被调查者对其意见、动机、感觉等做衡量和比较性的表达，也便于调查者对调查结果加以统计。但调查项目不宜过多，过多则容易分散，很难顺位，同时所询问的排列顺序也可能对被调查者产生某种暗示影响。

这种方法适用于设计要求答案有先后顺序的问题。

（四）回想法

回想法是通过一个直截了当的带有限定性的问题，让被调查者回想他所知道的内容。这种方法一般用于调查品牌名称、公司名称、广告印象强度等。

例如，请列举你所知道的方便面的名字：（　　）（　　）（　　）（　　）。

又如，在"请您举出最近在电视广告中出现的电冰箱有哪些牌子"调查时，可根据被调查者所回忆牌号的先后和快慢以及各种牌号被回忆出的频率进行分析研究。

（五）联想法

这种方式是将某个词语说给被调查者听，要求他们说出他们听到这个提示所联想到的事物。例如，请您说（写）出您在听到下面词语时最先联想到的品牌：空调（　　）；冰箱（　　）；矿泉水（　　）。

（六）比较法

所谓比较法是指采用对比的方式，由被调查者将备选答案中具有可比性的事物进行比对做出选择的方法。

例如，请比较下列每一组不同品牌的彩色电视机，哪一种你更喜欢使用？（每一组中只选一个）

A. 长虹　康佳　　　　　　B. 海尔　海信
C. TCL　海信　　　　　　D. 长虹　创维
E. TCL　康佳　　　　　　F. TCL　长虹

这种方法采用了一一对比方式，具有一定的强制性，使被调查者易于表达自己的态度。

应注意，比较项目不宜过多，否则会影响被调查者回答的客观性，也不利于调查者进行统计分析。

（七）态度量表

1. 量表的概念

在市场调查中，经常涉及有关消费者的满意度、心理方面的调查，而有关这方面的调查一般要进行辨别和测定，这就需要借助各种数量方法加以测定。我们可以通过事先拟定的用语、记号和数目来测定人们的心理活动的度量工具，这就是我们所要介绍的量表。量表的最大优点是将定性问题定量化。

2. 量表的类型

量表根据不同的分类标准有不同的类型。

1）平衡量表和非平衡量表

量表按照语句答案互为相反的数量是否相等可分为平衡量表和非平衡量表。平衡量表是指语句答案互为相反的数量相等的量表。平衡量表根据等级不同经常采用五分法和七分法两种形式。五分法如很好（2）、好（1）、一般（0）、不好（–1）、很差（–2）；七分法如非常好（3）、很好（2）、好（1）、一般（0）、不好（–1）、很差（–2）、非常差（–3）。平衡量表的备选答案是对称的，中间点（0）左右两侧的数量正好均衡。采用平衡量表时，受访者回答的选项分布往往具有客观性。比如，在调查人们对某商场员工服务态度的感受时，可以设计这样的问题"请问您对我们商场服务人员的评价是（　　），五等级答案为：

A. 很满意　　　　B. 满意　　　　　C. 一般　　　　　D. 不满意

E. 很不满意

非平衡量表是指语句答案互为相反的数量不相等的量表。例如，若用很好（2）、好（1）、一般（0）、不好（–1）作为顾客对某商场服务满意度的备选答案，就是非平衡量表（非对称量表）。非平衡量表的备选答案是不对称的，中间点（0）左右两侧的数量不均衡。采用非平衡量表时，受访者回答的选项分布往往偏向有利答案或不利答案。因此，量表设计应尽可能采用平衡量表（对称量表）。

2）接近量表和遥远量表

量表按照量表尺度与语句设置的距离的远近可分为接近量表和遥远量表。接近量表是指量表尺度设置在同一语句下，若有 n 条语句就对应的 n 个量表尺度，并且各语句量表尺度的性质设计是相同的。遥远量表是指 n 条语句只共用同一个量表尺度，量表尺度设置在各语句的最前面。

例如，请指出您对 A 品牌下列售后服务方面的满意度（圈出答案，1=完全不满意、10=完全满意）：

① 员工态度　　　1 3 4 5 6 7 8 9 10
② 处理询问　　　1 3 4 5 6 7 8 9 10
③ 送货及时性　　1 3 4 5 6 7 8 9 10
④ 安装满意度　　1 3 4 5 6 7 8 9 10

以上是接近量表的形式，若采用遥远量表，则为下列形式的量表。

请指出您对 A 品牌下列售后服务方面的满意度（答案请写在语句的后面）：

完全不满意　　1 3 4 5 6 7 8 9 10　　完全满意

① 员工态度　　　□
② 处理询问　　　□
③ 送货及时性　　□
④ 安装满意度　　□

一般地说，接近量表和遥远量表并无显著的差别，但遥远量表可节省问卷篇幅。

3）列举评比量表

列举评比量表是指以计量水准为依据，列出评价性的询问语句和备选答案的量表，计量水准一般为属性水准，询问语句一般采用程度评价题或单项选择题；提出的问题的答案按不同程度给出，请被调查者自己选择一种作答，其答案没有对或错的选择，只有不同程度的选择。量表尺度的两端是极端答案，备选答案相反的数量一般采用相等设计（对称量表）。例如，常见的产品测试量表尺度的形式主要有：

质量：非常好　　比较好　　一般　　比较差　　非常差
式样：非常时尚　比较时尚　一般　　不时尚　　很不时尚
价格：非常贵　　比较贵　　一般　　不太贵　　很便宜
满意度：非常满意　比较满意　一般满意　不太满意　很不满意
耐用性：非常好　　比较好　　一般　　比较差　　非常差
可靠性：完全可靠　比较可靠　一般　　不太可靠　非常不可靠

4）图示评比量表

图示评比量表是以计量水准为依据，在评价性的询问语句下，用一个有两个固定端点的图示连续谱来刻画备选答案或差距的量表。这种量表可分辨出受访者微小的差别。属性水准和数量水准都可采用这种量表的设计形式。例如，您认为B品牌沙发的舒服度怎样？请在下列尺度中标出您的评价结果：

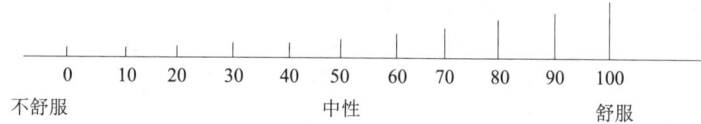

5）语义差距量表

语义差距量表是以计量水准为依据，运用若干语义相反的极端形容词或短语作为计量尺度的两个固定端点，中间标出差距相等的位置刻度，并设定最不好的位置记1分，其次不好的位置记2分，依次类推，直到标出最好位置的记分值。这种量表可使受访者在计量尺度中标出其位置来反映对每个测量项目的评价定位，也有利于调研者事后统计出全部受访者的平均值，以便对测量项目进行定位和排序。例如，请您对A、B、C三种品牌的冰箱的不同项目的特性做出评价定位：

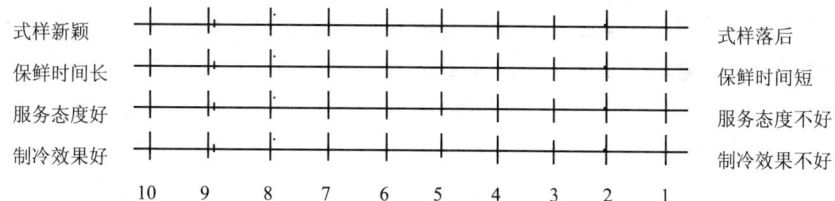

6）配对比较量表

配对比较量表是指运用配对比较法依次列出两个对比项目，由受访者根据自己的看法做出对比的一种量表，一般用于了解受访者对不同产品质量、使用功能等方面的评价意见。配对比较量表事后可统计出全部受访者对比结果的频数或频率，从而可对不同产品的质量或不同评价项目做出定位和排序。例如，请您逐一比较下列各组不同牌号的洗衣机质量，在您认为质量好的牌子后面打"√"：

① 海尔牌□　三洋牌□　② 海尔牌□　美菱牌□　③ 三星牌□　小天鹅牌□
④ 三洋牌□　美菱牌□　⑤ 三洋牌□　小天鹅牌□　⑥ 美菱牌□　小天鹅牌□

又如，请您逐一比较洗衣粉的下列特性，您认为每组中哪一个特性更重要（在后面打"√"）：

① 去污性好□　不伤衣物□　② 去污性好□　使用量少□　③ 去污性好□　环保性好□
④ 不伤衣物□　使用量少□　⑤ 不伤衣物□　环保性好□　⑥ 环保性好□　使用量少□

7）数值分配量表

数值分配量表，是指由调查者规定总数值，由被调查者进行数值分配，通过分配数值的不同来表明态度的测量表。

在市场调查中，数值分配量表常用于消费者对某种商品或商场服务人员满意度方面的调查。在判断顾客满意度时，一般采用1，10或100为固定总值，由被调查者根据自己的心理感受程度赋予一定的分值，调查者根据消费者赋予的不同分值进行比较，从而做出判断。

例如，有A、B、C、D四个商场，做顾客满意度调查，以100为固定总值，请消费者对四个商场的服务质量进行打分。若某个顾客对A商场打60分，对B商场打70分，对C商场打50分，对D商场打40分，则说明消费者对B商场的满意度要高于其它三个商场，D商场的顾客满意度最低。

在运用数值分配量表时，应当注意的是，调查者事先要规定总数值，这是分配数值量表的基础，在某一个项目的调查中，总数值固定不变，调查项目不同，分配数值也可以不同，这样是为了更好地进行比较。之所以采用1，10，100作为总数值，是因为这些数在被分配后比较容易求总和，也比较易于计算其百分数。如果在某个项目的调查中有多个变量，则必须使被分配的各数值之和等于总数值。

 案例思考 3-2

顾客满意度问卷

下列诸多因素中，哪些对你来说是最重要、最满意的，哪些影响程度一般，请按强弱程度打分。

非常满意（5分）满意（4分）一般（3分）不满意（2分）很不满意（1分）
非常重要（5分）重要（4分）一般（3分）不重要（2分）一点儿也不重要（1分）

影响因素	重要性	满意度
价格合理	5 4 3 2 1	5 4 3 2 1
商品质量	5 4 3 2 1	5 4 3 2 1
进出方便	5 4 3 2 1	5 4 3 2 1
商品有特色、符合需要	5 4 3 2 1	5 4 3 2 1
信誉好	5 4 3 2 1	5 4 3 2 1
内外环境卫生、清洁	5 4 3 2 1	5 4 3 2 1
空气流通、光线充足	5 4 3 2 1	5 4 3 2 1
标识清楚	5 4 3 2 1	5 4 3 2 1

能轻易找到目标商品	5 4 3 2 1	5 4 3 2 1
卫生间清洁	5 4 3 2 1	5 4 3 2 1
服务员有亲切感	5 4 3 2 1	5 4 3 2 1
员工专业知识丰富	5 4 3 2 1	5 4 3 2 1
服务员细致解答顾客疑问	5 4 3 2 1	5 4 3 2 1
可以退换货	5 4 3 2 1	5 4 3 2 1
售后服务好	5 4 3 2 1	5 4 3 2 1
付款等候时间短	5 4 3 2 1	5 4 3 2 1
投诉方便	5 4 3 2 1	5 4 3 2 1
优惠活动多	5 4 3 2 1	5 4 3 2 1

您的性别：① 男　② 女

您的年龄最符合下列（　　）：① 15～20 岁　② 21～30 岁　③ 31～40 岁　④ 41 岁以上

您的职业：① 职员　② 个体劳动者　③ 工人　④ 学生　⑤ 离退休人员　⑥ 其他

您个人平均月收入是（　　）：① 1 000 元以下　② 1 000～2 500 元　③ 2 500～4 000 元　④ 4 000 元以上

您家庭人均月收入是（　　）元。

您家住在_____区，您的工作单位在_____区。

您对本店不满意的是：_____。

您的建议：_____。

思考： 该问卷是否有问题？如果有，你会如何修正？

案例思考 3–3

关于某快餐店的满意度调查问卷

尊敬的各位顾客：

　　为了能了解您对某快餐店的看法和要求，明确您对服务和其他问题的满意度，我们特意为您设计此份问卷，希望您能配合我们的调查工作，帮助我们完成调查，谢谢您的支持！（此调查不涉及商业内容，仅供学习探讨，请您放心填写）

一、某快餐店饭菜满意度

1. 您对餐厅饭菜种类及口味是否满意？
　　A. 非常满意　　　　　　　　B. 满意　　　　　　　　C. 一般
　　D. 不满意　　　　　　　　　E. 非常不满意
2. 您对餐厅饭菜价格是否满意？
　　A. 非常满意　　　　　　　　B. 满意　　　　　　　　C. 合适
　　D. 偏贵　　　　　　　　　　E. 非常贵
3. 您对餐厅饭菜的新鲜度是否满意？
　　A. 非常满意　　　　　　　　B. 满意　　　　　　　　C. 一般
　　D. 不满意　　　　　　　　　E. 非常不满意

4. 您对餐厅饭菜的干净、卫生度是否满意？
   A. 非常满意　　　　　　B. 满意　　　　　　C. 一般
   D. 不满意　　　　　　　E. 非常不满意
5. 您对餐厅菜谱是否满意？
   A. 非常满意　　　　　　B. 满意　　　　　　C. 一般
   D. 不满意　　　　　　　E. 非常不满意

二、某快餐店服务及管理满意度

1. 您对餐厅餐具的卫生及消毒情况有何评价？
   A. 非常满意　　B. 符合标准　　C. 勉强　　D. 有待提高
   E. 非常不满意
2. 您对餐厅服务人员的态度有何评价？
   A. 非常满意　　B. 满意　　　　C. 一般　　D. 不满意
   E. 有待提高　　F. 非常不满意
3. 您对餐厅工作人员的卫生情况有何评价？
   A. 非常满意　　B. 符合标准　　C. 勉强　　D. 有待提高
   E. 非常不满意
4. 您对餐厅就餐环境的整洁度是否满意？
   A. 非常满意　　B. 满意　　　　C. 一般　　D. 不满意
   E. 有待提高　　F. 非常不满意
5. 您对餐厅的就餐管理有何评价？
   A. 非常满意　　B. 满意　　　　C. 一般　　D. 不满意
   E. 有待提高　　F. 非常不满意
   其他意见 _____
6. 您对餐厅饮料供应情况是否满意？
   A. 非常满意　　B. 符合标准　　C. 勉强　　D. 有待提高
   E. 非常不满意
7. 您对餐厅高峰期的就餐情况是否满意？
   A. 非常满意　　B. 满意　　　　C. 一般　　D. 不满意
   E. 有待提高　　F. 非常不满意
8. 您对餐厅就餐环境的风格设计是否满意？
   A. 非常满意　　B. 满意　　　　C. 一般　　D. 不满意
   E. 有待提高　　F. 非常不满意
9. 您对餐厅播放的节目是否满意？
   A. 非常满意　　B. 满意　　　　C. 一般　　D. 偏俗
   E. 有待提高　　F. 非常不满意
10. 您对餐厅的饭菜有何建议？

_____

_____

11. 您对餐厅的服务有何建议?

_____

_____

三、您的基本情况

1. 您的姓名:
2. 您的性别:
   A. 男　　　　B. 女
3. 您的年龄:
   A. 18~22 岁　B. 22~30 岁　　　C. 30~45 岁　　　　D. 45~60 岁
4. 您的每月收入:
   A. 700 元以下　　　　　　　　B. 700~1 500 元
   C. 1 500~2 500 元　　　　　　D. 2 500 元以上

思考:该问卷有没有问题?如果有,请问有哪些方面需要改进?

三、问卷询问技术

1. 避免提一般性问题

一般性问题对实际调查工作并无指导意义。

如"您对某百货商场的印象如何?"这样的问题过于笼统,很难达到预期效果,可具体提问如"您认为某百货商场商品品种是否齐全"?"营业时间是否恰当"?"服务态度怎样?"等问题。

▶ **课堂思考**

您多长时间去一次餐馆?

思考:这个问题设计得是否合理?

提示:这是一个非常武断的问题。它没有明确餐馆和饮食的类型。对于一个描述性的问题,应该加入对类型的询问。

2. 避免使用不确切的词

不确切的词如"普通""经常""一些""常常""偶尔"等,以及一些形容词,如"美丽""漂亮"等。这些词语,各人理解往往不同,在问卷设计中应避免或减少使用。例如,"你是否经常来我们商场购物?"回答者不知经常是指一周、一个月还是一年,可以改问:"您上月共来我们商场几次?"

▶ **课堂思考**

您最近的 100 元收入从何而来?

提示:调查者不必知道消费者最近的 100 元收入从何而来,消费者也没有必要详细说出他们的收入来源。另外,"最近"这个词含义模糊,每个人的理解也不一样。

3. 避免使用含糊不清的句子

例如,"你最近是出门旅游,还是休息?"出门旅游也是休息的一种形式,它和休息并不存在选择关系,正确的问法是:"你最近是出门旅游,还是在家休息?"

▶ **课堂思考**

您觉得您所在单位几年来情况怎么样?
A. 几乎没有什么变化　　　　　　B. 变化不大
C. 变化较大　　　　　　　　　　D. 变化很大
思考:这个问句设计得是否合理?

4. 避免诱导性提问

如果提出的问题不是折中的,而是暗示出调查者的观点和见解,力求使回答者跟着这种倾向回答,这种提问就是诱导性提问。例如,"消费者普遍认为××牌子的冰箱好,您的印象如何?"又如,"大家都认为旷课是一种不礼貌的行为,您认为如何?"诱导性提问会导致两个不良后果:一是被调查者不假思考就同意所诱导问题中暗示的结论;二是由于诱导性提问大多是引用权威或大多数人的态度,被调查者考虑到这个结论既然已经是普遍的结论,就会产生心理上的倾向反应。此外,对于一些敏感性问题,在诱导性提问下,被调查者不敢表达其他想法等。因此,这种提问是调查的大忌,常常会引出和事实相反的结论。

▶ **课堂思考**

目前大多数学生认为,在招聘中应届毕业生因缺乏实际工作经验会遭到歧视,您认为呢?
□是　　　　　□不是　　　　　□不清楚
分析提示:这是一个诱导性问题,问题中已经包含了建议答案或推荐被调查者在该问题应该采取的立场。

5. 避免提断定性的问题

如"你一周旷几次课?"即为断定性问题,被调查者如果根本不旷课,就会觉得无法回答。再比如,"你上个月来我们商场购物几次?"如果被调查者根本不来该商场购物,就会感到无法回答。正确的处理办法是此问题可加一条"过滤"性问题,如"你有过旷课现象吗?"如果回答者回答"有",可继续提问,否则就可终止提问;又如,"您上个月来过我们商场购物吗?"如果被调查者回答"来过",则继续提问,如果回答"没有"则终止提问。

6. 避免提令被调查者难堪的问题

提问太难堪的问题,被访者往往会捏造答案,那么调查者就会得出虚假的数据。如果有些问题非问不可,也不能只顾自己的需要而穷追不舍,应考虑回答者的自尊心。如"您是否离过婚?离过几次?谁的责任?"又如,直接询问被调查者的收入也不太好,可列出收入段:1 000元以下,1 000~2 000元,2 001~3 000元,3 001~4 000元,4 000元以上,供被调查者挑选。如果用这种分段式提问应注意以下两个方面的问题:第一,两端要开口,间距相等。两端开口能够让被调查者都有答案可选择。间距相等是为了便于分析。第二,间距要合理。间距太大不好,太小也不行,一般根据调查目的和对象选择合适的间距。比如,以上间距式问题如果是调查沿海地区的城镇居民收入情况,则这种间距是不合理的,因为沿海地区的城镇居民的收入普遍高于 4 000 元,如果是调查西南部地区,则这种分段是比较合理的,也就是说用间距表示问题,要使绝大部分被调查者的选择答案居中。

7. 问句要考虑到时间性

时间过久的问题易使人遗忘,如"去年您的家庭生活费支出是多少?用于食品、衣服的支出分别为多少?"除非被调查者连续记账,否则很难回答出来。一般可问:"您家上月生活费支出是多少?"显然,这样缩小时间范围可使问题回忆起来较容易,答案也比较准确。

8. 拟定问句要有明确的界限

对于年龄、家庭人口、经济收入等调查项目,通常会产生歧义的理解,如年龄有虚岁、实岁,家庭人口有常住人口和生活费开支在一起的人口,收入是仅指工资,还是包括奖金、补贴、其他收入、实物发放折款收入在内,如果调查者对此没有很明确的界定,调查结果也很难达到预期要求。

9. 问句要具体

一个问句最好只问一个要点,一个问句中如果包含过多询问内容,会使回答者无从答起,同时也会给统计处理带来困难。例如,"您为何不看电影而看电视?"这个问题包含了"您为何不看电影?""您为何要看电视?""什么原因使您改看电视?"等。防止出现此类问题的办法是分离语句中的提问部分,使得一个语句只问一个要点。例如,您觉得某超市商品的质量怎么样?( )

A. 较好　　　　B. 一般　　　　C. 合格　　　　D. 差

E. 较差

▶ **课堂思考**

你愿意在周五和周六晚上来本餐厅享受乐队表演吗?

A. 是　　　　B. 否

思考:这个问题设计得是否合理?

10. 要避免问题与答案不一致

所提问题与所设答案应做到一致,例如,"您经常看哪个栏目的电视?"

A. 经济生活　　B. 体育频道　　　C. 电视商场　　　D. 经常看

E. 偶尔看　　　F. 根本不看

这里经常看、偶尔看、根本不看与题目所问的频道无关。

11. 避免使用否定句和双重否定句

例如,否定式问题:您并不认为在行人和机动车发生交通事故时应增加机动车一方的责任吧?

□是　　　　□不是　　　　□不清楚

分析提示:这是一个否定式问题,这种否定句提问对被调查者的回答有诱导作用。例如,您是否认为没有学生不喜欢用计算机学习?这就是一个双重否定句。

12. 不要问一些过于专业的问题

对于普通的被调查者来说,不要使用过于专业的术语,比如"你希望建筑的绿地率是多少？容积率为多少？"这里的绿地率和容积率是一些专业性比较强的词语，一般的消费者也不懂是什么意思。

课堂思考

请问您家属于下列哪类家庭？
A. 单身家庭　　　B. 核心家庭　　　C. 主干家庭　　　D. 联合家庭
E. 其他家庭

思考：这个问句设计得是否合理？如果不合理，请指出不合理之处。

四、问卷结尾设计技巧

问卷的结尾设计要简单，如果是面谈或电话调查，一般可以不设计结尾，可以直接用一些致谢的语言结尾。如果是采用问卷调查法，一般注明调查人员姓名、调查时间、调查地点，同时还要对被调查人员的合作表示感谢，必要时还要留下被调查人员的姓名、联系方式、地址等相关信息。这里的语气要委婉，比如，"我们的调查结束了，非常感谢您的参与"。

案例思考 3-4

广西零售企业调查问卷

尊敬的女士/先生：

您好！

为了了解广西本土零售企业的发展以及经营状况，我们特意设置了此调查问卷，旨在更进一步提升广西本土零售企业的竞争能力。您的参与是我们最满意的结果，您的意见对于我们研究广西零售企业的竞争能力是很有裨益的。对您的参与我们表示忠心的感谢，同时我们慎重承诺不会将您的信息用作任何商业用途，绝不对外公开。请您根据自身情况回答问卷的问题。

一、企业基本信息

1. 企业名称：_____
2. 贵企业的员工招聘来自：
　　A. 区内本科院校　　　　　B. 区内大中专毕业生
　　C. 大部分来自区外院校　　D. 没统计
3. 贵企业成立的时间是：
　　A. 1年以下　　　　　　　B. 1～2年
　　C. 2～3年　　　　　　　 D. 4～5年
　　E. 5年以上
3. 贵企业主要业态是：
　　A. 百货店　　　　　　　　B. 超级市场
　　C. 大型综合超市　　　　　D. 便利店
　　E. 仓储式商场　　　　　　F. 专业店

G. 专卖店　　　　　　　　　H. 购物中心
4. 贵企业员工人数为：
　　A. 200人以下　　　　　　　B. 200～500人
　　C. 500～1 000人　　　　　　D. 1 000～20 000人
　　E. 2 000人以上
5. 贵企业的年销售额为：
　　A. 100万元以下　　　　　　B. 100万～1亿元
　　C. 1亿～5亿元　　　　　　 D. 5亿元以上

二、企业的经营状况

1. 外来零售企业加速进入广西，对您所在的企业有哪些影响？
　　A. 顾客锐减，营业额下降　　B. 成本压力增大，利润降低
　　C. 促销效果不佳　　　　　　D. 顾客变得越来越挑剔
　　E. 其他
2. 针对上述情况，贵公司将采取什么措施应对这种挑战？
　　A. 在业态上采取多元化经营
　　B. 寻求与外来零售巨头的错位经营的方式
　　C. 与企业本土零售商合作的经营方式
　　D. 发展自有品牌战略
　　E. 准备跨区域经营（走出自治区地域）
　　F. 其他（请写明）_____
3. 本期本企业融资情况如何？
　　A. 容易　　　B. 一般　　　C. 困难
4. 目前本企业急需哪方面人员（按影响程度选3个）？
　　A. 推销展销人员　　　　　　B. 计算机工程技术人员
　　C. 营业员、收银员　　　　　D. 广告设计人员
　　E. 计算机软件研发人员　　　F. 一般管理人员
如果上述人员均不是企业所需要的人员，请具体列出企业需要的人员：
_____
_____

5. 贵公司经常搞一些促销活动吗？
　　A. 是　　　　B. 偶尔　　　C. 很少
6. 如果是的，是通过哪种促销方式？（请选择所有合适的选项）
　　A. 人员推销　B. 广告促销　　C. 公共关系　　　D. 销售促进
　　E. 网上销售　F. 其他（请写明）_____
7. 贵公司会选择哪种促销媒介？（请选择所有合适的选项）
　　A. 报纸　　　B. 电视　　　　C. 邮寄　　　　　D. 广播
　　E. 杂志　　　F. 户外广告　　G. 销售卖点广告（POP）
　　H. 其他（请写明）_____
8. 贵公司与供应商主要建立起了哪一种类型的关系？每种关系在总客户群中所占的比

例有多大?(请选择所有合适的选项)

    A. 长期合同关系

    B. 短期交易协议

    C. 其他(请写明)_____

9. 贵公司认为CIS(企业识别系统)对企业的经营重要性如何?

    A. 重要   B. 不重要

    C. 一般   D. 很难说清楚

10. 依您看,以下哪些方面能够体现出一个零售企业的文化特性?(请选择所有合适的选项)

    A. 企业的团队协作   B. 优质的服务

    C. 企业与各方的关系   D. 管理的质量

    E. 客户满意度   F. 员工的忠诚度和士气

    G. 对环境与社会的责任   H. 其他(请写明)_____

11. 企业的环境政策,企业的社会责任感以及风险管理对零售企业的竞争力有多大影响?请给出您的意见。

  (1)企业的环境政策:

    A. 非常重要   B. 重要   C. 一般   D. 不重要

  (2)企业的社会责任:

    A. 非常重要   B. 重要   C. 一般   D. 不重要

  (3)风险管理:

    A. 非常重要   B. 重要   C. 一般   D. 不重要

12. 您认为下列因素对零售企业竞争力的影响如何?

  (1)员工对企业的满意行为:

    A. 非常重要   B. 重要   C. 一般   D. 不重要

  (2)供应商产品质量可靠性:

    A. 非常重要   B. 重要   C. 一般   D. 不重要

  (3)回应顾客时间:

    A. 非常重要   B. 重要   C. 一般   D. 不重要

  (4)供应商品的及时性:

    A. 非常重要   B. 重要   C. 一般   D. 不重要

  (5)与客户的沟通与交流:

    A. 非常重要   B. 重要   C. 一般   D. 不重要

  (6)抱怨/投诉:

    A. 非常重要   B. 重要   C. 一般   D. 不重要

  (7)售后服务:

    A. 非常重要   B. 重要   C. 一般   D. 不重要

  (8)顾客关系管理:

    A. 非常重要   B. 重要   C. 一般   D. 不重要

  (9)其他(请指明)_____

13. 您认为目前贵公司零售业经营中的主要问题是什么？下一步有何打算？有何建议与意见？_____

思考：您认为该问卷设计得是否合理？如果不合理，应如何修改？

案例思考 3-5

一个项目楼盘的市场调查问卷

编号：_____

访问地点：_____

先生／女士：

您好！

我是_____项目_____楼盘的访问员，为了承建更好的项目楼盘，我们特意组织了本次市场调查。希望您能在百忙中抽出一点时间协助我们完成这次调查，只要真实反映您的情况和想法，都会对我们有很大帮助。谢谢您的支持与合作！

一、被访者基本情况

1. 您的姓名_____
2. 您的住址_____
3. 您的电话_____
4. 您的年龄是（   ）岁。
5. 您的职业是（   ）。
   A. 机关、事业单位干部   B. 大型股份公司或国有企业职工
   C. 个体工商户   D. 中小生产企业职工
   E. 外资企业职工   F. 下岗工人
   G. 自由职业   H. 经商人员
   I. 其他（请写明）_____
6. 您的家庭年收入是（   ）。
   A. 2 万元以内   B. 2 万～5 万元
   C. 5 万～8 万元内   D. 8 万～10 万元以内
   E. 10 万～15 万元   F. 15 万元以上

二、区域环境选择

1. 您喜欢居住在的区域是（   ）。
   A. 园区   B. 新区   C. 东城区   D. 西城区
2. 您喜欢居住在（   ）。
   A. 郊区山水之间   B. 江边
   C. 园林旁   D. 城市中心
3. 您喜欢社区的园林景观的风格是（   ）。
   A. 组团式园林景观   B. 水文化园林景观
   C. 江边艺术广场景观   D. 其他

4. 您喜欢的小区建筑环境是（　　　）。
   A. 艺术广场　　　　　　　　B. 城市新中轴线广场
   C. 山顶公园　　　　　　　　D. 大学校园
5. 您选择居住地点的小区规模起点在（　　　）。
   A. 4 万平方米以上　　　　　　B. 10 万平方米以上
   C. 30 万平方米以上　　　　　D. 50 万平方米以上

三、规划配套选择

1. 您最希望住宅社区提供的公建配套是（　　　）。
   A. 购物中心　　B. 会所设施　　C. 园林绿化　　D. 学校
   E. 超市　　　　F. 农贸市场　　G. 图书馆　　　H. 医院或药店
   I. 酒店　　　　J. 垃圾压缩站　K. 24 小时便利店
2. 您希望社区内具备的交通工具是（　　　）。
   A. 公交专线　　B. 住户小巴　　C. 豪华大巴　　D. 地铁
   E. 其他
3. 您对会所设施的功能选择是（　　　）。
   A. 餐厅　　　　B. 休闲娱乐　　C. 运动保健　　D. 兴趣教育
   E. 其他（请写明）_____
4. 您喜欢的运动娱乐配套是（　　　）。
   A. 游泳池　　　B. 乒乓球场　　C. 网球场　　　D. 壁球场
   E. 羽毛球场　　F. 篮球场　　　G. 其他（请写明）_____
5. 您希望的停车方式是（　　　）。
   A. 路面停车　　B. 地下停车　　C. 半地下停车　D. 架空层停车
   E. 其他（请写明）_____

四、建筑设计选择

1. 您对楼宇入口的要求是（　　　）。
   A. 酒店式大堂　　B. 普通大堂　　C. 其他（请写明）_____
2. 您喜欢的住宅类型是（　　　）。
   A. 多层（7 层以下）　　　　　B. 小高层（7～13 层）
   C. 高层（14 层以上）　　　　 D. 别墅

五、房型面积选择

1. 您打算购买住宅的面积是（　　　）。
   A. 60 m² 以下　　B. 60～80 m²　　C. 80～100 m²　　D. 100～120 m²
   E. 120～140 m²　F. 120～160 m²　G. 140～160 m²　H. 160 m² 以上
2. 您希望购买的户型是（　　　）。
   A. 一室一厅　　B. 二室一厅　　C. 二室二厅　　D. 三室二厅
   E. 四室二厅
3. 您对房型功能最看重的是（　　　）。
   A. 客厅　　　　B. 餐厅　　　　C. 主卧　　　　D. 书房

E. 厨房　　　　　F. 卫生间　　　　G. 儿童房　　　　H. 其他（请写明）_____

4. 您希望客厅的面积是（　　　）。
   A. 20 m² 以下　　B. 20～30 m²　　C. 30 m² 以上

5. 您最希望的主卧的面积是（　　　）。
   A. 12 m²　　B. 12～15 m²　　C. 16～20 m²　　D. 20 m² 以上

6. 您希望厨房的面积是（　　　）。
   A. 4 m²　　B. 4～6 m²　　C. 6～9 m²　　D. 9 m² 以上

7. 您认为复式住宅面积的合适范围是（　　　）。
   A. 150 m²　　B. 150～200 m²　　C. 200～250 m²　　D. 250 m² 以上

8. 如套房内有书房，您认为书房的面积应为（　　　）。
   A. 6 m²　　B. 8～10 m²　　C. 11～12 m²　　D. 12 m² 以上

六、室内设计选择

1. 您希望购买的客厅宽度是（　　　）。
   A. 3.6 m　　B. 4 m　　C. 4.5 m　　D. 5 m 以上

2. 您希望主人房的宽度是（　　　）。
   A. 3.6 m　　B. 4 m　　C. 4.5 m　　D. 5 m 以上

3. 您希望主人房（　　　）。
   A. 可不带卫生间　　　　　　　B. 带卫生间
   C. 带卫生间和衣帽间　　　　　D. 带卫生间和书房

4. 您希望房间地面的装修材料采用（　　　）。
   A. 复合木　　B. 原木　　C. 仿古砖　　D. 抛光砖
   E. 其他

5. 您对装修最注重（　　　）。
   A. 客厅　　B. 主人房　　C. 厨房　　D. 卫生间
   E. 其他（请写明）_____

6. 您希望一套住房中拥有的阳台数为（　　　）。
   A. 一个　　B. 两个　　C. 三个

7. 您希望阳台的宽度为（　　　）。
   A. 1.2 m　　B. 1.5 m　　C. 2 m　　D. 2.5 m 以上

8. 您认为一个既好看又好用的阳台采用的是（　　　）。
   A. 半圆形　　B. 弧线形　　C. 方形　　D. 其他（请写明）_____

9. 您希望阳台的用途是（　　　）。
   A. 晾衣　　B. 休息　　C. 观景　　D. 娱乐
   E. 种花　　F. 其他（请写明）_____

七、物业管理选择

1. 您希望住宅智能化应包括的功能有（　　　）。
   A. 可视门镜　　B. 防盗警报　　C. 社区一卡通　　D. 其他（请写明）_____

2. 您希望家里的饮用水是（　　　）。
   A. 桶装水　　B. 家庭净化水　　C. 小区供水

3. 您能接受的物业管理收费标准为（　　）
   A. 1 元/m²　　　　　　　　B. 1~1.5 元/m²
   C. 1.5~2 元/m²　　　　　　D. 2 元/m² 以上
4. 以下服务项目中，您需要的是（　　）。
   A. 家居清洁服务　　　　　B. 专业烫洗
   C. 订餐　　　　　　　　　D. 送餐
   E. 鲜花速递　　　　　　　F. 家居用品租赁
   G. 家庭教师服务　　　　　H. 代订各类报纸杂志
   I. 汽车美容　　　　　　　J. 法律咨询
   K. 租车服务　　　　　　　L. 票务速递
   M. 其他（请写明）_____

访问到此结束，谢谢您的支持！！

思考：分析本调查问卷是否存在不合理之处，如有，请指出并提供修改建议。

案例思考 3-6

零售企业绿色供应链管理调查问卷

尊敬的女士/先生：

您好！

我们正在进行有关零售企业绿色供应链管理（是把"环保意识"的理念纳入到企业的生产运营中）的调研。主要是进行绿色供应链管理的课题研究，请您根据自己对公司的了解情况，在相应的答案上做个标记（打√）。对您的支持，我们表示衷心的感谢。本次调研不会用作任何商业用途，我们只做研究和学习，请您放心填写，涉及个人隐私问题，我们绝对保密。非常感谢您的参与！

1. 您的性别是（　　）。
   A. 男　　　　　B. 女
2. 请问您的年龄范围是多少？（　　）
   A. 20 岁以下　　B. 21~30 岁　　C. 31~40 岁　　D. 41~50 岁
   E. 50 岁以上
3. 贵公司的所有制形式是（　　）。
   A. 国有　　　　B. 民营　　　　C. 中外合资　　D. 外资
   E. 其他
4. 您所在企业所属行业是（　　）。
   A. 机械　　　　B. 电子　　　　C. 食品　　　　D. 医药
   E. 其他
5. 您在企业中的职务是（　　）。
   A. 高层管理人员　　　　　　B. 中层管理人员
   C. 一般职员　　　　　　　　D. 其他

6. 您对绿色供应链管理了解吗？（　　）
   A. 了解一点　　　B. 不了解　　　C. 没听说过
7. 您所在的企业是否重视与供应商的良好合作关系？（　　）
   A. 是　　　　　　B. 否　　　　　C. 不清楚
8. 您所在的企业是否开展了绿色办公相关措施？（　　）
   A. 否，没有开展绿色办公的措施
   B. 是，已开展绿色办公相关措施
   C. 不清楚
9. 您所在的企业采取了哪些措施来提升员工的环境意识？（　　）
   A. 没有开展相关活动　　　　　B. 环境理念和技能培训
   C. 开展公司内部环境宣传　　　D. 其他（请写明）_____
10. 您所在的企业采取了哪些措施支持环境公益活动，提升公众的环境意识？（　　）
    A. 没有相关活动　　　　　　　B. 号召员工参与环境相关公益活动
    C. 资助环境相关公益活动　　　D. 参与环境保护相关公益活动
11. 您所在的企业是否制定了环境管理相关的政策？（　　）
    A. 否
    B. 是，制定了针对自身运营生产的环境管理政策和流程
    C. 不清楚
12. 您所在的企业是否采取了能效提升措施？（　　）
    A. 否，没有采取节能降耗方面的技术改造或者管理优化措施
    B. 是，已展开提高能效方面的技术改造和管理优化措施
    C. 不清楚
13. 您所在的企业在商品采购过程中，是否将商品的环境影响作为采购决策的考虑因素？（　　）
    A. 否，没有考虑环境保护的因素
    B. 是，仅简单考虑了原材料/设备的环境因素
    C. 不清楚
14. 您所在的企业是否采取措施减少水资源的使用？（　　）
    A. 没有采取措施减少水资源的使用
    B. 是，已展开减少水资源使用方面的技术改造
    C. 不清楚
15. 您所在的企业是否设定污染物减排相关的管理目标？（　　）
    A. 否，没有制定相关目标
    B. 是，我们设定了相关目标
    C. 不清楚
16. 您所在的企业是否对固体废弃物排放情况进行处理？（　　）
    A. 否，在生产运营过程中没有产生固体废弃物
    B. 否，没有对生产运营过程中产生的固体废弃物进行处理
    C. 不清楚

17. 您所在的企业是否对运营过程的温室气体排放量进行测量？（　　）
　　A. 否，公司没有进行测量
　　B. 是
　　C. 不清楚

18. 您所在的企业是否对用电方面采取节约使用措施？（　　）
　　A. 没有采用节约用电措施
　　B. 已经采用节约用电措施
　　C. 不清楚

19. 您所在的企业在商品库存保管中是否采用绿色保管（科学规划，采取防止包装污染）？（　　）
　　A. 没有采取绿色保管
　　B. 已经采用绿色保管
　　C. 不清楚

20. 您所在的企业是否把绿色环保纳入绩效考核体系？（　　）
　　A. 是
　　B. 否
　　C. 不清楚

21. 您觉得绿色消费中应该做到（　　）【多选】。
　　A. 选择未被污染或者有助于公众健康的绿色产品
　　B. 消费过程中注重对垃圾的处理
　　C. 转变消费观念
　　D. 节约资源和能源
　　E. 坚持可持续性消费
　　F. 不使用塑料购物袋或使用环保购物袋
　　G. 参加旧物的回收、换购活动
　　H. 其他（请写明）_____

22. 您认为企业在实施绿色供应链管理策略的作用是【多选】。
　　A. 会增加环保材料采购生产成本，提高对资源能源的依赖
　　B. 会增加对技术方面的投资成本
　　C. 会减少产生环境事故的发生
　　D. 能够提高产品的生产能力，提高产品品质
　　E. 能够提高产品的资源利用率
　　F. 会提升企业品牌，扩大市场
　　G. 其他（请写明）_____

真诚地感谢您的协作！祝您生活愉快！
思考：分析此问卷是否存在不合理之处。

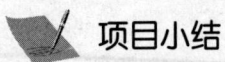
项目小结

问卷设计的概念：问卷是访问调查中使用的以问题的形式系统地记载所需要调查的具体内容，让访问员向被调查者发问并记录被调查者答案，以搜集第一手资料的一种书面形式。在搜集资料过程中，最基本而又最常用的方法就是问卷调查法。

问卷调查法的特点：一般是间接调查，是标准化的调查，是书面化调查。

调查问卷的类型：根据研究目的的不同，问卷可分为结构型问卷和无结构型问卷；根据问卷的使用方法的不同分为自填式问卷和访问式问卷。

问卷设计原则：先易后难原则、先封闭性提问后开放性提问、可接受性原则、简明性原则。问题设计的形式：二项选择法、多项选择法、顺位法、回想法、联想法、比较法、量表。在市场调查中，经常涉及有关消费者的满意度、心理方面的调查，而有关这方面的调查一般要进行辨别和测定，这就需要借助各种数量方法加以测定。我们可以通过事先拟定的用语、记号和数目，来测定人们的心理活动的度量工具。量表的类型：平衡量表和非平衡量表、接近量表和遥远量表、列举评比量表、图示评比量表、语义差距量表、配对比较量表、数值分配量表。

 能力提升

某调研公司拟对某品牌家用轿车外型与内饰改款的市场效应进行市场调研，请你以调研人员的身份拟写一份调查问卷，测量顾客对该品牌家用轿车外型与内饰改款的观点、态度、意见。

习　　题

一、单项选择题

1. 问卷设计首要步骤是（　　）。
   A. 进行必要的探测性调查
   B. 设计问句，编制问卷初稿
   C. 把握调查的目标和内容
   D. 搜集和研究相关的资料
2. 你认为房价在今后上涨幅度将：
   □加快　　　□减缓
   以上问题属于（　　）。
   A. 开放式问题　　　　　　　　B. 多项式选择问题
   C. 二项选择问题　　　　　　　D. 比较式问题
3. "您的电脑是什么品牌？"这个问题犯的错误是（　　）。
   A. 断定性问题　　　　　　　　B. 诱导性问题
   C. 逻辑错误　　　　　　　　　D. 个人隐私问题
4. "某品牌酒制作精细，味道非常纯，你是否喜欢？"这个问题犯了（　　）错误。
   A. 容易引起误导　　　　　　　B. 不容易回答
   C. 使用了不当的假设

二、多项选择题

1. 问卷中所要调查的问题可分为（   ）。
   A. 事实、行为方面的问题　　B. 观点、态度方面的问题
   C. 未来的可能性问题　　　　D. 动机方面的问题
2. 下列属于问卷设计注意事项的是（   ）。
   A. 用词必须清楚、简洁
   B. 选择用词应避免对被调查者的诱导
   C. 应考虑到被调查者回答问题的能力
   D. 应考虑到被调查者回答问题的意愿
   E. 避免所提出的问题跟答案不一致
3. 在问卷设计中主要应当注意（   ）。
   A. 避免提一般性问题　　　　B. 避免用不确切的词
   C. 避免引导性提问　　　　　D. 避免提断定性问题
   E. 避免提令被调查者难堪的问题
4. 要调查"消费者对某种商品的态度"，它需要搜集的资料有（   ）。
   A. 消费者的基本资料　　　　B. 市场营销环境资料
   C. 该商品的评价项目　　　　D. 生产商的生产情况
   E. 商品经销商的经营情况

三、简答题

1. 简述问卷的基本结构。
2. 问卷设计的步骤有哪些？
3. 在问卷设计过程中需要注意哪些问题？
4. 采用态度量表法设计问卷需要注意哪些问题？
5. 封闭性问题和开放性问题各有哪些优缺点？

实训项目

实训一

下面是某公司的调查问卷，请阅读此问卷后评价该问卷的优劣，并对该问卷进行修订。

软件企业基本情况问卷调查表

1. 单位名称：_____　　成立年份：_____
   地址：_____　联系方式：_____
2. 企业背景（含有下述情况的，在方框内打钩）：
   □科研机构独立出的公司　　□大型企业信息部门
   □相关行业转型而来　　　　□其他
3. 是否有经过认定的软件产品：　　□是　　□否

4. 是否是被认定的软件企业： □是　　□否
5. 企业性质（含有下述情况的，在方框内打钩）：
□国有企业　　□民营企业
□外资企业　　□其他
6. 企业注册资本构成情况（含有下述情况的，在方框内打钩）：
□国内创业者、高级经理人　　□国内民营投融资机构
□银行及国家投融资机构　　□外国个人、投融资机构
□外国银行　　□其他
7. 人员情况：

人员类别	2014年	2015年	2016年	2017年（预计）
员工总人数				
大专以上员工人数				
研发人员数				

8. 人员培训情况（含有下述情况的，在方框内打钩）：
□技术培训　　人次/年　□管理培训　　人次/年
□市场营销培训　　人次/年　□其他培训　　人次/年
9. 是否有独立产品研发部门（含有下述情况的，在方框内打钩）：
□有，为客户定制产品，但对定制产品拥有自主知识产权
□无，为客户定制产品，但不拥有自主知识产权
10. 是否有研发合作伙伴：□是　□否
11. 市场开拓渠道（1为极为重要，5为极为不重要，请画圈）：
现有客户介绍　　　　1　2　3　4　5
公开招投标　　　　　1　2　3　4　5
参加行业会议　　　　1　2　3　4　5
战略伙伴合作　　　　1　2　3　4　5
与政府部门的良好关系　1　2　3　4　5
12. 与高校和科研院所的关系：_____。
13. 与高校、科研院所开展合作的主要困难是（含有下述情况的，在方框内打钩）：
□双方思路差异较大　□合作费用太高　□科技成果产品转化率较低
□其他因素（具体）
14. 项目申请情况（含有下述情况的，在方框内打钩）：
□企业出资自选课题　□国家科技计划项目　□国家863计划项目
□国家科技攻关项目　□中小企业创新基金项目　□省市科技计划项目　□其他
15. 产品计划（未来一段时间）：
16. 发展计划（含有下述情况的，在方框内打钩）：
□融资举措（如寻求上市，风险资金等）　□收购，兼并

☐ 提高过程管理水平，进行产品质量认证　　☐ 寻求商业战略伙伴
☐ 密切和科研机构联系　　☐ 加强人员培训
☐ 其他_____

17. 您认为制约本企业发展的因素是什么？

实训二

下面的调查问卷有什么问题，请指出来。

关于思佳超市顾客满意度调查问卷

亲爱的同学：

　　你好，我们是经济管理系营销与策划专业的学生，我们正在做一项关于思佳超市的顾客满意度的问卷调查，请您抽出一点时间来为我们填写这份问卷，您的回答对调查信息的完整性非常重要。该问卷不记名，请照您的实际情况填写，请在符合您的情况项目旁的括号填上选项的答案。谢谢！

1. 您的性别是（　　）。
   A. 男　　　　　　B. 女
2. 您的年龄是（　　）。
   A. 16 岁以下　　B. 16 岁～22 岁　C. 23 岁～30 岁　D. 30 岁以上
3. 您平均一个月去思佳超市几次？（　　）
   A. 1～5 次　　　B. 5～10 次　　　C. 10～15 次　　D. 15 次以上
4. 您在思佳超市的月平均消费是多少？（　　）
   A. 100 元以下　　　　　　　B. 100～300 元
   C. 300～600 元　　　　　　D. 600 元以上
5. 您觉得思佳超市里商品的价格如何？（　　）
   A. 便宜　　　　B. 一般　　　　C. 很贵
6. 您对思佳超市里商品的质量是否满意？（　　）
   A. 满意　　　　B. 一般　　　　C. 不满意
7. 您觉得思佳超市里商品种类如何？（　　）
   A. 品种齐全　　B. 一般　　　　C. 很少
8. 您对思佳超市的商品陈列是否满意？（　　）
   A. 满意　　　　B. 一般　　　　C. 不满意
9. 您对思佳超市的服务态度是否满意？（　　）
   A. 满意　　　　B. 一般　　　　C. 不满意
10. 您来思佳超市购物的主要原因是什么？（　　）
    A. 方便　　　　　　　　　　B. 价格实惠
    C. 产品质量好　　　　　　　D. 种类齐全
    E. 其他
11. 你一般来思佳超市购买哪类商品？（　　）
    A. 食品类　　　B. 生活用品　　C. 电器类　　　D. 其他

12. 您觉得思佳超市最大的不足是在哪方面？（　　）
　　A. 商品质量　　　B. 商品价格　　　C. 商品种类　　　D. 购物环境
　　E. 服务态度

实训三

以下问卷设计有问题吗？如果有，请指出来。

桂林某品牌酒调查问卷

　　您好！占用您的宝贵时间我们深感歉意。非常感谢您参与我们的问卷调查，此次调查是为了解桂林某品牌酒的市场发展，了解公众对该酒的认识与需求，不存在任何商业用途，更不会泄露您的任何隐私。整个问卷中涉及的题目均没有对错之分，请根据您的实际情况填写。谢谢您的合作！

1. 您的性别是（　　）。
　　A. 男　　　　　B. 女
2. 您的年龄阶段是属于（　　）。
　　A. 20 岁以下　　B. 20～40 岁　　C. 41～60 岁　　D. 61 岁以上
3. 您的职业是（　　）。
　　A. 事业单位人员　　　　　B. 退休人员
　　C. 农民工人　　　　　　　D. 教师
　　E. 学生　　　　　　　　　F. 其他
4. 你平时喝酒吗？（　　）
　　A. 滴酒不沾　　　　　　　B. 偶尔应酬会喝
　　C. 每顿饭都喝　　　　　　D. 酒不离身
5. 您一般喝什么酒？（　　）
　　A. 白酒　　　　B. 红酒　　　　C. 啤酒　　　　D. 其他
6. 您喝的酒的价位是（　　）。
　　A. 60 元以下　　B. 60～200 元　C. 200～500 元　D. 500 元以上
7. 您通过何种渠道购买酒？（　　）
　　A. 超市　　　　B. 专卖店　　　C. 娱乐场所　　　D. 网购
8. 您是否了解某品牌酒？（　　）
　　A. 是　　　　　B. 否
9. 您通过何种渠道了解某品牌酒？（　　）
　　A. 杂志广告　　B. 电视、网络　C. 朋友介绍　　　D. 其他
10. 该品牌酒给您印象最深的是（　　）（可多选）。
　　A. 天然　　　　B. 包装　　　　C. 品牌　　　　　D. 价格
　　E. 味道　　　　F. 其他
11. 您最关注该酒哪个方面？（　　）（可多选）
　　A. 味道　　　　B. 包装　　　　C. 品牌　　　　　D. 价格
　　E. 别人的评价　F. 其他

12. 哪种原因促使您有可能去尝试该品牌酒？（　　）（可多选）
    A. 打折促销　　　B. 更换包装　　　C. 品牌文化　　　D. 广告影响
    E. 朋友推荐　　　F. 其他
13. 您认为该品牌酒有哪些方面需要改进？（　　）（可多选）
    A. 包装　　　B. 销售渠道　　　C. 销售方式　　　D. 其他（请写明）_____

课外实训项目

一家商场开业已经两年了，该商场的经理想了解顾客对该商场的满意度，想请几名大学生帮助设计一份该商场满意情况的调查问卷。问卷要求问题不能太多，10~20个即可，采用5分制和7分制评价量表。假定你和你的同学负责此项工作，请设计该问卷的量表部分。

项目四

实施市场调查

 项目学习指南

方法是途径、手段和工具,人类的任何活动都必须借助一定的方法。正确选择和应用方法,就会使活动效果达到最佳。由此可知,人们要想进行市场调查和统计活动,就必须正确选择和应用市场调查和统计的方法。市场调查与统计具有很强的方法性和技术性,要想搞好一项或一系列市场调查和统计,需要考虑的因素固然很多,但调查方法的选择和应用无疑是一个关键要素,即必须能根据实际情况选择最合适的调查方法并成功地应用于市场调查与统计之中。同时,组织实施市场调查的另一个关键是还必须拥有一支高素质、高效率、快速反应的市场调查人员队伍。

本项目包括两个任务:任务一主要是了解市场调查的方法,了解市场调查常用的方法及掌握选择最佳市场调查方法的技术;任务二主要是组建市场调查队伍,掌握市场调查团队组建的要求及培训的主要内容。学完本项目,大家应该能够开展实际市场调查活动并管理和控制市场调查项目顺利实施。

 情景描述

美国有一家玩具工厂,为了选择出一个畅销的玩具娃娃品种,他们先设计出10种玩具娃娃,放在一间屋子里,请来小孩做决策。每次放入一个小孩,让她玩玩具娃娃,在无拘束的气氛下看这个小孩喜欢的是哪种玩具。为了求真,这一切都是在不受他人干涉的情况下进行的。关了门,通过录像来观察。如此经过对三百个孩子的调查,决定出生产何种样式的玩具娃娃。那么,这家美国玩具厂是采用了什么样的调查方法来获得生产何种玩具的决策的呢?具体的市场调查方法有哪些?

任务一 了解市场调查的方法

 知识目标

1. 了解市场调查基本方法的种类和含义。
2. 理解市场调查方法的特点和适用范围。
3. 掌握实地调查的几种方法。

岗位能力目标

1. 能根据调查项目要求选择适合的调查方法开展调查活动。
2. 能熟练运用文案调查法搜集二手资料。
3. 能较好地运用访问技巧进行访问调查。

任务分析

在企业的经营活动中，每个企业都有可能进行新产品研发或新市场的开发，那么研发哪些新产品？开发什么新市场？新市场的定位如何？要想获得这些项目的精准结论，必须通过实施市场调查获取相关的企业内外部的信息，但是，有许多信息，特别是涉及企业外部环境的信息，并不能通过一般的渠道得到，这就需要对有关问题进行专门研究。访问法、观察法、实验法、报告法、文案法等是指市场统计调研人员在实地调查或通过文献搜集、整理过程中搜集各种信息资料所采取的具体方法。市场统计调查，必须按照市场调查的目的、调查的项目内容和调查对象的特点，选用不同的调查方法。方法的选择运用是否合理，对调查结果影响很大。如果搜集资料的方法运用适当，调查结果可信度就高；反之，则会降低调查结果的准确程度。

 相关知识链接 4-1

中国人不喝冰红茶：调查方法使用时机不合适

一间宽大的单边镜访谈室里，桌子上摆满了没有标签的杯子，有几个被访问者逐一品尝着不知名的饮料，并且把口感描述出来写在面前的卡片上……这个场景发生在1999年，当时任北华饮业调研总监的刘强组织了5场这样的双盲口味测试，他想知道，公司试图推出的新口味饮料能不能被消费者认同。

此前的调查结果显示：超过60%的被访问者认为不能接受"凉茶"，他们认为中国人忌讳喝隔夜茶，更是不能接受冰茶。刘强领导的调查小组认为，只有进行了实际的口味测试才能判别这种新产品的可行性。

拿到调查的结论后，刘强的信心被彻底动摇了，被测试的消费者表现出对冰茶的抵抗，一致否定了装有冰茶的测试标本。如此，新产品在调研中被否定。

直到2000年、2001年，以旭日升为代表的冰茶在中国全面旺销，北华饮业再想迎头赶上为时已晚，一个明星产品就这样穿过详尽的市场调查与刘强擦肩而过。

每当说起当年的教训，刘强都满是惋惜："我们举行口味测试的时候是在冬天，被访问者从寒冷的室外来到现场，没等取暖就进入测试过程，寒冷的状态、匆忙的进程都影响了被访问者味觉的反应。被访问者对口感温和浓烈的口味表现出了更多的认同，而对清凉淡爽的冰茶则表示排斥。测试状态与实际消费状态的偏差让结果走向了反面。"

上述事件表明：在实施市场调查活动中，恰当选择和正确使用市场调查方法是实施市场调查并获得有效结论的关键。

 **知识精讲**

在市场调查中，资料可以通过多种方法获得，但没有一种调查方法是不存在偏差的，专业调查者的任务就在于尽可能地消除调查中的这种偏差，调查数据可分为两种主要类型：原始资料和第二手资料。

原始资料也称第一手资料，是指为了某种特定目的，由调查人员通过实地调查，直接从有关调查对象处搜集的资料。它与第一次搜集的信息相关，对特定调查而言它是独一无二的。第二手资料是指经过他人搜集、记录、整理所积累的，已经存在的各种数据，如国家发布的统计资料、前人的调研结果等。第二手资料具有费用低、效率高、涉及面广、信息量大、便捷的优点。因此，从调查资料来源及资料搜集类型来分，市场调查方法可以分为文案调查法和实地调查法，实地调查法还可以再细分。

 案例思考 4-1

日本某公司为了进入美国市场，查阅了美国的有关法律和美国进出口贸易法律条款。阅后得知，美国为了限制进口，保护本国工业，在进出口贸易法律条款中规定美国政府收到外国公司商品报价单时，一律无条件地提高50%。而美国法律中，本国商品的定义是"一件商品，美国制造的零件所含的价值，必须在这一商品总价值的50%以上"。日本公司针对这些规定，思谋出一条对策：生产一种具有20种零件的商品，在本国生产19种零件，在美国市场上购买一种零件，这一零件价值最高，其价值比率在50%以上，在日本组装后再送到美国销售，就成了美国国内的商品，这样就可以直接与美国公司竞争。

思考：日本该公司的调查资料是从什么渠道搜集的？

一、文案调查法

（一）文案调查法的含义和特点

1. 文案调查法的含义

文案调查法又称二手资料调查法或间接调查法，是指通过查阅、搜集历史和现实的各种资料，并经过甄别、统计分析得到调查者想要的各类资料的一种调查方法。

2. 文案调查法的特点

与实地调查法相比，文案调查法具有以下几个特点。

（1）所搜集的是已经加工过的次级资料，而不是对原始资料的搜集。

（2）以搜集文献性信息为主，具体表现为各种文献资料。

（3）侧重于搜集反映市场变化趋势的历史及现实资料。

（4）文案调查不受时空限制。

从时间上看，文案调查不仅可以掌握现实资料，还可获得实地调查所无法取得的历史资料。从空间上看，文案调查既能对企业内部资料进行搜集，还可掌握大量的有关市场环境方面的资料。

（二）文案调查的功能

文案调查的功能具体体现在以下四个方面。

（1）通过文案调查，可以初步了解调查对象的性质、范围、内容和重点等，并能提供实地调查无法或难以取得的市场环境等宏观资料，便于进一步开展和组织实地调查，取得良好的效果。

（2）文案调查所搜集的资料还可用来考证各种调查假设，即可通过对以往类似调查资料的研究来指导实地调查的设计，用文案调查资料与实地调查资料进行对比，鉴别和估算实施调查结果的准确性和可靠性。

（3）利用文案调查资料并经实地调查，可以用于推算所需掌握的数据资料。

（4）利用文案调查资料，可以帮助探讨现象发生的各种原因并进行说明。

（三）文案调查的渠道

文案调查中资料的来源有两个渠道，分别是企业内部资料来源和企业外部资料来源。

1. 企业内部资料来源

内部资料来源主要是依据调查对象活动的各种记录，主要包括以下几种。

（1）业务资料：指与调查对象活动有关的各种资料，如订货单、发货单、发票、销售记录、原材料订货单、业务员访问报告、顾客反馈信息等。通过对这些资料的了解和分析，可以掌握本企业所生产和经营的商品的供应情况以及分地区、分用户的需求变化情况。

（2）统计资料：包括各类统计报表和各类统计分析资料，如企业生产、销售、库存记录等。这些资料是研究企业经营活动数量特征及规律的重要定量依据，也是企业进行预测和决策的基础。

（3）财务资料：指各种财务报表、会计核算和分析资料、成本资料、销售利润资料、税金资料等。通过对财务资料的研究，可以确定企业的发展背景，考核企业经济效益。

（4）其他资料：如各种调查报告、经验总结、建议记录等。这些资料对市场研究有一定的参考作用。例如，根据顾客对企业经营、商品质量和售后服务的意见，可以对如何改进加以研究。

2. 企业外部资料来源

对于外部资料，主要来源于以下几个渠道。

（1）统计机关公布的统计资料，包括工业普查资料、统计汇编资料、商业地图等。如国家统计局和各地方统计局定期发布的统计公报、统计年鉴等。这些信息都具有综合性强、辐射面广的特点。

（2）各种经济信息中心、专业信息咨询机构、各行业协会和联合会提供的信息和有关行业情报。这些机构的信息资料齐全，更新较快，是获取资料的重要来源。

（3）国内外有关的书籍、报纸、杂志等提供的文献资料，包括各种统计资料、市场行情报告、广告资料和各种预测资料等。

（4）国内外各种博览会、展销会、交易会、订货会等促销会议及专业性、学术性经验交流会议上所发放的文件和资料。

（5）互联网与市场信息网络提供的信息。

（四）文案调查的方式和方法

1. 文案调查的方式

一般来说，获取二手资料的方式有两类：一类可分为有偿方式和无偿方式，另一类可分为直接方式和间接方式。

由于企业内部资料的获得比较容易,调查费用低,调查障碍少,能够正确把握资料的搜集过程,因此应尽量利用企业的内部资料。

对于企业外部资料的搜集,可以视不同情况,采取不同的方式。

(1) 对于具有宣传广告性质的许多资料,如产品目录、说明书等,可以无偿取得,而对于需要采取经济手段获得的资料,只有通过有偿方式取得,这样就有调查成本的发生,要对它可能产生的各种经济效益加以考虑。

(2) 对于公开出版、发行的资料,一般可通过订购、邮购、更换、索取等直接方式取得,而对于对使用对象有一定限制或具有保密性质的资料,则需要通过间接方式取得。

2. 文案调查的方法

文案调查主要有以下几种方法。

1) 文献资料筛选法

这是从各类文献资料中分析和筛选出与企业营销活动有关的信息和资料的一种方法。

在我国主要是从印刷文献资料中筛选。印刷文献一般有:图书、杂志、统计年鉴、会议文献、论文文献、论文集、科研报告、专利文献、档案文献、政府政策条例文献、内部资料、地方志等。

2) 报刊剪辑分析法

这是调查人员平时从各种报纸上所刊登的文章、报告中,分析和搜集情报信息的一种方法。

例如,上海有家制药厂从报纸上刊登的"多毛姑娘"反映其苦闷的来信中获得信息,集中力量开发研制了一种脱毛霜,产品投放市场后收到了良好的经济效益。

3) 情报联络网法

这是企业在一定范围内设立情报联络网,使搜集工作可延伸至企业想要涉及的地区的一种方法。互联网使这种方法更有效。企业设立情报网可采用重点地区设立固定情报点,企业派专人或地区销售人员兼职,一般地区与同行业、同部门以及有关情报资料部门挂钩,定期互通情报,以获得各自所需资料。若企业无实力建立自己的情报网络,可付费使用他人的情报网络。

(五)文案调查法的局限性

(1) 资料缺乏可得性。

对于某些问题,二手资料可能根本就不存在。例如,麦当劳在进入中国市场之前,想了解它在中国消费者心中的形象,就无二手资料可查,必须去搜集原始资料。

(2) 资料缺乏相关性。

二手资料因为形式和方法上的局限,不能直接为调查者所用。例如某零售商的目标顾客是月收入 4 001~8 000 元的家庭,而有关二手资料提供的阶层划分是 1 000~3 000 元、3 001~5 000 元、5 001~7 000 元、7 001~9 000 元,这样的二手资料不能为其提供直接的信息;另一方面,二手信息是否是最新的资料又是一个问题。

(3) 资料缺乏准确性。

使用二手资料应该评价其准确性,因为搜集过程中的误差是不可避免的。

(4) 文案调查法要求调查人员具有广泛的理论知识、深厚的专业知识和技能。

（六）文案调查法在市场研究中的适用情况

（1）为企业发展提供决策依据。

文案调查所获得的资料可用于以下分析，从而为企业发展提供决策依据：

① 市场供求趋势分析；

② 相关和回归分析；

③ 市场占有率分析；

④ 市场覆盖率分析。

（2）可用于有关部门和企业经常性的市场调查。

（3）为实地调查提供基础性的资料。

▶ **课堂思考**

1. 第二手资料与原始资料相比，有哪些优点？
2. 文案调查法有哪些局限性？

二、实地调查方法

 相关知识链接 4-2

企业的成功来自于对顾客的调查

纺织企业家乔·海曼于20世纪60年代接管了一家纺织厂。正当他对工厂进行改造时，收到了许多不同颜色、不同品种的订货单。当工厂经过改造快要投产时，他收到了政府部门的通知，必须减少两个染缸中的一个，因为排水系统承受不了。

对企业来讲这是一场灾难，如果少了其中一个染缸就不能生产出那么多的颜色。在绝望之中，乔·海曼决定采用面谈访问的方式来了解顾客对改变颜色的看法，并希望通过当面的解释使已订货的顾客接受现实。通过有效的面谈访问，已订货的顾客接受了解释，改选了其他颜色，然后更多的顾客也接受了企业可以生产的这些颜色。这样企业的订单不仅没有减少，反而由于只设了一个染缸而大大降低了生产成本。

我们知道，调查数据分为两种主要类型：原始资料和第二手资料。原始资料是市场调查人员通过实地调查获取的第一手资料，具有直观、具体、零碎等特点，是直接感受和接触的现象。原始资料的搜集是市场调查中一项复杂、辛苦的工作，但又是必不可少的一项工作，其质量高低将直接影响到调查结果。

原始资料通过实地调查获取，实地调查法主要适用于以下情况：

（1）适用于研究那些不宜简单定量的市场调查项目；

（2）适用于研究市场中结构较为松散的问题；

（3）适用于研究随时间推移而变化的市场现象；

（4）适用于研究只有在自然背景中才能很好理解的态度和行为。

实地调查中的具体方法较多，本节重点介绍访问调查法、观察调查法、实验调查法。

（一）访问调查法

1. 访问调查法的概念

访问调查法又称询问调查法，是指将拟调查的事项，以当面、电话或书面等不同形式向被调查者提出询问，以了解市场情况，获得所需调查资料的调查方法，是获得第一手资料的主要方法。访问调查法通常将所要调查了解的问题事先陈列在调查表中，按照调查表的要求询问。

2. 访问调查法的类型

（1）按访问方式分类：直接访问和间接访问。

（2）按访问内容分类：标准化访问和非标准化访问。

（3）按访问内容传递方式分类：面谈访问调查、电话调查、邮寄调查、留置问卷调查、网上调查。

3. 主要的面谈访问调查法

面谈访问调查法是指派调查人员当面访问被调查者，访问与调查项目有关问题的方法。面谈访问调查是目前在国内使用最广泛的方法，几乎涉及市场调查的各个应用范围，具体如下。

（1）消费者研究。例如，消费者的消费行为研究，消费者的生活形态研究，消费者满意度研究等。

（2）媒介研究。例如，媒介接触行为研究，广告效果研究等。

（3）产品研究。例如，对某产品的使用情况和态度研究，对某产品的追踪研究，新产品的开发研究等。

（4）市场容量研究。例如，对某类产品目前的市场容量和近期市场潜量的研究，各竞争品牌的市场占有率研究等。

面谈访问调查的主要方法有：入户访问法、焦点小组访谈法、深层访谈法、拦截访问法。

1）入户访问法

入户访问法是指调查员按照抽样方案中的要求，到抽中的家庭或单位，按事先规定的方法选取适当的访问者，再依照问卷或调查提纲进行面对面直接的访问，或者将自填式问卷交给被调查者，讲明方法后，等待对方填写完毕或稍后再回来收取问卷的调查方式。

（1）入户访问法的优点。

① 调查有深度。可深入了解被调查者的状况、意愿和行为，亦可在访问中发现新情况和新问题。

② 直接性强。由于是面对面的交流，调查者可以采用一些方法（如图片、表格、产品演示等）来激发被调查者的兴趣。

③ 灵活性强。调查者可以根据具体情况灵活掌握提问顺序，随时解释被调查者提出的疑问。

④ 准确性较强。调查者可充分揭示问题，把问题的不回答程度及答复误差减少到最低，判断资料的真实可信程度。

⑤ 拒答率较低。通过面谈访问，被调查者一般不会拒绝回答问题，遇到其拒绝回答时，也可以通过访谈技巧使被调查者回答或进行二次访问。

（2）入户访问法的缺点。

① 成本高、时间长。调查的人力、经费消耗较多，对于大规模、复杂的市场调查更是如此。

② 受调查者的影响较大。

2）焦点小组访谈法

焦点小组访谈法又称小组座谈法，就是采用小型座谈会的形式，挑选一组具有代表性的消费者或客户，在一个装有单面镜或录音录像设备的房间内（在隔壁的房间里可以观察座谈会的进程），在主持人的组织下，就某个专题进行讨论，从而获得对有关问题的深入了解。

（1）焦点小组访谈法的特点。

焦点小组访谈法借用心理学的有关知识，是一种最重要的定性调查方法，在国内外被广泛应用，其主要特点如下。

① 焦点小组访谈不是一对一的调查，而是同时访问若干个被调查者，它不仅仅是一问一答式的面谈，一个人的发言会点燃其他人的许多思想火花，从而可以观察到被调查者的相互作用，这种相互作用会产生比同样数量的人做单独陈述时所能提供的更多的信息。

② 小组座谈过程是主持人与多个被调查者相互影响、相互作用的过程，要想取得预期效果，不仅要求主持人要做好各种准备工作，熟练掌握主持技巧，还要求有驾驭会议的能力。

（2）焦点小组访谈法的优缺点。

优点：资料收集快、效率高；取得的资料较为广泛和深入；能将调查与讨论相结合；可进行科学监测；结构灵活。

缺点：对主持人的要求较高，而挑选理想的主持人又往往是比较困难的；容易造成判断错误，主观性过强，且易受主持人的影响；小组成员选择不当会影响调查结果的准确性和客观性；因回答结果散乱，使后期对资料的分析和说明都比较困难；有些涉及隐私、保密的问题，很难在会上讨论。

（3）焦点小组访谈法的策划与实施。

① 准备工作具体有以下几方面。

a）确定访谈进行的场所和时间。

场所：测试室，有单面镜和监测设备。

时间：一般为 1.5~3 个小时，若时间过短，则成员可能还未完全投入到讨论中，思想的碰撞不是很激烈，讨论得不够深入；若时间过长，小组成员可能会感到疲乏和厌倦，对一些问题不愿去思考。

b）选择小组成员。

人员要预先筛选，应满足一定的要求。参会人数要适中，一般为 8~12 人。

c）选择主持人。

拥有合格的受访者和一个优秀的主持人是焦点小组访谈法成功的关键。焦点小组访谈对主持人的要求是：第一，主持人必须能恰当地组织一个小组。第二，主持人必须具有良好的商务技巧，以便有效地与小组成员进行互动。

d）编制讨论指南。

编制讨论指南一般采用团队协作法。讨论指南要保证按一定顺序逐一讨论所有突出的话题。讨论指南是一份关于小组会中所要涉及的话题概要。主持人编制的讨论指南一般包括三个阶段：第一阶段是建立友好关系，解释小组中的规则，并提出讨论的课题。第二阶段是由主持人激发深入的讨论。第三阶段是总结重要的结论，衡量信任和承诺的限度。

e）确定访谈的次数。

访谈次数的确定主要取决于问题的性质、细分市场的数量、访谈产生新想法的数量、时间与经费等。对于包含单一被访类型的情况，典型的四个小组就够了。

② 焦点小组访谈实施的注意事项有以下几个。

a）要把握访谈的主题。

b）做好小组成员之间的协调工作，避免出现冷场、跑题、小组中某个成员控制了谈话等情况。

c）做好访谈记录。

③ 访谈结束后的各项工作如下。

a）及时整理、分析访谈记录，检查记录是否准确、完整，有没有差错和遗漏。

b）回顾和研究访谈情况。

c）做必要的补充调查。

d）编写焦点小组访谈报告。

④ 焦点小组访谈法的实施步骤如下。

a）准备阶段：拟定座谈会大纲；聘请主持人；邀请与会者；布置会场。

b）座谈阶段：介绍；会议要求说明；问题讨论。

⑤ 焦点小组访谈法的应用范围如下。

a）消费者对某类产品的认识、偏好及行为。

b）产生关于对老产品的新想法。

c）获取对新产品的概念的印象。

d）根据消费者在产品使用过程中的想法进行产品的研发和新概念的创意。

e）研究广告创意。

f）获取消费者对具体市场营销计划的初步反应。

▶ **课堂思考**

某皮衣生产公司的管理者对皮衣设计持有一种观念：认为传统黑色皮衣是最经典和最有品位的。于是将设计仅仅定位于黑色皮衣，将彩色皮衣排斥在外。该公司管理者带着这种陈旧观念来到座谈会的监测室，了解消费者关于皮衣颜色多样化的需求。此次座谈会给予该公司很大的启示：并非皮衣市场萎缩，而是公司产品设计没有跟上消费者需求的时代步伐。

某火腿肠的消费者座谈会上，消费者提出蔬菜火腿和颗粒肉质火腿肠的创意，对该公司的产品开发有很大的启发。一家方便面企业的消费者座谈会请小朋友来参加，有的小朋友提出方便面包装开口为拉链的创意，以便于干吃方便面的保存。可见消费者座谈会有利于新产品的开发。

思考：这两个案例说明了什么问题？你觉得座谈会法需要注意哪些问题？

3）深层访谈法

深层访谈法又叫深度访谈法，它类似于记者采访，是一种无结构的、直接的、只有一名受访者参加的特殊访问，在访问过程中，通过掌握高级访问技巧的调查员对被访者进行深入访谈，尽可能让被访者自由发挥，以揭示被访者对某一问题的潜在的动机、信念、态度和感情。

（1）深层访谈法的特点。

深层访谈法的特点在于它是无结构的、直接的、一对一的访问。因深层访谈法是无结构的访问，其走向依据被访者的回答而定。随着会谈的逐渐展开，调查员彻底地探究每一个问题。例如，一次深层访谈可能从探讨小食品开始，然后转向讨论不同食品成分比如谷类、麦类、马铃薯的看法，接下来再讨论小食品的社会性，等等。深层访谈是一对一的访问，所以受访者有很多说话机会，能够把自己的观点淋漓尽致地表达出来。

（2）深层访谈法的优缺点（与焦点小组访谈法比）。

优点：

① 消除了群体压力，被访者不必只说最容易被群体接受的话，因而能更自由地交换信息，提供更真实的信息。

② 一对一的交流使被访者感到自己是被关注的焦点，自己的感受和想法是重要的，这会使被访者更乐于表达自己的观点、态度和内心想法。

③ 便于一对一进行保密、敏感问题的调查。

④ 能将被访者的反应与其自身相联系，便于评价所获资料的可信度。

缺点：

① 由于只有一个被访者，无法产生被访者之间观点的相互刺激和碰撞。

② 深层访谈法一般比焦点小组访谈法成本要高，这使它在实际中的使用受到一定限制。

③ 调查的无结构性使这种方法比焦点小组访谈法更受调查员自身素质高低的影响。

④ 深层访谈的结果和数据常难以解释和分析。

▶ **课堂思考**

一家汽车企业内部经常给经销商开座谈会，可是结果并不能获得实质性的启发。原来与会经销商与企业之间的利益关系导致经销商不愿讲出真实的想法，经销商会为了获得更多利益而抱怨经销困难，或者为了继续代理企业的产品，会对企业一味地夸奖，而企业需要的真实信息却没有被反映出来。

思考：这说明了什么问题？

（3）深层访谈法的实施过程。

深层访谈的准备阶段的工作：选择受访者；选择调查员；预约访谈时间；准备访谈计划；准备访谈用品。

深层访谈的实施阶段的工作有以下几方面。

① 接近被访者。

在访谈的最初，调查员应详细地介绍此次访谈的目的、意图，被访者回答有何意义、具有何等的重要性等，应指出被访者的回答对其自身是没有任何不利影响的，并尽量营造一种热情、友好、轻松的气氛。

② 调查员有一个防止偏离访谈目标的访谈提纲，但不必严格按照提纲的顺序进行，而应根据被访者回答的状况适当调整访谈的方向。

③ 在必要或时间允许的情况下，可从被访者关心的话题开始，逐步缩小访谈范围，最后问及所要提问的问题。

④ 在访谈中，调查员应始终保持中立的态度，使被访者感觉到你对人对事不带有任何偏见，也不希望左右被访者的观点和思想。

⑤ 在访谈过程中，当出现被访者对所提问题不理解或误解、被访者对某一问题的回答有所顾虑、被访者漫无边际闲谈的情况时，调查员要有礼貌而且巧妙地加以引导。而当被访者的回答含糊不清、过于笼统或残缺不全时，调查员则要适当地追问，以使访谈顺利进行。

⑥ 调查员应该讲文明、有礼貌，用语准确、明了、贴切、恰当。

⑦ 在被访者回答问题或陈述观点时，调查员要认真倾听。

深层访谈的结束阶段的工作有以下几方面。

① 访谈结束时，调查员应该迅速重温一下访谈结果或检查一遍访谈提纲，以免遗漏重要项目。

② 访谈结束时，应再次征求被访者的意见，了解他们还有什么想法、要求等，不要回答完提纲中的问题马上离去，这样可能掌握更多的情况和信息。

③ 要真诚感谢被访者对本次调查工作的支持与合作。

深层访谈法的应用范围。

① 试图详细地探究被访者的想法。

② 详细地了解一些复杂行为。

③ 讨论一些保密的、敏感的话题。

④ 访问竞争对手、专业人员、高层领导等。

相关知识链接 4-3

小王的追问

背景与情境： 在一次高校学生使用牙膏的访问调查中，小王对被调查者给某个牌子的牙膏的评价是"很好，不错"感到很不理解，于是小王追问道："您说的很好，不错，指的是什么，请具体说一下。"

问题： 小王的追问正确吗？常见的追问方法和追问语还有哪些？

分析提示： 当被调查者的回答不能满足调查要求，或回答不全面时，从被调查者的回答入手，再要求被调查者有更具体的表达。常见的追问方法有：重复读出问题；重复被调查者的回答；停顿、无言或使用中性追问语。常见的追问语有：还有其他想法吗？还有另外的原因吗？您的意思是什么？哪一种更接近您的感觉？为什么您会这样认为呢？

4）拦截访问法（街头或商场拦截调查）

拦截访问法又称为不定点访问法，它是在街区选择适当的地点（一般为商业街、娱乐场所、生活小区等），由访问员对其拦截的合格受访者进行访问的方法。这种方法常用于总体抽样框难以建立，需要快速完成的小样本的探索性调查。

（1）街头拦截调查的形式。

街头拦截调查主要有三种形式。

① 现场拦截调查，是由受过训练的调查员事先选定地点（交通路口、商场门口等），按照一定的程序和要求选取访问对象（如每隔几分钟或每隔几个行人拦截一位），征得其同意后，在现场按照问卷进行简短的面访调查。这种形式常用于需要快速完成的小样本的探测性调查，如对某种新上市产品的反应。

② 厅堂拦截调查或中心地拦截调查，是在事先选定的场所按照一定的程序和要求拦截访问对象，征得其同意后，将其带至该场所附近事先租好的房间或厅堂进行面访调查。这种形式常用于需要进行实物或特别要求有现场控制的探测性调查，如广告效果测试等。

③ 商场拦截，是在商场这个特定环境中针对某些顾客群在商场的适当位置进行拦截，将事先准备好的问题（主要是针对商场中环境的布局、商场的满意度、服务态度、商场信誉度、商品功能满足程度等问题）提交给拦截对象，征得其回答。

④ 计算机直接访问，是拦截访问法新的发展形式，是指调查者拦截到被调查者并征得其同意后，直接带其到安放计算机的地方，告诉其操作方法后，由被调查者按计算机上的提问自行输入要回答的问题。在回答问题时，调查者应随时检查被调查者是否按要求回答问题，或在一定的情况下由调查者代为输入。这样可提高被调查者的兴趣，同时节约访问时间和资料录入时间。

该方法在发达国家使用比较广泛，通常由一名调查员充当节目主持人，并根据需要对调查对象进行指导。

（2）拦截调查的优缺点。

优点：克服了入户访问的不足，费用较低，效率高，易于控制。

缺点：

① 内容简单，不适合内容较长、较复杂或不能公开问题的调查。

② 拒访率高，应配有一定的物质奖励。

③ 样本代表性差，影响调查的精确度。

（3）拦截调查的注意事项。

① 问卷不宜过长，问题应简单明了且不要涉及有关个人隐私方面的问题。

② 在访问过程中要控制其他人包括被访者同伴对被访者的影响。

▶ 课堂思考

电视台针对重大事件（如神舟六号事件）在街头选择10人进行采访，这样的调查是不专业的市场调查。首先，记者所选择的采访对象是有偏差的，接受采访的人往往都是比较健谈的人，所以调查对象的类型不全面；其次，采访地点的选择不尽合理，街头路人一般以休闲者居多，不具有代表性；最后，记者采访往往从极少数人口中得出预期的结论，容易以偏概全。

新浪网对男性网友调查是喜欢林黛玉还是喜欢薛宝钗，得出的结果是：70%的人喜欢薛宝钗，30%的人喜欢林黛玉。这种调查方式与电视台街头调查有相同之处，得出的结果也是不客观的。第一，参与调查的人都是喜欢上网并对该问题有兴趣的人，是主动性的调查；第二，参与调查的人都必然有时间。可见上网不主动和没有时间的人就被排斥在调查人群的范围之外了，而且往往具有反对意见的人不会主动表达。

中国经营报发了一份问卷，有一万人做出回应，可谓样本量巨大，但是这并不意味着调查结果是准确的。如果问卷没有经过科学的设计，不具有代表性，还不如做一千份问卷。很多人尤其是不懂调查的人，都会觉得做了这么多不可能不准，但事实上它肯定不准。一般来说，邮寄调查可行性不大。首先，邮寄调查问卷耗时冗长，通常是老人、学生等闲人填写，不具有代表性；其次，邮寄的程序烦琐，容易降低被调查者的兴趣。但是销售的邮寄问卷除了具有调查问卷的功能还能起到推销产品的作用，所以销售方面的邮寄问卷是可行的。

思考：这几个例子说明了什么问题？

4. 电话调查法

在一些电话普及率较高的国家，电话调查已经独立地应用于社会经济市场调查的许多方面，例如对健康状况的调查、对就业状况的调查、对消费者商品需求情况的调查、其他信息的搜集以及各种各样的民意调查。广泛采用电话调查的国家有：瑞典、加拿大、芬兰、新西兰、美国、德国、丹麦、法国、荷兰、奥地利、澳大利亚、英国等。一些电话调查专家指出，如果电话普及率达 40% 以上，电话调查就有十分广阔的用武之地。

1）电话调查的主要方法

（1）传统的电话调查。

传统的电话调查使用的是普通的电话、普通的印刷问卷和普通的书写笔。经过培训的调查员在电话室内按照设计所规定的随机拨号方法，确定拨打的电话号码，然后按照准备好的问卷和培训的要求，筛选被访对象，对合格的调查对象对照问卷逐题逐字提问，并迅速及时记录下答案。

传统的电话调查对于小样本的简单访谈简便易行，但效率低，难以进行统一的监控和管理，难以处理复杂问卷（如有许多跳答或分支等的问卷）。

（2）计算机辅助电话调查。

计算机辅助电话调查（computer assisted telephone interviewing，CATI）是指在中心地区安装 CATI 设备，其软件系统包括四个部分：自动随机拨号系统、问卷设计系统、自动访问管理系统、自动数据录入和简单统计系统。调查员坐在一台计算机终端或个人电脑面前，头戴小型耳机式电话，当被访者的电话接通后，访问员通过一个或几个键启动机器开始提问，问题或多选题的答案便立刻出现在屏幕上。访问员说出问题并输入回答者相应的答案，计算机会自动显示恰当的下一道问题。例如，当访问员问到"被访者是否有家庭影院"时，如果回答为"有"，接下来会显示一系列有关选择"家庭影院设备"的问题，如果回答"没有"，那么这些问题就不显示了。计算机会自动显示与被访者个人有关的问题或是直接跳过去选择其他合适的问题。另外，计算机还能帮助整理问卷，计算机屏幕代替了问卷、答案纸和铅笔，省略了数据的编辑与录入，而且统计工作可以在任何时间进行。

（3）全自动电话访谈。

全自动电话访谈是利用一种内置声音回答技术取代传统的电话调查的方法。这种全自动电话访谈方式利用专业调查员的录音来代替访问员逐字逐句地念出问题及答案。回答者可以将封闭式问题的答案通过电话上的拨号盘输入，开放式问题的答案则被逐一录在磁带上。全自动电话访谈主要有两种类型。

① 向外拨号方式：需要一份准确的电话样本清单，计算机会按照号码进行拨号，播放请求对方参与调查的录音。这种方式的回答率很低。

② 向内拨号方式：由被访者拨叫指定的电话号码进行回答，这些号码是邮寄给被访者的。

（4）计算机柜调查。

这是一种在形式上类似于公用电话亭的计算机直接访谈调查方式。多种形式、带触摸屏的计算机存放在可自由移动的柜子里。计算机可以设计程序以指导复杂的调查，并显示出全颜色的扫描图像（产品、商品外观等），还可以播放录音和电视录像。

2）电话调查的优缺点

（1）优点：节约费用、节约时间、可能访问得到不易接触的调查对象、对某些问题可能得到更为坦诚的回答、易于控制实施质量。

（2）缺点：抽样总体与目标总体不一致、调查内容难以深入、访问成功率可能很低。

3）电话调查的实施

（1）抽选电话号码。

电话号码的抽选方法有以下几种。

① 电话簿抽样法：利用最新的电话簿上的电话全体作为抽样框，可以采取简单随机抽样、系统抽样或集团抽样。若采取随机抽样，须先计算号码总数，然后利用乱数表抽取号码，但工程太大；若利用系统抽样，可分页数、栏数、行数抽出所要的号码；如果采取集团抽样，则可以以页为集团或以栏为集团。

缺点：号码记载不正确，有的人不登记电话，电话号码变更。

② 随机拨号法：利用电话号码的整体做架构，利用简单随机抽样、集团抽样或多阶段方式抽出所要的号码。

缺点：空号太多，而且无人接听的电话究竟是空号、无人在家还是电话故障无从判断。为改善上述缺点，有了"加一法"。

③ "加一法"：这种方法综合了电话簿抽样法空号少和随机拨号法未登记者也能被抽中的优点。其做法是：利用电话号码簿上抽出的电话号码加 1，便成为抽样号码。例如，利用电话簿抽出的号码为：53369993，则抽中的号码为 53369994。这种方法所得的号码，空号率比随机拨号法低，但高出电话簿抽样法不少。

（2）决定受访者。

① 任意成人法：只要是成年人，选择一位即可。这种情况下，样本呈现女性较多、年轻人较多的特点，访问成功率高，但样本代表性差。

② 随机选择法：事先排列样本户中可能的人口组合并排列成表（见表 4-1），访问员事先了解户中人口状况，再决定受访者。

表 4-1 随机选择受访者排列表

样本户中 20 岁以上的人数	其中女性数	应选受访者
1	0	男性
	1	女性

续表

样本户中 20 岁以上的人数	其中女性数	应选受访者
2	0	年轻男性
	1	男性
	2	年轻女性
3	0	最年长男性
	1	较年长男性
	2	较年长女性
	3	最年长女性
4	0	最年长男性
	1	次年长男性
	2	较年轻女性
	3	最年轻女性
	4	次年轻女性
5	0	第三年长男性
	1	次年轻男性
	2	最年轻男性
	3	最年长女性
	4	次年长女性
	5 人以上	第三年长女性

例如，样本户中有一对夫妇，男主人的母亲，在学的子、女各一人。

假设接电话的是男主人：

问：请问您家里 20 岁以上的人有几位？

答：3 位——样本落在表中第三行。

问：请问这 3 位中，女性有几位？

答：2 位——第二列值中 2 所对应的应选受访者为"较年长女性"。

问：请问 2 位中年纪比较大的那一位是谁？

答：我母亲。

问：我们能不能请教您母亲几个问题？

③ 选男或选女法：单号的电话号码请男性回答，双号则请女性回答。这种方法简便易行，而且所得样本大体符合人群总体结构。

(3) 确定电话调查的适当时间。

一般认为，电话访问的适当时间是在傍晚及以后。相关资料显示，傍晚电话接通率在 58%～87% 之间，下午次之，在 18.5%～38% 之间，上午又次之，在 15.5%～23% 之间（以一个星期 7 天的统计数据为资料）。

4）电话调查的应用范围

目前在我国电话调查一般应用于热点问题或突发性问题的快速调查、关于某特殊问题的消费者调查、企业调查和特殊群体的调查等。

5. 邮寄调查法

1）传统的邮寄调查

传统的邮寄调查就是把调查问卷通过邮局寄给事先联系好的受访者,请求他们按规定的要求和时间填写问卷,然后寄回调查机构的一种调查方式。

传统的邮寄调查的基本步骤如下。

（1）根据研究目的确定调查总体,收集调查对象的名单、通信地址或电话,抽样确定调查对象。

（2）通过电话、明信片或短信与调查对象接触,说明最近将有一份邮寄问卷,请求他们协助填写。

（3）向调查对象寄出调查邮件。

典型的调查邮件包括五个方面的内容：贴足邮资写清调查对象地址的信封、致调查对象的信、调查问卷、贴足邮资写清调查机构地址的回邮信封、谢礼或有关谢礼的许诺。

（4）通过电话或简短的提示信,与调查对象接触,询问是否收到了问卷,并请求其合作早日寄回问卷。

（5）对回收的问卷及时登记编码,按回收日期统计回收数量,如果回收率未达到理想水平,则再次打电话或寄提示信。

（6）如果回收率还达不到研究的要求（一般至少要求达到 60%）,则视条件许可,采取一定的措施来修正低回收率所造成的误差。

2）固定样本组邮寄调查

固定样本组邮寄调查是指事先抽取一个地区性或全国性的样本,样本中的家庭或个人都已同意参加某方面研究的定期邮寄调查,然后由调研机构向这个固定样本组中的成员定期地邮寄调查问卷,样本组成员将问卷按要求填写后及时寄回调研机构。

这种方法在应用时通常给家庭成员们各种物质刺激作为补偿。该方法常用于对电视收视率、广播收听率、报纸杂志阅读率的调查,家计调查或其他商业性定期调查。此外,要注意定期更换样本。

3）邮寄调查的优缺点

（1）邮寄调查的优点有以下几个。

① 保密性强。

邮寄调查一般是匿名的,保密性强,被调查者有安全感,对问题的回答比较真实,特别适用于敏感性问题的调查。

② 调查区域广。

③ 费用较低。

④ 无调查人员的偏差。面访调查和电话调查的质量与调查员自身素质有很大关系,而邮寄调查则无关。

（2）邮寄调查的缺点有以下几个。

① 回收率低。在几种调查方法中,邮寄调查的回收率最低,一般而言,30%的回收率为最佳,15%～20%为中等,但实际产生的回收率往往低于 10%,而面访调查和电话调查中 15%的失败率通常被认为是最大的可允许上限。

② 花费时间长。在几种调查方法中，邮寄调查所需时间最长，因此只适用于时效性要求不高的项目。

③ 填写问卷的质量难以控制。调查对象可能会找其他人代为回答，或没有填完全部答案就停止了。

④ 调查对象的限制：邮寄调查的最大限制之一就是被调查者必须具有较高的文化程度。

4）提高邮寄调查问卷回收率的因素

（1）必须尽可能确认样本架构的正确性。清单上的地址、人员或公司资料应正确。

（2）附上一封鼓励信函作为开场白。

（3）为完成的受访者提供一份精美纪念品。价值不必太高，可以是一支笔或一枚硬币。如果是大型市场调查活动，也可提供幸运券参加摸彩，摸彩的奖品十分丰富，可能是一次免费旅游，一部照相机或录音机等，但这样容易吸引贪图小礼品的非样本对象。

（4）问卷内容宜生动有趣。

（5）必须附上回邮信封。回邮信封最好印好回邮地址并贴上邮票。许多人不忍心将贴上邮票的信封丢弃，这一因素也会导致这些人填写问卷。

（6）问卷内容应当简短。

一般性的市场调查问卷最好不要超过 3 页 A4 纸。

（7）要求受访者匿名作答，这样可以提高回收率和得到诚实的答案。

（8）尽可能采用封闭式问题。

（9）尽可能确保受访者非周一或周五收到信。

人们通常会在星期一收到许多信，而星期五由于接着而来的周末假期，通常会忘了问卷的存在。

（10）尽可能在信封上标出受访者的姓名。

人们收到能正确写出自己姓名的信时通常会很高兴。如果对姓名有所怀疑，最好不要标出，可写职务。

（11）再寄一封催促信函及问卷。

当邮寄问卷寄出大约两周后可以收到大部分回函，市场调查人员可根据情况再次寄出问卷及催促信函，但有效率只有 5%～10%。

5）邮寄问卷调查的应用范围

目前，我国市场调查中极少采用邮寄调查方法，原因主要是邮寄调查的上述局限性。一般来说，在调查的时效性要求不高，调查对象的名单地址都比较清楚，调查经费比较紧张而调查内容又比较多、比较敏感的情况下，采用邮寄调查是比较合适的。其涉及的内容可以是有关日常消费、日常购物习惯、日常接触媒介习惯等比较具体的方面，也可以是有关消费观念、生活形态、意识、看法、满意度或态度等比较抽象的方面。

6. 留置问卷调查法

该方法介于邮寄调查和面访调查之间。它综合了邮寄调查由于匿名而保密性强和面访调查回收率高的优点。具体做法是：由调查人员按面访的方式找到被调查者，说明调查目的和填写要求后，将问卷留置于被调查者处，约定几天后再次登门取回填好的问卷。留置问卷调查的关键之一是保证匿名性。

7. 网上调查法

网上调查通常有三种形式：电子邮件调查、互联网网页调查、下载问卷调查。

1）电子邮件调查

条件：首先要获得一份电子邮件地址名单。

操作：将调查内容写进电子邮件中寄给调查对象，由调查对象填写后以电子邮件的形式反馈给调查者。

局限性：一是由于多数电子邮件系统的技术限制，问卷不能使用程控的跳跃形式、不能进行逻辑检查或随机化；二是有些电子软件产品限制了邮件信息的长度。因此电子邮件调查只适合于问题比较少的调查情况。

2）互联网网页调查

互联网网页调查是常用的网上调查形式，是将调查问卷直接挂在网页上，由被调查者上网填写调查问卷。

3）下载问卷调查

这种形式是在网页中设置问卷的下载链接，被调查者下载调查问卷并填写好之后再发还给调查者。

（二）观察调查法

观察调查法是调查人员凭借自己的眼睛或借助录音摄像器材，在调查现场直接记录正在发生的市场行为或状况的一种有效的搜集资料的方法，简称观察法。

1. 观察法的类型

1）直接观测法

直接观测法就是在现场凭借自己的眼睛观察市场行为的方法，包括顾客观察法和环境观察法。

（1）顾客观察法：是在各种市场中以局外人的方式秘密注意、跟踪和记录顾客行踪和举动以取得调查资料的方法。常常要求配有各种计数仪器，如录音摄像器材、计数器、计数表格等，适用于自选商场、消费市场、超级市场和购物中心顾客客流量、顾客购物的偏好、顾客对商品价格的反应、顾客购物的路径、顾客留意商品时间的长短、顾客产生冲动购物的次数、顾客付款是否方便等方面的调查。

（2）环境观察法（神秘购物法）：是以普通顾客的身份对调查对象的所有环境因素进行观察以获取调查资料的方法，有时也称"伪装购物法"。这种方法是让受过专门训练的"神秘顾客"作为普通消费者进入其所调查的环境，其任务一般有两种：一是观察购物环境，如颜色、布局、货架摆放、通道宽窄、装饰等；二是了解服务质量。

相关知识链接 4-4

帕科·昂得希尔是著名的商业密探，他通过观察一家以青少年为主要顾客的音像商店，发现这家商店把磁带放得过高，孩子们往往拿不到，影响了销量，把商品放低后销量大增。此外，他通过观察发现某商场后半部分销量低的原因是现金出纳机前顾客排长队结账，队伍一直延伸到商店的后半部，妨碍了顾客从商店的前面走到后面。商店针对这一情况设置了结账区，使后半部分销售额迅速增长。

2)间接观察法(痕迹观察法)

间接观察法就是通过对现场遗留下来的实物或痕迹进行观察以了解或推断过去的市场行为。例如,根据一页纸上不同指纹的数目来衡量一本杂志中不同广告的读者人数,根据一个停车场内汽车的车龄和车况来评价顾客的富裕程度。国外流行的食品橱观察法,通过观察顾客的食品橱,收集家庭食品的购买和消费资料。又如,通过对家庭丢掉的垃圾等痕迹的调查,也可以反映出家庭的食品结构、数量等。

2. 观察法的优缺点

1)优点

(1)调查结果客观、自然、准确;

(2)直接、简单易行;

(3)不会受到被观察者意愿和回答能力等有关问题的困扰;

(4)有利于排除语言交流或人际关系交往中可能发生的种种误会和干扰。

2)缺点

(1)只能反映事实经过,不能说明原因和动机;

(2)只能观察现象不能观察内在因素;

(3)受时间、空间和经费限制较大,只用合于小范围的调查;

(4)对调查人员业务水平要求较高,如敏锐的观察力,良好的记忆力,必要的心理学、社会学知识和现代化设备的操作技能等。

3. 观察法的应用范围

(1)在消费者需求调查中,对消费者购物时对商品品种、规格、花色、包装、价格等要求进行观察。

(2)在商场经营环境中,对商品陈列、橱窗布置以及所临街道的车流、客流量情况进行观察。

(3)品牌调查,即用于调查消费者对某品牌的需要强度以及其他品牌同类产品的替代强度。例如,消费者在某商场需要某一品牌的商品,而销售人员并不按要求提供,却代之以其他品牌的同类产品,从而可用多少个消费者接受替代品的情况来确定某一品牌的替代强度。

(4)在城乡集贸市场,对集贸市场农副产品的上市量、成交量和成交价格等情况进行观察。

(5)在商品库存调查中,对库存商品直接盘点计数,并观察库存商品冷背残次情况。

(三)实验调查法

实验调查法是通过小规模实验来了解企业产品对社会需求的适应情况,以测定各种经营手段取得效果的市场调查方法,简称实验法。

在实验法中,实验者控制一个或多个自变量(如价格、包装、广告等),研究在其他因素(如服务、质量、销售环境等)不变或相同情况下,这些自变量对因变量(如销售量)的影响或效果。

1. 实验法的分类

按照实验场所来分,可分为实验室实验和现场实验。

按照实验是否将实验单位随机分组,可分为非随机化实验和随机化实验。

非随机化实验是按照是否将实验单位分成实验组和控制组,以及按照是只做事后测量还是同时也做事前测量,可分成四种:事后设计、有控制组的事后设计、事前事后设计、有控制组的事前事后设计。

随机化实验根据自变量的多少、外来变量的多少以及是否考虑因子之间的交叉作用,可分为完全随机化设计、随机区组设计、拉丁方设计、正交实验设计等。

2. 实验法的优缺点

优点:结果客观实用,有较强说服力;可以探索不明确的因果关系;方法具有主动性和可控性。

缺点:时间长,费用大;保密性差;管理控制困难。

3. 几种实验方法简介

1)实验组事前事后对比实验(实验前后无控制对比实验)

此方法的观察对象只有一个,就是所选定的实验单位。这种方法简单易行,可用于企业改变产品花色、规格、款式、包装、调价等因素变化的影响分析。此实验只有实验组,没有控制组。

2)控制组与实验组对比实验(事后有控制对比实验)

具体做法:选两组条件相当的市场对象,一组为实验组,另一组为控制组,实验组按一定条件进行实验,控制组按通常情况进行组织。然后对两组实验结果进行比较和分析。两组资料事前不测量,只进行事后测量。

3)有控制组的事前事后对比实验(实验前后有控制对比实验)

分别对实验组和控制组进行事前测量和事后测量,然后将两组实验结果进行比较和分析。事前、事后都测量。

4. 实验法的应用范围

实验法主要用于检验有关市场变量间的因果关系假设,研究有关的自变量对因变量的影响或效应,如测试各种广告的效果,测试各种促销方式的效果,研究品牌对消费者选择商品的影响,研究颜色、名称对消费者味觉的影响,研究商品价格、包装、陈列位置等因素对销售量的影响等。

任务二 组建市场调查队伍

知识目标

1. 了解调查队伍组建的过程。
2. 掌握市场调查人员必需的职业素养。
3. 学会管理控制市场调查人员。
4. 学会管理控制市场调查项目。

岗位能力目标

1. 能够开展实际市场调查访问活动。
2. 能够管理与控制市场调查项目实施。

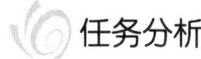 **任务分析**

经过前面的学习与实践，我们已经完成了市场调查方案设计、选定了适当的调查方式、确定了合适的调查方法、设计了项目的调查问卷，接下来就要开始组织实施市场调查活动了。一个好的调查方案只有付诸实施，才能保证调查目标的达成。

组织实施市场调查的关键是拥有一支高素质、高效率、快速反应的市场调查人员队伍。因此，组建市场调查团队是当前的一项重要工作，也即是说，成立项目领导小组、招聘访问员、培训访问员、管理与控制市场调查现场等就成为市场调查实施的主要工作内容。

 相关知识链接 4-5

错误的数据不如没有数据

国内一家知名的电视机生产企业，2004 年初设立了 20 多人的市场研究部门，开展了两组市场调查，用了同样的调查问卷，实施完全相同结构的抽样，但两组调查取得的结论却差异巨大。正是因为这次调查，部门被注销，人员被全部裁减。

调查问题：列举您会选择的电视机品牌。

其中一组的结论是有 15% 的消费者选择本企业的电视机；另一组得出的结论却是 36% 的消费者表示本企业的产品将成为其购买的首选。巨大的差异让公司高层非常恼火，为什么完全相同的调查抽样，会有如此不同的结果呢？公司决定聘请专业的调研公司来进行调研诊断，找出问题的真相。

普瑞辛格的执行小组受聘与参与调查执行的访问员进行交流，并很快提交了简短的诊断结论：第二组在进行调查执行过程中存在误导行为。首先，调研期间，第二组的成员佩戴了公司统一发放的领带，而在领带上有本公司的标志，其标志足以让被访问者猜测出调研的主办方；其次，第二组在调查过程中，把选项的记录板（无提示问题）向被访问者出示，而本企业的名字处在候选题板的第一位。以上两个细节，向被访问者泄露了调研的主办方信息，影响了消费者的客观选择。

这家企业的老总训斥调研部门的主管："如果按照你的数据，我要增加一倍的生产计划，最后的损失恐怕不止千万。"

市场调查是直接指导营销实践的大事，对错是非可以得到市场验证，只是人们往往忽视了市场调查本身带来的风险。一句"错误的数据不如没有数据"，包含了众多中国企业家对数据的恐慌和无奈。所以在市场调查过程中如何通过具有高素质的调查人员来搜集准确的数据显得非常重要。

上述事件给我们的启示是：在实施市场调查活动中，拥有一支高素质、高效率、快速反应的市场调查人员队伍的重要性。本任务主要学习组建调查团队的方法和技能。

 **知识精讲**

市场调查工作通常由专门的市场调查组织、专业的人员来承接、组织、实施完成。因此,在研究组建市场调查团队前有必要先了解一下专业市场调查机构都有哪些。

一、市场调查机构的主要类型

归纳起来,市场调查机构基本上有以下几类。

(一)各级政府部门组织的调查机构

这类机构是承接政府的市场调查统计任务的必设机构。目前,我国最大的市场调查统计机构为国家统计部门,国家统计局、各级主管部门和地方统计机构负责管理和发布统一的市场调查资料。

(二)新闻单位、大学和研究机关的调查机构

这些机构也都开展独立的市场调查统计活动,定期或不定期地公布一些市场信息。

(三)专业性市场调查机构

主要有以下四种类型。

(1)综合性市场调查公司。这类公司专门搜集各种市场信息,当有关单位和企业需要时,只需缴纳一定费用,就可随时获得所需资料。同时,它们也承接各种调查委托,具有涉及面广、综合性强的特点。

(2)咨询公司。这类公司一般是由资深的专家、学者和有丰富实践经验的人员组成,为企业和单位进行诊断,充当顾问。这类公司在为委托方进行咨询时,也要进行市场调查和统计工作,对企业的咨询目标进行可行性分析。当然,它们也可接受企业或单位的委托,代理或参与调查设计和具体调查工作。

(3)广告公司的调查部门。广告公司为了制作出打动人心的广告,取得良好的广告效果,就要对市场环境和消费者进行调查。

(4)企业内部的调查机构。对于比较大型的企业或组织,根据生产经营的需要,大都设立了专门的市场调查统计机构,市场调查已成为这类企业固定性、经常性的工作。如:可口可乐公司设立了专门的市场调研部门。

二、市场调查团队

(一)市场调查项目领导组

不同的市场调查机构,其组织结构的形式可能不同,但是在接受调查项目时,都必须按照调查项目的要求,认真组织实施各个阶段的调查工作。为了保证项目的顺利实施,需要在公司内部先建立项目领导组,主要负责管理和控制项目的实施,并及时向项目方汇报调查进程和调查工作的有关信息。

1. 市场调查业务部人员组成项目领导组

对于大型企业来说,企业内部设置有调查部,有的还设立了调查一部、调查二部等,这些部门的主要职责就是执行市场数据资料的搜集工作。一般情况下,根据职责分工,公司会指派市场调查业务部人员组成项目领导组。

2. 多个部门业务人员组成项目领导组

如果调查项目规模较大，涉及多方面的工作，这时就需要企业内部的研究开发部、调查部、统计部、资料室等多个部门指派相关人员，一起组成市场调查项目领导组，以保证调查工作的顺利实施。

（二）调查团队的管理结构

常见的调查团队的管理结构有：直线式、职能式、直线职能式和矩阵式。

1. 直线式

这种结构适用于课题比较小，需要很少的调查员，样本数量少，范围较小的调查。

项目负责人首先需要明确调查人员和督导员，组成一个调查团队，然后在咨询机构或咨询人员的协助下制订调查方案、确定日程、进行分组等。组织培训后，项目负责人指挥几个组的督导员展开调查。

直线式管理结构具有节省人员、效率较高等特点。

2. 职能式

一个项目负责人领导若干职能人员，分别负责所有调查小组的培训、质量检验或复核、经费等。职能人员根据自己的职能，与各组督导员联络，对其提出一些要求，提供一定的支持，协助他们完成某个方面的全部或部分工作，并向项目负责人汇报。

3. 直线职能式

如果承担的项目是一个较大的课题，则需要大量的调查员和大样本，并且在一个较大的范围内展开调查，调查小组的规模比较大，任务分配变得复杂，往往需要后勤工作、质量检验或复核工作进行配合。对于督导员来说，工作量骤增。

项目负责人对各职能部门或职能组进行统一管理，也可以直接与督导员联系。每一个调查组需要配备若干职能人员，职能人员根据自己的工作职能展开工作。如财务和后勤负责调查组的生活安排、居住旅行、设备采购、经费管理等事宜。他们向本组的督导员负责，由本组的督导员负责指挥，而督导员则向上一级的职能部门或职能组反映情况。

这样的设置和安排，可以减轻项目负责人和督导员的工作量，便于分工和专业化管理，保证调查的效率。

4. 矩阵式

企业的调查部门、独立的调查公司和学术性调查机构的组织模式多采用矩阵式。

调查机构的常设机构由调查机构负责人和各职能部门或人员组成（专职培训部门或人员、督导部门或人员、项目部门或人员、问卷设计和分析部门或人员、财务部门或人员等）。他们的日常工作由机构负责人统一指挥，工作内容是市场开发、宣传推广等。一旦确定了调查项目，就要召集调查员，展开调查活动，有时可能若干个调查项目同时开展。

调查小组的管理工作由督导员负责，调查规模较小时，则全部督导工作主要由督导员完成。这时，他可能既是调度、复核人员，又是财务、后勤人员等。如果规模较大，整个督导工作就由督导员和其他职能人员共同完成。这时，督导员仅是一名管理人员而不是技术人员。

（三）调查团队的组成及职责

1. 项目主管

协调各部门的关系，起草初步的计划，制定预算并监督资源的使用。其职责是确保项目的目标、预算和计划的执行。

2. 实施主管

其职责是主要包括：第一，了解调查项目的目的和具体的实施要求；第二，根据调查设计的有关内容和要求挑选调查员；第三，负责督导团队的管理和培训；第四，负责调查实施中的质量控制。

实施主管是项目主管和调查督导员的中间桥梁，既要掌握市场调查的基本理论和方法，又要有比较强的组织和运作能力，还要有丰富的现场操作经验。

实施主管水平的高低，决定着一个市场调查机构的水平高低。

3. 调查督导员

调查督导员负责对调查人员工作过程的检查和对调查结果的审核。

督导可分为：现场督导和技术督导。现场督导，主要负责日常工作的管理。技术督导，主要负责调查员访问技巧的指导。很多情况下合二为一。

（四）调查员作用及素质要求

市场调查中最重要的因素就是实施调查的人，我们称为调查员。由于调查员亲自进行调查，调查问卷的回收率较高，在访问过程中，调查员可以帮助被访者理解并完成问题，问卷的可信度高。

1. 调查员的作用

（1）调查员是调查者与调查对象的中介。

例如，某商家对其商品的销售情况进行调查，此时，调查员是连接商家与消费者的一个关键点。通过调查员，商家可以了解消费者的有关情况，可以依此做出决策。消费者也可以通过调查员反映需求，从而获得更满意的消费。有时消费者通过调查员对商家有一定的了解，调查员起到一定的广告作用。

（2）调查员是调查的直接实施者。

调查员的工作与前后两阶段的工作都有着紧密的联系。前期的准备工作在调查实施过程中得以体现，而后期工作正是建立在调查员得来的信息基础之上的。

（3）优秀的调查员能够提高调查的可信度。

在市场调查中，存在形形色色的被访者，他们之间的差别很大。一个没有经过专门训练的调查员在遇到问题时，可能会手足无措。而一个优秀的调查员不仅能够通过和善的态度以及高超的调查技巧获取问卷的相关信息，而且还能够通过自身敏锐的观察力捕捉到隐含的内容。

2. 调查员应具备的素质

市场调查活动是一项科学细致的工作，作为一名优秀的调查人员，必须具有相应的知识和技能。

1）思想品德素质的要求

思想品德素质是决定调查人员成长方向的关键性因素，也是影响市场调查效果的一个重要因素。一个具有良好的思想品德素质的调查人员，应该能够做到以下几点。

（1）必须具有较强的政治素质。表现为：熟悉国家现行有关的方针、政策、法规；具有强烈的社会责任感和事业心。

（2）必须具备良好的道德修养。调查工作量大，又繁杂琐碎，还常常需要独立工作，拒绝造假，因此要求调查人员具有较高的职业道德修养，表现为：调查工作中能够实事求是、公正无私，绝不能满足于完成任务而敷衍塞责，也不能迫于压力屈从或迎合委托单位和委托单位决策层的意志。

（3）必须具备敬业精神。要热爱市场调查工作，在调查工作中要认真、细致，要具有敏锐的观察力，不放过任何有价值的资料数据，也不错拿一些虚假的资料。凭自身业务素质，断定哪些资料存在疑点，能够不怕辛苦，反复核实，做到万无一失。

（4）谦虚谨慎、平易近人。调查人员最主要的工作是与人打交道。在调查过程中，调查员可能面对各种挫折，经受各种拒绝、猜测、冷嘲热讽，因此要具备良好的信心和耐心；为免错答或漏答，调查员要足够细心；调查员在市场调查中的自我定位很重要，是代商家向消费者咨询的，今天的被调查者有可能成为未来的消费者，因此必须采取谦虚和善的态度。

2）业务素质的要求

市场调查工作不仅需要一定的理论基础，还需要具备较强的实际经验。

（1）必须具备创新能力。市场竞争常常是以新制胜，谁首先认识和顺应了新的市场动向，谁就有可能占据有利的市场地位。因此要求调查员对调查项目有深刻认识，具有较强的职业责任感、观察市场的敏锐性和勇担风险的胆略。只有这样，才能在市场调查工作中，不断开拓丰富的信息资源，使市场调查工作走上健康发展的新路。

（2）具有一定的业务能力。市场调查人员的业务能力：一是阅读能力。要求调查人员理解问卷的意思，能够没有停顿地传达问卷的提问项目和回答项目。二是表达能力。要求调查人员在调查过程中能够将要询问的问题表达清楚。三是观察能力。具有敏锐的观察能力，判断受访者回答的真实性。四是书写能力。能够准确、快速地将受访者的回答原原本本地记录下来。五是独立外出能力。调查人员能够独自到达指定的地点，寻找指定的受访者，并进行访问。六是随机应变能力。在调查过程中遇到的是各种各样的人，所以市场调查人员要能够随机应变，根据不同类型的人的特点有针对性地访问。

（3）要具备市场信息分析能力。市场调查人员的工作绝不是仅提供调查资料那么简单，因为把大量的市场信息推给决策者，并不会减少决策的难度。市场调查人员所做的适当评议，透过现象探讨本质的综合分析，就有关现象分析利弊和长远趋势，将会帮助决策者对市场需求和市场动态做出正确判断。这些工作的水平高低是与调查人员的分析能力、语言表达能力分不开的。

3）身体素质的要求

身体素质包括两个基本素质：体力和性格。市场调查是一项非常艰苦的工作，特别是入户访谈和拦截调查，对调查人员的体力要求较高。同时，市场调查人员的性格最好属于外向型，会交际、善谈吐、会倾听，谨慎而又机敏。

总之，一个合格的市场调查人员应是勤学好问、有思想、有知识并具有创造性的，他们必须善于倾听，善于思考，善于提出问题、分析问题和解决问题，但是也要注意以下两点。

第一，人的素质和才能是有差异的，造成这种差异的原因既有先天的，也有后天的。无数事实证明：先天不足是可以通过后天的教育、培训来弥补的，是可以扭转的，要达到调查工作需要的理想标准，就要不断地通过各种途径，利用各种方法提高素质。

第二，前面所讲到的各种素质是针对调查人员的个人素质而言的。在实际调查中，调查任务是通过组建一支良好的调查队伍来完成的。因此，除对调查人员基本思想、品德要求外，还要对调查队伍的整体结构加以考虑，包括职能结构、知识结构、年龄结构，甚至包括性别结构等，通过人员的有机组合，取长补短，提高调查效率。

（五）市场调查人员的培训

1. 书面训练

（1）进行理论与实践结合的培训。

要想获得合格称职的调查人员并非易事，因此对调查人员的培训是非常重要的，这种培训必须把理论和实践相结合，从而使调查人员在调查过程中用理论来指导实践，并在实践中积累经验，充实理论。

（2）进行有针对性的培训。

培训工作应针对某次调查的某些特点，或者针对某些方面的弱点，进行强化训练。对于从事督导或负责工作的人员，应当要求其具有实际市场调查的经验，比如参加过工商普查、人口普查、民意普查等调查工作，对于市场调查工作的顺利开展同样是很重要的。

书面训练的基本要点在于要求调查人员牢记调查项目的重要性、目的、任务，并通过训练手册，熟悉各项任务要求，主要包括：

① 熟悉市场调查项目的内容和目的；

② 熟悉并掌握按计划选择被调查对象；

③ 选择恰当时机、地点和访问对象的方法；

④ 获得访问对象合作的有关访问技巧；

⑤ 关于调查询问的技术；

⑥ 关于如何鉴定调查形式、如何检查调查问卷的指示说明，以及如何处理访问中发生的特殊情况的说明。

2. 口头训练

口头训练的目的是消除调查人员的恐惧和疑虑，使调查人员灵活运用口头访问技巧。为此，调查人员需要经常进行练习，而且要参加多次访问的演练，从而能够具备下列素质。

（1）访问态度和蔼、友好。

（2）提出的问题能抓住重点，简单明了，并给被调查对象充分的回答余地。

（3）善于选择访问时机。

（4）有较强的判断能力，善于明辨是非。

（5）善于完整、清楚地记录，忠实地反映被调查对象的本意。

3. 培训的途径和方法

1）培训的途径

培训有两条基本途径：一是业余培训，二是离职培训。业余培训是提高调查员素质的有效途径，是调动调查人员学习积极性的重要方法，它具有投资少、见效快的特点。离职培训则是一种比较系统的训练方法，它可以使调查人员集中精力和时间进行学习。离职培训可以采取两种方式：一种是举办各种类型的调查人员培训班；另一种是根据调查人员的工作特点和本部门的需要，送他们到各类经济管理院校相应专业，系统学习一些专业基础知识、调查业务知识、现代调查工具的使用知识等。离职培训能使调查人员有较扎实的基础，但投资较大。

2）培训的方法

培训方法主要有以下几种，培训时可根据培训目的和受训人员情况加以选用。

（1）集中讲授方法。这是目前培训中采用的主要方法，就是请有关专家、调查方案的设计者，对调查课题的意义、目的、要求、内容、方法及调查工作的具体安排等进行讲解，在必要的情况下，还可讲授一些调查基本知识，介绍一些背景材料等。采用这种培训方法，应注意突出重点、针对性强、讲求实效。

（2）以会代训方法。这是由主管市场调查的部门召集会议。有两种形式的会议：一是开研讨会，主要就需要调查的主题进行研究，从拟定调查题目到调查方案的设计，资料的搜集、整理和分析调查的组织等各项内容逐一研究确定；二是开经验交流会，在会上，大家可以互相介绍各自的调查经验、先进的调查方法、手段和成功的调查案例等，以集思广益，博采众长，共同提高。采取以会代训方法，一般要求参加者有一定的知识水平和业务水平。

（3）以老带新方法。这是一种传统的培训方法，它是由有一定理论和实践经验的人员，对新接触调查工作的人员进行传、帮、带，使新手能尽快熟悉调查业务，得到锻炼和提高。这种方法能否取得成效，取决于带者是否无保留地传授，学者是否虚心求教。

（4）模拟训练方法。这是人为地制造一种调查环境，由培训者和受训者或受训者之间相互分别装扮成调查者和被调查者，进行二对一的模拟调查，练习某一具体的调查过程。模拟时，要将在实际调查中可能遇到的各种问题和困难表现出来，让受训者做出判断、解答和处理，以增加受训者的经验。采用这种方法，应事先做好充分准备，模拟时才能真实地反映调查过程中可能出现的情况。

（5）实习锻炼方法。这是在培训者的策划下，让受训者到自然的调查环境中去实习锻炼，使他们能将理论和实践有机地结合，在实践中发现各种问题，在实践中培养处理问题的能力。采用这种方法，应注意掌握实习的时间和次数，并对实习中出现的问题和经验及时进行总结。

4. 培训的内容

1）市场调查人员的责任培训

责任培训旨在让一名新的调查人员明白一名合格的调查人员应具有哪些责任，使他们在调查工作中能够更好地完成调查任务。

例如，为了在国际上维护在市场营销和民意调查中的道德准则，国际商会和欧洲民意和市场营销调查学会（ESOMAR）于1977年联合制定和颁发了有关准则，并于1986年做了修改，制定准则的主要目的是使被调查者的权利得到充分的保障。因此，调查人员就应了解并遵守国际准则和惯例，如承诺为被调查者保密的项目，一定要说到做到，不能言而无信。

2）项目操作培训

不同的市场调查项目，在调查方式、内容上都是不同的。所以，在调查实施前的培训阶段，调查公司要对调查人员进行项目操作的指导和培训。项目操作培训的内容如下。

（1）向调查人员解释问卷问题。一般是让调查人员先看问卷和问卷须知，针对调查人员不清楚的地方给予解释。

（2）统一问卷填写方法。为了今后录入方便，应规范作答的统一方式和方法。

（3）分派任务。指定每个调查人员调查的区域、时间和调查对象。

（4）访问准备。告诉调查人员在调查前所需携带的各种东西，比如问卷、受访者名单、电话、答案卡片、介绍信、自己的身份证明、礼品等。

（5）向调查人员说明会有一定的监督措施来检查调查人员的调查质量。

3）访谈技巧培训

访谈技巧是指调查人员为了获得准确、可靠的调查资料，运用科学的访问方法，引导受访对象提供所需情况的各种方法和策略。

根据调查方案的要求,访问者可能是入户访问,也可能是街头拦截访问。为了确保调查过程的质量,提高工作效率,对市场调查人员进行访谈技巧培训是非常有必要的。例如,通常在入户访问调查中,训练有素的市场调查人员,其入户成功率可达到90%,欠缺访谈技巧的市场调查人员,其成功率则只能达到10%,而后者所完成的访问,无论如何也不可能促成有效调查。

(1) 培训如何避免访谈开始就拒访。

自我介绍要按规范的形式进行,这是市场调查人员和被调查者的首次沟通,对是否能顺利入户起着关键的作用。通常在问卷设计中已精心编写了开场白(自我介绍词)。

市场调查人员进行自我介绍时,应该快乐、自信,如实表明访问目的,出示身份证明。有效的开场白可增强被调查者的参与程度。例如:

您好!我叫李刚,我是北京大学管理学院市场营销专业的学生,这是我的学生证。我们正在做一项有关市民网上购物习惯的调查。您正好是这次调查中经过科学抽样设计选中的被访者之一,您的观点对我们的研究非常重要,我们希望您能够回答下列几个问题。

(2) 培训如何避免访谈中途拒访。

选择适当的入户访问时间,可以减少或避免拒访的尴尬现象。

根据被调查者的作息时间确定调查进行的时间,以便获得良好的合作。

被调查者如果要拒绝访问,通常会找出许多借口,市场调查人员要想出不同的对策。

如果被调查者以"没有时间"拒访,市场调查人员要主动提出更方便的时间,如傍晚6点,而不是问被访者"什么时间合适"。

如果被调查者声称自己"不合格"或者"缺乏了解,说不出",市场调查人员应该告诉被调查者:"我们不是访问专家,调查的目的是让每个人有阐明自己看法的机会,所以您的看法对我们很重要"或"您把您知道的情况说出来就可以了"等,以鼓励被调查者。

如果被调查者以"不感兴趣"而拒访,调查人员可以解释:这是抽样调查,每一个被抽到的人的意见都很重要,请您协助一下,否则调查结果就会出现偏差。

(3) 培训如何合理控制环境。

理想的访问应该在没有第三者的环境下进行,但市场调查人员总会受到各种干扰,所以要培训其控制环境的技巧。

例如,如果访问时有其他人插话,应该有礼貌地说:"您的观点很对,我希望待会儿请教您,但此时,我只对被访者的观点感兴趣!"

市场调查人员应该尽力使访问在脱离其他家庭成员的情况下进行,如果访问时由于其他家庭成员的插话,访问员得不到被调查者自己的回答,应该中止访问。

如果周围有收音机或电视机发出很大的噪声,访问员很难建议把声音关小,这时,如果访问员逐渐降低说话声,被调查者就注意到了噪声并会主动关掉。

(4) 培训保持中立。

市场调查人员的惊奇表情、对某个回答的赞同态度,这些都会影响到被调查者的作答。例如,市场调查人员在访问中,除了表示出礼节性兴趣外,不要做出任何其他反应。即使对方提问,市场调查人员也不能说出自己的观点。要向被调查者解释,他们的观点才是真正有用的。还要避免向被调查者谈及自己的背景资料。市场调查人员应该给出一个模糊的回答,并鼓励被调查者谈他们自己的见解。

相关知识链接 4-6

拒访的对策

- 太忙——完成调查只需几分钟，或××时候再来访问可以吗？
- 身体不舒服——对不起，打扰了，××时候再来访问可以吗？
- 年龄大——我们正需要听听您的意见。
- 不好答、不会答——问题一点也不难，答案无所谓对或错，很多人都做过，而且都做得很好。
- 不感兴趣——我们是抽样调查，每一个被抽到的人的意见都很重要，否则结果就会产生偏差，请您协助一下。
- 不便说——能理解，这也是为什么调查都要保密的原因。我们不要求您填上姓名，调查结果也不是一个人的意见。
- 我不太了解情况，访问别人更合适——没关系，您把您知道的说出来就可以了。
- 您的问题太多——对不起，问题看起来是多一点，但都很简单。
- 不懂得填写——没关系，很简单，我给您讲一讲，您就会了。
- 不识字、不会做——没关系，我们不需要您填写，只要您回答问题就行了。

（5）培训如何提问与追问。

市场调查人员在访问过程中应按问卷设计的问题排序及提问措辞进行提问。

对于开放式问题，一般要求充分追问。追问时，不能引导，也不要用新的词汇追问，要使被调查者的回答尽可能具体。熟练的市场调查人员能帮助被调查者充分表达他们自己的意见。追问技巧不仅给调研提供充分的信息，而且使访问更加有趣。

在访问中，有时被调查者不能很好地全面回答提问，有时问卷本身就设定了追问问题，这时就需要运用追问技巧来达到预期的目的。

例如，可以通过以下做法来追问：重复读出问题；重复被调查者的回答；停顿、无言或使用追问用语。常见用语是"您的意思是什么？""哪一种更接近您的感觉？""为什么您会这样认为呢？"

又如，开放式问题的追问技巧。常见用语有："您说的挺好、不错，指的是什么，请具体说一下。""您还有没有喜欢的呢？"

（6）培训如何结束访问。

当所有希望得到的信息都得到之后就要面临结束访问了。此时，可能被访者还有进一步的自发陈述，他们也可能有新的问题，市场调查人员工作的原则是认真记录有关的内容，并认真回答被访者提出的有关问题。总之，应该给被访者留下一个良好的印象。最后，一定要对被访者表示诚挚的感谢。

提示：让被访者有良好的感觉。调查人员要感谢被访者抽出时间给予合作，并使被访者感受到自己对这项调查研究做出了贡献。

迅速检查问卷。看有没有遗漏，问题的答案有没有空缺；问题的答案是否有前后不一致的地方，是否有需要被访者澄清的合糊答案。

再征求意见，询问被访者的想法、要求，并告诉他们如有可能，还要进行一次回访，希望他们也给予合作。

离开现场时，要表现得彬彬有礼，为被访者关好门。

（六）准备调查前的一些工作

1. 必要的前期准备工作

1）调查的宣传活动

在调查之前利用各种渠道进行宣传，可以扩大活动影响，为调查活动顺利开展提供便利。

2）与被调查者联系

预约有技巧；通过与该社区居委会的接触，了解被调查者的大致情况。

2. 必要的辅助工具

1）指导手册

条例清楚的调查指导手册对于现场工作人员的工作指导具有不可忽视的作用。调查指导手册包括调查员手册和督导员手册。

（1）调查员手册。

调查员手册主要是指现场应遵守的操作条例和有关的技术指导。文字性的手册便于随时查阅。调查员手册的内容如下。

① 与被访者的接触：怎样第一次接触；筛选正确的样本；就近访问。

② 一般的访问技巧和技术。

③ 问卷的审核：审核的方法和规则。

④ 疑难解答。

（2）督导员手册。

督导员手册是为调查的管理提供指导。督导员手册的内容如下。

① 作业管理，包括如何给调查员分配任务，怎样向调查员分发和回收问卷。如果财务也由督导员负责，手册中还应包括如何处理开销凭证及向调查员分发报酬。

② 质量检查，即解释对调查人员的工作进行质量检查的原则和方法。

③ 执行控制，即如何通过各种表格记录调查实施过程中各环节的执行情况。

2）相关文件准备

① 调查问卷。

② 样本单位名单录，包括被访者的地址表、显示地理位置的地图等。

③ 调查中需要的卡片、相关表格。

④ 介绍信、调查员证等证明文件。

3）必要的物品准备

现场调查中常用到的物品如下。

① 礼品。

② 测试用品（概念测试、包装测试、口味测试和产品留置）。

③ 使用工具，如记录笔、访问夹、手提袋（装问卷及礼品）、手表（记录访问时间）等。

3. 进行试调查

问卷排版好以后，可以先打印 10 份左右进行试调查。通过试调查了解问卷初稿中存在哪些问题，以便对问卷的内容、问题和答案、问题的次序进行检测和修正。具体方法有以下几种。

（1）选择一些有代表性的调查对象进行询问，将问卷中存在的问题尽可能表现出来，如问卷中的语言使用、问题的选项、问卷的长短等。

（2）依据试调查的结果，看问卷中所有问题是否能够回答或使被调查者乐意回答，哪些问题属于多余的，还有哪些不完善或遗漏的地方。发现问题，应该立即进行修改。

（3）如果预先测试导致问卷内容发生了较大的变动，调查人员还可以进行第二轮测试，以使最后的定稿更加规范和完善。

（七）管理与控制市场调查

在市场调查中，调查人员本身的素质、条件、责任心等都在很大程度上制约着市场调查作业的质量，影响着市场调查结果的准确性和客观性。因此，加强市场调查的管理与控制是市场调查公司的一项重要工作。

1. 管理市场调查项目

1）监督调查计划的执行

调查工作计划是指为确保调查的顺利实施而拟定的具体工作安排，包括调查人员安排和培训、调查经费预算、调查进度日程等。调查工作计划直接关系到作业的质量和效益。

2）审核调查问卷

通过试调查来完成调查问卷的审核。

3）审核抽样方法

抽样方法的选择取决于调查研究的目的、调查问题的性质以及调研经费和允许花费的时间等客观条件。调查人员应该在掌握各种类型和各种具体抽样方法的基础上，对拟选择的抽样方法进行验证。只有这样才能在各种环境特征和具体条件下及时选择最为合适的抽样方法，以确定每一个具体的调查对象，从而保证数据采集的科学性。

2. 评估调查质量

1）实施过程的质量评估

① 调查员的工作质量：包括访谈过程是否规范、问卷的填写是否合格、工作记录是否齐备、完成的时间是否正确等。

② 管理的工作质量：包括培训材料、操作控制文件（问卷收集表、项目进度表、配额表等）以及检查性文件等。

2）数据质量的评估

良好的现场调查操作也不能保证数据质量就一定是高的。在数据分析阶段之前，对原始数据的质量进行评估是十分有必要的。

可以从以下两个方面对原始数据的质量进行评估。

① 被访者的配合程度。在调查问卷的尾部，一般要设计几个题项，内容主要包括被调查者对问卷的理解程度和被调查者的配合程度。

② 问卷回答率。这是评价数据质量的一个重要的量化指标。

3. 控制调查实施中的进度

1）时间管理

确保项目按照时间计划进行是非常重要的。例如，调查结果必须在某月某日提交上来，否则会影响到委托方是否开发新产品的决策。

判断是否需要额外增加调查人员来加快项目进程。如果项目要延期，必须与客户沟通，通知客户。

2）合理的进度安排

一个调查项目的实施要做到有计划、按步骤、平稳地进行，对实施进度进行合理安排是至关重要的。调查人员每天的工作量过大，质量就难以保证。对于具体的调查项目，调查人员也需要一个不断熟悉的渐进过程，安排进度时应考虑这一点。

① 第一阶段，慢节奏。

② 第二阶段，快节奏。

③ 第三阶段，慢节奏。这一阶段需要对有问题的问卷进行补做，这时每天安排的问卷数量可以少些。

此外，还要根据调查人员的实际能力、被调查者所在的地点的远近以及其他相关因素综合考虑。同时要考虑督导员的检查工作能够同步进行。

4. 调查实施中的成本控制

1）市场调查成本控制的内容

市场调查的成本是指从事市场调查的企业以市场调查的整体费用作为成本核算的对象，在市场调查过程中，所发生的全部费用的总和。

按成本的经济性质，市场调查成本可以分为直接成本和间接成本。直接成本是指市场调查过程中，耗费的实体成本，包括人工费用、材料费用、其他直接费用；间接成本是指企业内部为组织和管理市场调查项目顺利进行所发生的全部支出，包括管理人员的职工福利费、固定资产折旧费、固定资产修理费，还有水电费、保险费等。

市场调查成本控制是在保证满足市场调查数据的真实性、工期等合同要求的前提下，对市场调查实施过程中所发生的费用，通过有效的计划、组织、控制和协调等活动实现预定的成本目标，并尽可能地降低成本费用、实现目标利润、创造良好经济效益的一种科学的管理活动。

2）市场调查阶段成本控制的方法

（1）强化成本控制理念，完善成本控制体系。成本控制的各项指标都具有综合性，项目经理作为项目的直接负责人，负责项目的一切经济活动，包括成本的控制。首先，公司应该明确项目成本控制和质量控制等责任和相应的奖励措施，奖罚分明，提高项目经理和项目组人员的积极性。其次，项目经理应该领导项目小组制定成本控制的具体措施，对项目小组的成员进行培训，强化成本控制的理念，建立适合项目的成本核算岗位责任制，规定项目小组成员在核算中的作用、地位和所负的责任及考核奖励的办法，还要对成本控制的实施情况进行定期检查，找出成本控制中的问题，及时总结经验和工作中的不足，并使之与项目组人员的绩效挂钩，制定项目组内部的奖罚措施，对项目进行全过程的成本控制。

（2）明确市场调查过程中成本控制的内容，有针对性地进行成本控制。按照市场调查的阶段进行分段成本控制。

① 确定调查目的、调查地点和调查人员阶段的成本控制。

针对企业实际，为市场调查确定调查目的、调查地点、调查人员。调查地点的确定要尽量有代表性，不要进行重复性调查；兼职调查人员数量的确定要合理，尽可能地减少人工费用。

② 问卷设计阶段的成本控制。

调查问卷成本在调查总成本中占有非常大的比率，因此要首先从问卷设计源头节省成本，问卷设计纸张以 1~2 页为宜。

③ 调查计划执行阶段的成本控制。

在问卷的打印、运输、收发、保管等环节，应尽量减少损耗，各环节明确责任人。问卷用量的控制包括坚持按定额领取问卷数量，对问卷回收数量有误的，要明确责任；制定措施杜绝在问卷发放过程中的损耗；提高问卷的有效率。

④ 调查汇总分析阶段的成本控制。

调查数据的汇总可以在问卷回收工作开始的时候同步进行，节省了数据汇总时间就节省了公司的各种间接成本。

项目小结

从调查资料来源及资料搜集类型来分，市场调查方法分为文案调查法和实地调查法，其中文案调查法用于搜集第二手资料，实地调查法用于搜集原始资料（第一手资料）。实地调查法主要包括访问法、观察法、实验法。而在访问调查法中用得较多的方法是入户访问调查法、焦点小组访谈法、电话调查法、邮寄调查法、留置调查法。

市场调查团队质量是实施调查的关键，企业内部组建的调查团队主要包括项目主管、实施主管、调查督导员、访问调查人员。

能力提升

商业密探：帕克·昂得西尔

帕科·昂得希尔是著名的商业密探，他所在的公司叫恩维罗塞尔市场调查公司。他通常的做法是坐在商店的对面，悄悄观察来往的行人。而此时，在商店里，他的属下正努力工作，跟踪在商品架前徘徊的顾客，他们的目的是找出商店生意好坏的原因，了解顾客走进商店以后如何行动，以及为什么许多顾客在对商品进行长时间挑选后还是失望地离开。他们的工作，能给商店提出许多实际改进意见。例如，一家主要是青少年光顾的音像店，通过调查发现这家音像店把磁带放置得过高，孩子们往往拿不到。昂得希尔指出应把商品放置的位置降低，结果销售量大大增加。

思考：这是采用了什么调查方法？

习 题

一、填空题

1. 市场资料按其来源不同，可分为_____和_____两类。
2. 通过查阅、阅读搜集各种资料的方法称为_____调查法，该方法主要是针对_____资料的搜集。
3. 文案调查主要的方法是_____、_____、_____。
4. _____是取得直接市场资料的基本方法。
5. 拦截调查法具有费用低、效率高等优点，但也具有不适合复杂内容的调查、拒访率高等缺点，在所有的缺点中，_____是最大的缺点。
6. 留置问卷调查的关键之一是保证调查的_____。
7. 根据观察者是否参加到被观察的市场活动中，观察法可分为_____和_____。
8. 通过对现场遗留下来的实物或痕迹进行观察以了解或推断过去的市场行为的调查方法是_____。
9. 以普通顾客身份对调查对象的所有环境因素进行观察以获得调查资料的方法是_____。

二、判断题

1. 文案调查方法以搜集一手资料为主。（　　）
2. 间接资料不受调查人员和调查对象主观因素的干扰，反映的信息内容较为真实、客观。（　　）
3. 文案调查不可以作为一种独立的方法加以采用。（　　）
4. 间接资料调查法最主要的缺点是既费时又费力。（　　）
5. 直接资料是指从文献档案中搜集的资料，也称二手资料。（　　）
6. 项目较多且比较复杂，需要深入探求的调查内容，则以面谈访问或留置问卷的调查方式为好。（　　）
7. 调查内容较少，项目简单，可采用面谈访问或留置问卷方式进行调查。（　　）
8. 街头拦截调查适合于需要快速完成的小样本的探测性调查。（　　）
9. 邮寄调查具有直接性和灵活性的特点。（　　）
10. 邮寄调查法能很好地反馈回答问卷者的态度。（　　）
11. 邮寄调查法的优点是问卷回收率高，因而会影响样本的代表性。（　　）
12. 神秘购物法通常用于对消费者痕迹的观察调查。（　　）
13. 神秘购物法通常用于观察顾客购买行为的调查。（　　）
14. 实验法在市场调查中可信度较高，没有限制，费用较低。（　　）
15. 实验组是指非实验单位，它是与控制组做对照比较的，又称对照组。（　　）
16. 有控制组的事先事后对比实验的调查方法的优点是能够测算实验误差，从而有助于提高实验结果的准确性。（　　）
17. 事前事后对比实验方法的优点是实验组与控制组在同一时间内进行现场销售对比，不需要按时间顺序分为事前事后，这样可以排除由于实验时间不同而可能出现的外来变数

影响。 （　　）

三、单项选择题

1. 取得间接资料的方法称为（　　），也称间接资料调查法。
   A. 间接调查法　　B. 文案调查法　　C. 资料调查法　　D. 资料搜集法
2. 关于间接资料，下列说法不正确的是（　　）。
   A. 是未经加工的资料　　　　　　B. 一般都是以文字、图像等书面形式表达的资料
   C. 获得成本低　　　　　　　　　D. 需要进一步加工处理之后，才能提高其使用率
3. （　　）是间接资料的特点。
   A. 适用性强　　　　　　　　　　B. 节省费用
   C. 可信程度高　　　　　　　　　D. 受时空限制
4. 间接资料调查的首要原则，也是调查人员选定间接资料的最主要标准，是（　　）。
   A. 经济效益原则　　　　　　　　B. 系统性原则
   C. 时效性原则　　　　　　　　　D. 相关性原则
5. 根据市场调查的实践经验，市场调查的首选是（　　）。
   A. 文案调查　　B. 实地调查　　C. 面谈调查　　D. 邮寄调查
6. 以下不是文案调查方法的是（　　）。
   A. 文献资料筛选法　　　　　　　B. 视讯会议法
   C. 报刊剪辑分析法　　　　　　　D. 情报联络网法
7. 文案调查与实地调查相比较，具有的优点有（　　）。
   A. 成本低，时间长，资料容易找到
   B. 成本低，时间长，资料难以找到
   C. 成本低，时间短，资料容易找到
   D. 成本低，时间短，资料难以找到
8. 市场调查方法有很多，其中主要有访问法、观察法和（　　）。
   A. 面谈调查法　　　　　　　　　B. 座谈法
   C. 邮寄调查法　　　　　　　　　D. 实验法
9. 市场调查按调查方法分类，以下不属于实地调查方法的是（　　）。
   A. 访问法　　B. 观察法　　C. 文案调查法　　D. 实验法
10. 下面（　　）指标数量少，说明工作有成效。
    A. 入户调查的数量　　　　　　　B. 回收调查表格的数量
    C. 选定样本拒绝访问数　　　　　D. 日访问人数
11. 问卷法一般是（　　）。
    A. 直接调查　　　　　　　　　　B. 间接调查
    C. 口头调查　　　　　　　　　　D. 非标准化调查
12. 根据对访问内容是否进行统一设计，访问法可分为（　　）。
    A. 一般性访问和特殊性访问　　　B. 标准化访问和非标准化访问
    C. 直接访问和间接访问　　　　　D. 个别访问和集体访问
13. 现实资料是直接对预测对象进行实地调查所得到的资料，也称（　　）。
    A. 直接资料　　　　　　　　　　B. 间接资料

  C. 第二手资料   D. 第三手资料
14. 在访问法中，获得信息量最大的方法是（　　）。
  A. 面谈调查 B. 邮寄调查 C. 电话调查   D. 留置调查
15. 当调查范围小而且调查项目比较复杂时，比较适宜的调查方法是（　　）。
  A. 文案调查法   B. 电话调查法
  C. 入户面访法   D. 邮寄调查法
16. 成本最高、花费时间较长的调查方法是（　　）。
  A. 街头拦截法   B. 电话调查法
  C. 入户面访法   D. 邮寄调查法
17. "你穿什么牌号的旅游鞋？为什么？它的优点是什么？"这种个人面谈方式称为（　　）。
  A. 倾向偏差询问   B. 强制选择
  C. 非强制选择   D. 自由回答
18. 拦截调查适用于（　　）。
  A. 探测性调查   B. 描述性调查
  C. 因果性调查   D. 预测性调查
19. 在访问调查法中，获得的信息量最小的方法是（　　）。
  A. 面谈调查 B. 邮寄调查 C. 电话调查   D. 留置调查
20. 在下面几种调查方法中，费用开支最少的是（　　）。
  A. 面谈调查 B. 邮寄调查 C. 电话调查   D. 留置调查
21. 采用电话调查向通话者询问时常使用（　　）。
  A. 自由回答   B. 多项选择法
  C. 两项选择法   D. 倾向偏差询问
22. 花费时间最长、回收率最低的调查方法是（　　）。
  A. 拦截法 B. 电话调查法 C. 入户面访法 D. 邮寄调查法
23. 当调查内容较少，项目简单，只要求一般回答时，可采用电话调查或（　　）。
  A. 面谈访问 B. 留置问卷 C. 邮寄调查   D. 实验法
24. 在市场调查的访问法中，适用范围最广的具体方法是（　　）。
  A. 面谈调查 B. 邮寄调查 C. 电话调查   D. 留置调查
25. 就方法本身来说，（　　）是介于面谈调查法和邮寄调查法之间的一种折中方法。
  A. 留置调查 B. 电话调查 C. 实地调查   D. 文案调查
26. 在下列访问调查法中，适用范围最小的是（　　）。
  A. 面谈调查 B. 留置调查 C. 电话调查   D. 邮寄调查
27. 由于被调查者的活动不受外在因素的干扰，处于自然的活动状态，因而采用（　　）取得的资料更加接近实际。
  A. 访问法 B. 观察法 C. 实验法   D. 询问法
28. 观察法的特点是（　　）。
  A. 花费时间短   B. 被调查者活动不受外在因素的干扰
  C. 能了解消费心理变化   D. 不需丰富经验

29. 下列属于观察法的缺点的是（　　）。
    A. 直接可靠　　　B. 适用性强　　　C. 简便易行　　　D. 受时空限制
30. 下列市场调查方法中不属于观察法的是（　　）。
    A. 参加商品博览会　　　　　B. 商场安装摄像机记录顾客购物行为
    C. 参加展销会　　　　　　　D. 询问商场营业员商品销售情况
31. 以普通顾客身份对调查对象的所有环境因素进行观察以获得调查资料的方法是（　　）。
    A. 顾客观察法　　B. 神秘购物法　　C. 痕迹观察法　　D. 实验调查法
32. 通过对现场遗留下来的实物或痕迹进行观察以了解或推断过去的市场行为的调查方法是（　　）。
    A. 顾客观察法　　B. 神秘购物法　　C. 痕迹观察法　　D. 实验调查法
33. 实验法的本质特点在于它的（　　）。
    A. 实践性　　　B. 客观性　　　C. 动态性　　　D. 综合性
34. 实验法通过实验对比，可以比较清楚地分析事物的（　　）。
    A. 变化规律　　B. 变化原因　　C. 变动结果　　D. 因果关系
35. 在实验调查法中，可以排除由于实验时间不同而可能出现外来因素干扰的方法是（　　）。
    A. 事前事后对比实验
    B. 控制组同实验组对比实验
    C. 选择时间影响较小的季节进行实验
    D. 事前对比实验
36. 我国统计部门对全国性或地区性居民家庭收支情况的调查，采用的是（　　）。
    A. 市场普查的方法　　　　　B. 入户访问调查法
    C. 邮寄调查法　　　　　　　D. 固定样本持续调查

四、多项选择题

1. 在具体调查中选择哪种调查方法时，作为取舍的根据为（　　）。
    A. 调查的项目　　　　　B. 搜集资料的费用
    C. 资料的来源　　　　　D. 时间紧迫程度
    E. 调查方法的管理
2. 进行文案调查，必须遵循的原则有（　　）。
    A. 相关性原则　　　　　B. 经济效益原则
    C. 时效性原则　　　　　D. 系统性原则
    E. 精确性原则
3. 从企业市场经营的角度看，间接资料的来源包括（　　）。
    A. 企业来源　　B. 市场来源　　C. 内部来源　　D. 外部来源
    E. 社会来源
4. 第一手资料是通过实地调查获取的，实地调查的方法有（　　）。
    A. 访问法　　　B. 观察法　　　C. 实验法　　　D. 测量法
5. 面谈调查的主要缺陷是（　　）。

A. 费用高　　　　B. 范围大　　　C. 问卷回收率低　　D. 时间长

E. 效率高

6. 面谈调查的主要形式是（　　）。

A. 个人面谈　　　B. 小组面谈　　C. 集体面谈　　　　D. 专家座谈

E. 电话交谈

7. 邮寄调查的优点有（　　）。

A. 成本低　　　　　　　　　　B. 不受空间限制

C. 应用广泛　　　　　　　　　D. 回收率高

8. 市场观察法运用得比较广泛，经常运用的形式主要有（　　）。

A. 商品资料观察　　　　　　　B. 顾客流量观察

C. 营业状况观察　　　　　　　D. 商品库存观察

E. 痕迹观察

五、简答题

1. 市场调查的方法各有特点，在调查中究竟采用哪种方法，要根据具体情况而定，一般要考虑哪些因素？

2. 文案调查应遵循哪些原则？

实训项目

1. 要求学生走出课堂，走向市场，以小组为单位开展 4G 手机消费实地走访调查，获取第一手资料。学生组织一次街头拦截（或入户访问）问卷调查，调查对象为问卷中所涉及的消费者。

2. 要求每名学生做好问卷调查的准备工作，掌握好走访调查的方法与技巧，在 1 小时内完成 10～15 份问卷调查任务。

项目五

整理分析调查资料

  项目学习指南

在市场调查过程中,人们采用各种方法搜集到的资料,仅仅是一种比较粗散的原始素材。若要把这些原始素材中潜在的有用信息挖掘出来,就需要对资料进行科学的整理与分析,从而使搜集到的资料的全部有用信息都释放出来。通过资料的整理与分析,人们对市场现象的认识由感性认识向理性认识飞跃。

资料整理是依据调查目的,运用科学的方法,对调查的原始材料进行审核、分类、汇总,使之系统化和条理化的过程。资料分析,是通过科学的推理与判断,挖掘事物现象及其发展变化的本质、趋势及规律的过程。

本项目包括两个任务:任务一主要是了解市场调查资料的整理的意义,掌握市场调查资料整理的一般步骤及方法,进而灵活运用市场调查资料整理的具体方法整理统计资料;任务二主要是了解市场调查资料分析的方法,能进一步结合具体调查进行资料的简单分析,并能掌握用统计表、统计图展示调查资料的技术。通过本项目的学习,有助于培养大家具有调查资料整理和分析的基本知识和技术方法。

  情景描述

文献调查和实地调查工作全部结束之后,无疑会搜集到大量的资料。这些资料如果未经加工整理和分析,是不能用以说明任何问题的,因此,有必要对全部资料进行系统的加工整理,进而对整理后的资料进行分析,为企业决策提供数据依据。市场调查资料的整理,一般包括下列工作程序:编辑、汇总、分类和制表。之后,就可以转入下一步的工作——资料分析。这是整个市场调查的资料工作的最后阶段。资料分析的主要任务是利用经过调查得来的全部情况和数据,去验证有关各种因素的相互关系和变化趋势,即将全部的资料适当地组合为足以揭示其所包含着的某种意义的模式,以明确具体地说明调查结果。

任务一 整理市场调查资料

 知识目标

1. 了解市场调查资料整理的意义。

2. 掌握市场调查资料整理的一般步骤及方法。

岗位能力目标

灵活运用市场调查资料整理的具体方法。

任务分析

对市场调查资料的最佳利用,不是其字面上的内容,而是其可能暗示的内容,要看出字里行间蕴涵的意义,如这些事实资料表明何种趋势、何种偏差、何种冲突、何种机会。对决策有用的信息,也许就存在事实资料之外。

因此,在完成前面的调查任务后,我们获得了大量的信息资料,通过什么方法能将调查得来的资料形成调查数据集及采用什么方法能对其进行审核、分组、编码和转换等,使之条理化、系统化呢?接下来我们通过学习调查资料的整理和统计的知识及技术来完成这项工作。

知识精讲

通过调查取得的原始资料都是从各个被调查单位搜集来的零散的、不系统的资料,只能反映各被调查单位的情况。只反映事物的表面现象,而不能说明被研究总体的全貌和内在联系。要想说明调查对象的总体特征,就必须对调查资料进行加工整理,以实现从个别单位质与量的表现向总体质与量特征的过渡,为研究的下一阶段——资料分析提供依据。

一、调查资料整理的含义

调查资料的整理,就是运用科学的方法,对调查所得的各种原始资料进行审查、检验和初步加工,使之系统化和条理化,从而以集中、简明的方式反映调查对象总体情况的工作过程。

二、调查资料的度量尺度

(一) 定类尺度

当资料用来确认被调查者的品质特征或名称时,所采用的度量尺度叫作定类尺度 (nominal scale)。

例如,在进行消费者的家庭结构调查中,得到的单身家庭、夫妻二人家庭、两代人家庭、三代人家庭等资料的度量尺度称为定类尺度。

为了便于资料的搜集并做好资料录入计算机建立数据库的工作,通常定类尺度的资料用数字代码来表示。例如,用 1 表示单身家庭;用 2 表示夫妻二人家庭;用 3 表示两代人家庭;用 4 表示三代人家庭;等等。虽然定类尺度资料的各类中能够计算出它所拥有的单位数,但不能反映第一类的一个单位可以相当于第二类的几个单位。定类尺度度量的资料在整理中一般作为分组标志使用。

（二）定序尺度

定序尺度（ordinal scale）是指资料既具有定类尺度的性能又需要按照先后顺序或赋予一定的顺序来排列。

例如，对消费某种商品的顾客享受到的售后服务质量进行调查，得到的资料分别是优秀、良好和较差，这些资料属于定序尺度的资料。虽然这些资料具有反映售后服务人员的工作品质特征，即有定类数据的特征，但是它们可以按照一定的顺序排列，如按照服务质量由好到差的顺序排列分别是：优秀、良好和较差。定序尺度度量的资料除了用于分组外，还可以确定变量的中位数、众数和四分位数等指标的位置。

（三）定距尺度

定距尺度（interval scale）是指资料具有定序性能，并以特定的计量单位表示的观测值之间的一段距离。

定距资料总是表现为数字型的。例如，企业的产量、城市居民的常住人口数、企业用于研发的资金投入额等资料都属于定距尺度资料。相同性质的定距尺度度量的资料可以计算相互间的差值，并可以相加求得它们的总和数值。

（四）定比尺度

当资料具有定距尺度的所有性能，并且有必要用两个数值的比例来表示，这种资料的度量尺度就是定比尺度（ratio scale）。

定比尺度的资料总是数字型的，它反映调查对象的构成、比重、速度和密度等的数量关系。例如，企业销售量的增长速度、市场占有率、地区人口的自然增长率等资料都属于定比尺度度量的资料。

三、调查资料整理的内容

市场调查资料的整理依据市场调查整理方案进行。市场调查资料整理的内容如下：
（1）对调查资料进行审核、订正；
（2）剔除异常数据、缺漏数据；
（3）根据市场调查的目的、要求对获得的资料进行分类或分组并汇总；
（4）将汇总的资料用图表（直方图、饼图、散点图等）的形式简明扼要地表示出来。

四、调查资料整理的步骤

调查资料的整理一般包括以下几个步骤。

（一）设计和编制资料整理方案

这一步是保证调查资料的整理有计划、有组织地进行的重要一步。资料的整理往往不是整理一个或两个指标，而是整理多个有联系的指标所组成的指标体系。

（二）审核调查资料

这一步要求对回收的每一份调查问卷的及时性、完整性、一致性及正确性进行检查，以发现问卷中存在的问题。在实际审核过程中，审核工作人员应掌握的要点如下。

（1）了解详细的审核规则，如一份问卷哪些问题是必须填写完整的，哪些问题出现缺失是可以容忍的，一般在整理方案中有详细的要求。

（2）明确审核的每一项流程。

（3）对于回收的每一份问卷都必须从头至尾彻底地审核，从而发现问卷中是否存在以下问题。

① 问卷明显不完整。如问卷的某个部分完全没有填写或问卷明显缺页。

② 没有按规范进行访问或回答。如访问员没有按访问要求进行访问或要求调查对象作答，表明他没有理解问题的含义或没有阅读填写说明。

③ 问卷的回答几乎没有什么变化。如发现一个访问员上交的10份问卷的答案明显趋同，或在某个问题中全部选择某个答案。

④ 问卷被访者不符合调查对象条件。如调查对象应该是这个家庭的主妇，但由于她不在，而该家庭的其他人员代替她填写问卷或访问员访问该家庭的其他人员。

⑤ 问卷没有按规定时间上交。

在对回收问卷进行初步审核后。对于不合格问卷，有两种处理方式：当基本合格的问卷足够保证样本容量时，则将这些不合格问卷废弃掉；当基本合格的问卷不能保证样本容量时，则要求访问员补访或重新访问。

（三）校订调查资料

为了加强问卷的准确性，对于初步审核基本合格的问卷，还要进行进一步的检查和校订，所要求的精度比初步审核要高得多，从而验证各种资料是否真实可靠。

在此过程中，出现的问题及处理方法如下。

（1）问卷的某些问题答案出现字迹模糊的情况。特别是开放式问题，因为访问员或调查对象记录得不好，答案不容易识别。发现这种情况，必须对调查对象进行追访，将记录不清楚的地方填写清楚。

（2）问题漏答的情况。出现漏答情况可能是出于以下原因：如被访者确实不知道该如何回答；被访者不理解所问的问题而难以给出明确的回答；被访者不想回答此问题等。对于漏答情况，无法进行补充访问时，普通的问题且数目不大的情况，通常作为缺失值处理；如果涉及调查对象关键特征时，通常只能作为废卷处理。

（3）问题答案不一致的情况。问卷中出现调查对象的回答前后不一致，前后答案必有一处是错误的或虚假的。如某个调查对象在一开始说他家里没有电器，但在后面的问题里又提到他家电器的牌子和型号。还有一种出现答案前后不一致的情况就是少数访问员不认真负责而捏造假问卷或填写假答案。在样本容量足够的情况下，通常将这种问卷废弃。

（4）问卷中某些问题的答案出现不容易理解的模棱两可的情况。如在开放式问题中，访问员或调查对象用了缩写的字或意思不清楚的词语；调查对象在封闭式问题的单选题中选了两项，这种情况通常必须通过追访进行补救。

（5）出现跳答错误的情况。如"这是您第一次来这个百货商店购物吗？"是，则继续访问；不是，则终止访问。这类问题的设计通常是用来筛选调查对象的，如果对不是第一次来这个百货商店购物的调查对象（称为不合格的调查对象）仍然进行了下面一系列问题的访问，这种问卷在一般情况下必须作废，重新补充样本；如果对是第一次来这个百货商店购物的调查对象又终止了下面一系列问题的访问，则要求访问员进行追问补充。

（四）对调查资料进行分组

分组，是指根据市场调查的目的和要求，按照一定的标志，将所研究的事物或现象区分为不同的类型或组的一种整理资料的方法。因此，对市场调查资料分组的关键在于正确地选择分组标志。

1. 分组标志的选择

分组标志就是进行分组的标准或依据。分组标准选择得是否正确，是资料分组能否发挥其作用的基本前提。分组标志一旦确定，在整理中就会突出单位在该标志下的差异，而掩盖了单位在其他方面的不同。所以，同一调查总体由于选择的分组标志不同，由此得出的认识结论也会有所不同，甚至是相反的结论。为此，在进行分组时应遵循以下原则选择分组标志。

1）依照调查研究的目的选择分组标志

对同一研究对象的总体，由于研究目的不同，需要采用不同的分组标志。例如，研究某地区的消费品零售市场时：

（1）当研究的目的是分析某种商品的市场供应结构，分组时应采用消费品的生产厂商或品牌作为分组标志；

（2）当研究目的在于分析该种商品的消费结构，分组标志应选择居民的户型或收入水平等。

总之，根据不同的研究目的，选择合适的分组标志，才能使分组资料更好地满足进行研究的需要。

2）选择分组标志应当反映现象本质特征

反映事物的差异的标志很多，分组时应当抓住反映其最具本质区别的关键性标志作为分组标志。

例如，在研究投资的规模效益时，对简单劳动密集型企业的规模分组标志应当选用职工人数；对资金密集型企业的规模分组标志应当选用固定资产原值等。

3）结合历史条件和经济状况，选择分组标志

事物都处于不断的发展和变化之中，在不同阶段研究对象所表现出的性质和特征都会有所不同。因此，在进行分组时，必须用动态的观点选择分组标志。这一点在研究历史资料，进行时间序列分析和预测中需要特别注意。

2. 调查资料分组的方法

常用的资料分组方法有品质标志分组法、数量标志分组法。

1）品质标志分组

当资料的度量尺度是定类尺度或定序尺度，这些资料反映的是调查对象的性质或品质，在对各单位分组时可采用按品质标志分组，又分为以下两种情况。

（1）按类别分组。

例如，按照企业进行产品宣传的媒体类别标志分组，可划分为：招贴、报纸杂志、广播、电视、互联网等；又如，居民按文化程度标志分组，可划分为：大学、大学以上、高中、初中、小学、文盲和半文盲等。

（2）按品质分组。

按品质分组是指按事物的质量属性分组。例如，人口按照性别标志分为男、女两组；企业按照组织形式标志分为个人业主企业、合伙制企业、股份制企业、合资企业等。

2）数量标志分组

当资料的度量尺度是定距尺度或定比尺度，则这些资料反映的是调查对象的数量特征。

例如，居民的生活水平分组，按照居民家庭的恩格尔系数标志分为：

在60%以上的居民家庭归为贫困家庭；

在50%～60%的家庭归为温饱家庭；

在40%～50%的家庭归为小康家庭；

在40%以下的家庭归为富裕家庭。

（1）单项式分组。

用一个变量值作为一组，形成单项式变量数列，称为单项式分组，一般适用于离散型变量且变量变动不大的场合。即离散型变量的表现值只有有限的几个。例如，对城市家庭按照儿童数量分组，可分成0、1、2、3等组。

（2）组距式分组。

将变量值按照数值大小依次划分为几个区间，每一个区间内的所有变量值归为一个组，称为组距式分组。

离散型变量如果变量变动幅度较小，可用单项式分组；如果离散型变量变动幅度较大，则采用组距式分组，可以上下限不重叠。

连续型变量由于不能一一列举，只能进行组距式分组且上下限重叠。

组距式分组涉及以下几个术语。

① 组限。上限和下限统称为组限。

② 组距。各组区间的距离称为组距。

例如，上述温饱家庭组的恩格尔系数50%和60%分别是该组的下限和上限，组距为10%。

a）组数和组距如何确定。当全距确定时，组距大则组数少，组距小则组数多。如果分组过多，组距必小，则不易观察数列分布的规律性。如果分组过少，组距必大，会使组中值缺乏代表性。各组组中值应对本组有良好的代表性。组距的确定一般可以请专家或以经验法确定。组数可以参照斯德吉斯公式来计算：$k=1+3.322\lg n$，其中k为组数，n为数据个数。

b）组距应否相等。为了便于分析研究，原则上次数分布中各组的组距应相等，即尽量编制等距数列。

c）组距的位置如何确定。为便于分析研究，一般采用整齐而惯用的数字为组限。特别是习惯于采用5或10的倍数表示组限。

d）组限如何表示。组限的表示应以变量值本身的性质而定。如果是间断数列且数值变动范围小，则可以将每个变量值归为一组，即是单项式分组，见表5-1。如果是间断数列且数值变动范围较大，则可将变量值划分为几个区间，每个区间为一组，即是组距式分组，表5-2。

表5-1 某企业工人日产量完成情况

按日产量分组/件	工人人数/人	比重/%
25	10	6
26	20	10
27	30	17
28	50	28
29	40	22
30	30	17
合计	180	100

表 5-2 某调查对象的年龄构成

按年龄分组/岁	人数/人	比重/%
20 以下	18	9
20~30	32	17
30~40	54	28
40~50	45	23
50~60	30	15
60 以上	15	8
合计	194	100

3. 对数据进行分组时应注意的问题

（1）分组要符合研究的问题和目的。

（2）分组标准要一致。违反这一条规则就会出现"划分标准不同一"的逻辑错误。如将"学生"分为"优秀学生""初中生""高中生""大学生"就不是根据同一个标准分组的。其中，"优秀学生"是根据"学习成绩和表现"这个标准划分出来的，而"初中生""高中生""大学生"等三个是按"学习阶段"划分出来的。

（3）分组项目应尽可能穷尽列举答案项，并且相互排斥。

例如，性别不可能既是男，又是女。

又如，在商业企业销售收入分组中：

80 万~90 万元　　90 万~100 万元　　100 万~110 万元　　110 万~120 万元

90 万元归于 90 万~100 万元这一组，100 万元归于 100 万~110 万元这一组。对于恰好重叠在组限上的变量值一般归入其下限所在的组，遵循"算头不算尾"或"上限不在内"的原则。

（五）编码

编码是对一个调查项目的不同备选答案进行统计分组和统一设计代码的过程。编码一般应用于大规模的问卷调查中。根据编码进行的先后顺序，编码可以分为事先编码和事后编码两种。编码后一般要将编码整理成一本编码簿，以便进行对照查阅。

1. 事先编码

在问卷设计的同时就设计好的编码称为事先编码。大多数问卷中的问题是封闭式的，而封闭式的问题都是事先编码。如：您的职业是什么？

A. 工人　　　　1
B. 农民　　　　2
C. 教师　　　　3
D. 干部　　　　4
E. 其他　　　　5

封闭式问题中的编码难题是对多选题如何编码。它的方法是将每一备选答案指定为一个次级变量，用"1"表示调查者选择了该答案，用"0"表示未选择。

2. 事后编码

该编码是在调查工作完成以后再设计的编码。开放式问题只能在资料搜集好后，再根据被调查者的回答内容来确定类别并指定编码。这项工作的步骤如下。

（1）列出所有答案。

（2）将有意义的答案列成次数分布表。

（3）确定可以接受的统计分组数。主要是从调查目的出发，考虑分组的标准是否能紧密结合调查目的。

（4）根据拟定的分组数，对第（2）步整理出来的答案次数分布表中的答案进行挑选归并。在符合调查目的的前提下，保留次数多的答案，然后把次数较少的答案尽可能归并成含义相近的几组。对那些含义相去甚远，或者虽然含义相近但合起来次数仍不够多的，最后一并以"其他"来概括，作为一组。

（5）为所确定的分组选择正式的描绘词汇。

（6）根据分组结果制定编码规则。

（7）对全部回收问卷中的开放式问题答案进行编码。

例如，对开放式问题"您为什么选择这个品牌的冰箱？"答案的合并分类和编码过程如下。

首先，研究者翻阅所有被调查者的答复，并将所有答案列出。

问题：您为什么选择这个品牌的冰箱？

列出如下答案（设只有14个样本）：

A. 节能环保　　B. 外观美观　　C. 价格公道　　D. 噪声低　　E. 冰箱效果好

F. 经久耐用　　G. 高科技　　H. 容积大　　I. 是名牌　　J. 朋友都买这个牌子

K. 经常在广告中见到　　L. 我没想过　　M. 我不知道　　N. 没有什么特别的原因

然后，将上述答案归并成六类，并制定号码（数字编码）：

1——节能环保　　　　A, E, G　　　　　2——外形美观　　　　B, H

3——价格公道　　　　C, F　　　　　　4——噪声低　　　　　D

5——名牌　　　　　　I, J, K　　　　　6——不知道　　　　　L, M, N

（六）录入调查资料

调查资料的录入是指将调查资料录入计算机的存储设备（软盘、硬盘或闪存）中的工作过程。调查资料的录入可以利用各种软件进行，如专业的统计软件 SAS 及 SPSS、数据库软件 Excel 等。

在调查资料的录入过程中，最关键的问题是如何处理录入人员由于各种失误造成的录入差错。要求在录入结束后，录入人员将数据库中的记录与调查问卷资料进行核对，或采用双机录入方式，即由两名录入人员将同一份问卷在两台计算机中同时进行录入，再进行比较，根据不一致的数据检查错误并加以改正。

对于录入错误，还可以通过录入软件所具备的数据清理功能进行查错、纠错，如 SPSS 软件可以很简单方便地找到超出范围、有极端值或逻辑上不一致的数据并进行必要的修改。

任务二　分析市场调查资料

知识目标

1. 了解市场调查资料分析的意义。
2. 了解几种市场调查资料分析的方法。

岗位能力目标

1. 能结合具体调查进行资料的简单分析。
2. 掌握用统计表、统计图展示调查资料的技术。

任务分析

数据分析是在调查资料审核和整理的基础上进行的,是指对调查资料进行适当的处理,使其显示一定的含义,进而反映不同数据之间的联系,并通过分析得出某些结论。数据分析所采用的主要是一些统计技术,包括制表分析、制图分析、集中与离散趋势分析、相对程度分析和指数分析等内容。

知识精讲

调查数据经过分组后,就需要将调查总体中的所有单位按组归类整理,然后通过相应的统计技术对数据进行分析。

一、分配数列的含义及分析

(一) 分配数列的含义

它是在对特定时间上的资料进行分组的基础上,对调查总体中的各单位进行归组,形成总体中各个单位数在各组间的分布,叫作次数分布。分配数列由两部分构成,一是总体按某一标志所分的组,二是单位在各组中出现的次数(频数)。

(二) 分配数列的分析

通过分配数列,可以分析研究总体的内部结构,总体各部分的比例关系以及变量的分布类型等。

1. 分析总体的内部结构

需要借助于各组的频数和频率进行分析。频率的计算公式如下:

$$频率 = \frac{频数}{总体单位数} = \frac{频数}{\sum 频数}$$

为了分析的需要,可计算累计频数和累计频率。累计频数(或累计频率),又分为以下累计(顺累计)和以上累计(倒累计)两种不同的累计。

1) 以下累计

当从变量值低的组向变量值高的组的方向累计,此时每一组的累计频数或累计频率表示该组上限以下的频数或频率之和。

2) 以上累计

当从变量值高的组向变量值低的组的方向累计,此时每一组的累计频数或累计频率表示该组下限以上的频数或频率之和。

【例 5-1】某市 50 户居民消费品支出情况分布如表 5-3 所示,其频数和频率以上累计和以下累计如表 5–4 所示。

表 5–3　某市 50 户居民消费品支出情况分布

按户消费品支出分组/元	频数/户	频率/%
1 600～1 800	4	8
1 800～2 000	1	2
2 000～2 200	8	16
2 200～2 400	12	24
2 400～2 600	11	22
2 600～2 800	8	16
2 800～3 000	3	6
3 000 以上	3	6
合计	50	100

表 5–4　某市 50 户居民消费品支出情况累计频数和累计频率

按户消费品支出分组/元	累计频数/户		累计频率/%	
	以下累计	以上累计	以下累计	以上累计
1 600～1 800	4	50	8	100
1 800～2 000	5	45	10	90
2 000～2 200	13	44	26	88
2 200～2 400	25	37	50	74
2 400～2 600	36	25	72	50
2 600～2 800	44	14	88	28
2 800～3 000	47	6	94	12
3 000 以上	50	3	100	6

表 5–3 的数据表明，每户月消费品支出在 2 000 元以下的仅有 5 户，占总户数的 10%；每户月消费品支出在 2 800 元以上的有 6 户，占总户数的 12%；每户月消费品支出在 2 600 元以下的有 36 户，占总户数的 72%；每户月消费品支出在 2 600 元以上的有 14 户，占总户数的 28%。

2. 分析总体各部分的比例关系

对研究总体的各组成部分的比例关系进行分析，是通过计算各组间比例指标进行的。两组间比例的计算公式如下：

$$\text{甲组与乙组的比例} = \frac{\text{甲组的频数}}{\text{乙组的频数}} = \frac{\text{甲组的频率}}{\text{乙组的频率}}$$

表 5–3 中的数据表明，月消费品支出 1 600～1 800 元组的户数是月消费品支出 1 800～2 000 元组的户数的 4 倍；月消费品支出 2 800～3 000 元组的户数是月消费品支出 2 400～2 600 元组的户数的 1/4；等等。

本例中：

① 若月消费品支出 1 600～1 800 元组的 4 户居民的当月购买力为 10 000 元；

② 月消费品支出 2 200～2 400 元组的 12 户居民的购买力为 26 000 元，50 户居民当月的

总购买力为 130 000 元；

则月消费品支出 1 600～1 800 元组的 4 户居民的购买力占全部调查的 50 户居民总购买力的 7.7%，月消费品支出 2 200～2 400 元组的 12 户居民的购买力占全部调查的 50 户居民总购买力的 20%，月消费品支出 1 600～1 800 元组的 4 户居民的购买力仅为月消费品支出 2 200～2 400 元组的 12 户居民的购买力的 38.5%。

3. 分析变量的分布类型

变量的分布大致有钟型、U 型和 J 型三类。

1）钟型分布特征

"中间大，两头小"，越靠近中间的变量值分布的频数越多，越靠近两边的变量值分布的频数越少，其形状犹如一口古钟。

2）U 型分布特征

越靠近中间的变量值分布的频数越少，越靠近两边的变量值分布的频数越多，呈"中间小，两头大"的形状。

3）J 型分布特征

J 型分布是指随着变量值的增加，它所分布的频数渐次增加或渐次减少的分布。

对变量分布类型分析还可转化为直方图、折线图。

在例 5-1 中，通过编制的分配数列，以各组变量作为横坐标，以各组对应的频数或频率作为纵坐标，在直角坐标上表示出各组变量值与对应的频数或频率的直方图，如图 5-1 所示。把直方图上的各个矩形的上边线中点相连，形成表示变量值变化与频数或频率变化的对应关系的折线图，如图 5-2 所示。

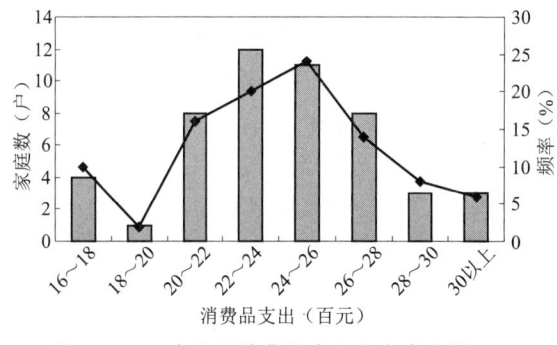

图 5-1　50 户居民消费品支出分布直方图

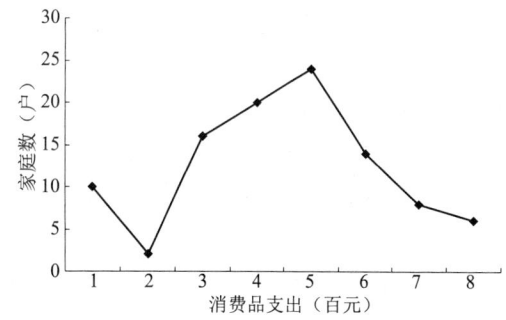

图 5-2　50 户居民消费品支出分布折线图

从图 5-2 可知，居民家庭消费品支出额基本呈现出钟型分布。收入在第 4 组，即 2 200～2 400 元组的居民家庭最多，表明居民家庭消费品支出有明显的向第 4 和第 5 组集中的趋势。离这一个组越远的组的居民家庭越少。但是，居民家庭支出额最少的两个组的分布情况与理论或经验分布类型不完全相同，有些异常，需要进一步分析其中的原因。

（三）制表分析

用表格的形式来表达数据，有时比用文字表达更简明，便于显示数字之间的联系，有利于比较和分析，所以，有效地使用统计表，往往能达到事半功倍的效果。为了实现这一目的，应了解统计表的相关知识。

1. 统计表的结构

统计表从形式上看，是由纵横线交叉的一种表格构成，即统计表是由总标题、横行标题、纵栏标题和数字资料构成（见表5-5）。一般要说明的总体、总体的组成部分的名称等，列在表的左侧，即构成表的横行标题，说明主词的各种指标，一般列在表的上方，即构成表的纵栏标题。如果统计表过于狭长或宽短，可以将其变换位置。

表 5-5 某年某地区社会劳动者人数

产业类型	绝对数（万人）	比重（%）
第一产业	227	52
第二产业	100	23
第三产业	108	25
合计	435	100

2. 制作统计表应注意的问题

按照统计表的结构构成，在制作统计表时应注意以下几个问题。

（1）每张表都要有编号和标题，标题内容应简明扼要，概括反映表的基本内容。

（2）表的横行和纵栏如果列出所有项目，合计应列在后面，如果只列出一些重要项目，应先列合计。

（3）数据资料应填列整齐，对齐位数，省略或缺乏某些资料时，应用省略符号"…"表示，不应有数字的栏要用符号"—"表示。

（4）注意表的计量单位，如果整个统计表采用一种计量单位，可将其写在表的右上方，如果需要分别注明单位，横行的计量单位可单设一栏，纵栏的计量单位与栏标写在一起，并用"（ ）"括上。此外，统计表的格式一般是"开口"的，即左右两端不画纵线，而且最好设计成外形美观的矩形，如果有需要说明的问题，可在表的下方标注。

（四）制图分析

通过市场调查获得的各种资料，经过整理，就变成了企业的重要信息，这些重要的信息通过一定形式，传递给各个相关部门。调查资料的表现形式，直接决定了资料的使用效果。与数据信息的其他表达方式相比，统计图具有具体、直观、形象、生动等特点，使复杂的数据信息简单化、通俗化、形象化，使人一目了然，具有较强的说服力和吸引力。常用的统计图有柱形图、饼图、折线图、散点图等，下面我们分别介绍。

1. 柱形图

柱形图是在坐标平面上利用一定的柱状图形，表达一定数据资料信息的一种统计图。

柱形图制作简单，反映问题灵活。柱形图可以是垂直的，也可以是水平的；其高度代表的数值既可以是绝对数，也可以是相对数；既可以按数值大小排列，也可以按问题的顺序排列；既可以表达一个变量的有关信息，也可以表达多个变量的有关信息。

例如，某公司调查消费者香烟购买地点的选择情况，有关资料见表5-6。

表 5-6 消费者香烟购买地点的选择情况汇总表

购买地点	食杂店	仓卖	超市	百货商店	上门推销	其他	合计
所占人数的比例（%）	32	26	20	14	1	7	100

根据表 5-6 的资料，绘制如图 5-3 所示的柱形图。

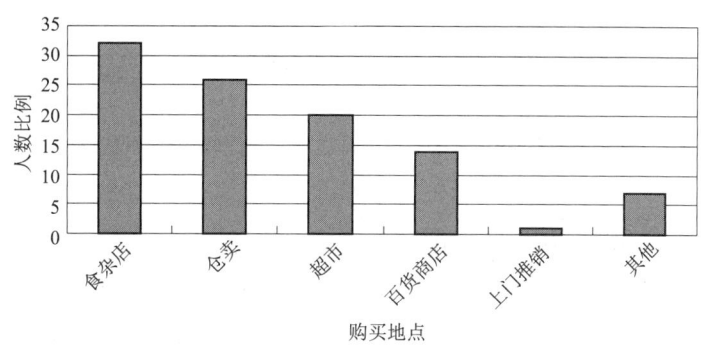

图 5-3 消费者香烟购买地点的选择情况柱形图

2. 饼图

饼图是以一个圆代表一个研究对象的全部，记为 100%，每一部分的面积表示某个变量对应取值的百分数，以此来表示各个变量数值的对比。饼图绘制简单，形象直观，对比明显，但与直方图相比，饼图只能用来反映一个因素，而且反映的是该因素各个项目所占的百分比。利用表 5-6 的资料，绘制成饼图，如图 5-4 所示。

3. 折线图

在坐标平面上，折线图用于显示现象随时间变化所展现出的趋势。例如，某企业 2005—2010 年的商品销售额资料见表 5-7。

表 5-7 某企业 2005—2010 年的商品销售额资料　　　　　　　　　　单位：万元

年份	2005	2006	2007	2008	2009	2010
销售额	30.1	32.4	35.6	37.5	39.7	41.9

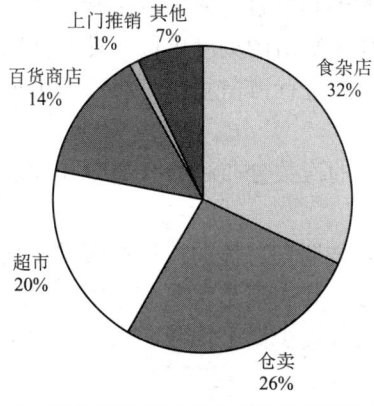

图 5-4 消费者香烟购买地点的选择情况饼图

根据表 5-7 的资料，绘制成折线图，如图 5-5 所示。

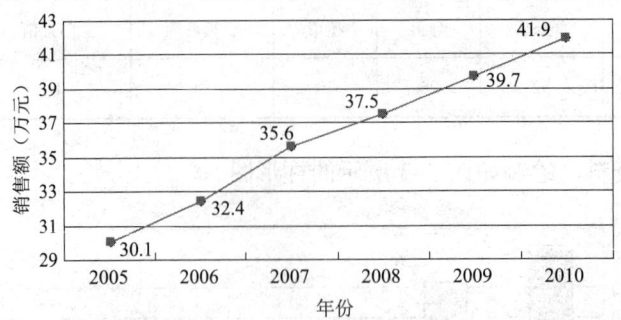

图 5-5　某企业 2005—2010 年的商品销售额资料折线图

4. 散点图

散点图与折线图反映的内容大体相同，既可以反映某现象随时间变化而变化的规律，也可以反映某现象随着另一个现象变化而变化的规律，不同之处就是散点图是以点而不是以线来反映现象的发展变化趋势，常用来反映离散变量的趋势变化或进行相关分析。例如，利用表 5-7 的资料绘制散点图，如图 5-6 所示。

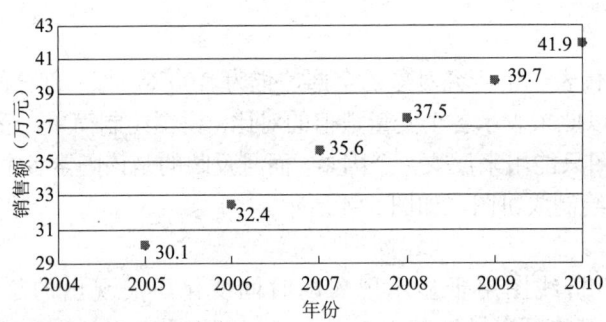

图 5-6　某企业 2005—2010 年的商品销售额资料散点图

由于统计图具有直观、形象、对比鲜明、简练等优点，在进行信息资料整理和分析时，应尽量多使用统计图。

为了更好地体现统计图的优点，在制作统计图时应注意：每一张统计图都要有编号和标题，标题要简明扼要，突出图的中心内容；图中尽量减少线的使用，只突出主要网格线而不显示次要网格线，也可以适当加大数值的刻度单位，使统计图清晰而不乱；作图时最好既使用颜色，又使用文字说明，以便在进行黑白复印时能清晰可见。

（五）集中与离散趋势分析

一般来说，总体中所有单位的次数分布趋势有集中和离散之分。

1. 数据的集中趋势分析

数据的集中趋势分析，是对被调查总体的特征进行准确描述的重要前提。集中趋势是指数据分布集中于一个分布的中心。其表现是次数分布中心附近的变量值的次数较多，而相距次数分布中心较远的变量值的次数较少。平均数、众数和中位数是反映数据集中趋势的常用指标。

1）平均数

算术平均数（mean）是使用最广泛的平均数，也称为均值。它的基本计算公式是：

算术平均数＝标志总量/总体总量

这一公式适合于在已知调查总体或样本的各单位观察值的情况下计算总体的均值。

当调查总体或样本的各单位的具体观察值未知，但是知道变量的分布数列时，可以用下列公式计算均值：

$$\bar{x} = \sum xf \Big/ \sum f$$

组中值 x 是分配数列中处于中间位置的变量值。既有上限又有下限的组，称为闭口组。组中值根据上限值与下限值之和的一半计算。在只有上限或只有下限的所谓开口组中，一般假定开口组的组距与其相邻组的组距相等，因而可用下列公式计算组中值：

某开口组的组中值＝上限值−相邻组组距的 0.5 倍

或＝下限值＋相邻组组距的 0.5 倍

【例 5–2】对某市 50 户居民抽样调查得到的消费品支出资料如下（单位：元）：

```
1 660  1 760  2 460  2 200  2 360  3 160  2 420  2 920  2 340  2 160  2 100
2 200  2 140  2 740  2 400  3 260  2 500  2 720  2 540  2 840  2 360  2 060
2 740  2 300  2 340  2 340  2 460  2 530  2 760  3 020  2 020  1 720  1 620
2 260  2 280  2 380  2 520  2 700  1 860  2 840  2 160  2 020  2 100  2 500
2 320  2 640  2 760  2 620  2 540  2 500
```

对以上调查资料采用等距分组，分 8 组，组距为 200 元，编制组距数列、频数、频率如表 5–8 所示。

表 5–8 某市 50 户居民消费品支出情况分布

按户消费品支出分组/元	频数/户	频率/%
1 600～1 800	4	8
1 800～2 000	1	2
2 000～2 200	8	16
2 200～2 400	12	24
2 400～2 600	11	22
2 600～2 800	8	16
2 800～3 000	3	6
3 000 以上	3	6
合计	50	100

利用表 5–8 中的分配数列资料，计算 50 户被调查居民家庭的平均消费品支出额。

解：首先计算由低组到高组的组中值，分别是（单位：元）：1 700、1 900、2 100、2 300、2 500、2 700、2 900、3 100。其中，最大组为开口组，计算组中值为：

$$组中值 = 3\,000 + \frac{1}{2} \times (3\,000 - 2\,800) = 3\,100 \text{（元）}$$

然后计算 50 户居民家庭的消费品支出额的均值：

$$\bar{x} = \frac{1700\times4+1900\times1+2100\times8+2300\times12+2500\times11+2700\times8+2900\times3+3100\times3}{50}$$

$$= 2404(元)$$

或　$\bar{x} = 1700\times8\% + 1900\times2\% + 2100\times16\% + 2300\times24\% + 2500\times22\% +$
$\qquad 2700\times16\% + 2900\times6\% + 3100\times6\%$
$\qquad = 2404(元)$

2）众数

众数（mode）是指总体资料中出现频数最多的资料表现。在市场调查中，众数代表了最典型的个案或分布的高峰所对应的变量值。用众数表明研究对象的一般水平或一般特征，其直观意义是显而易见的，因此有现实的应用价值。众数的计算或确定，不但适用于定量资料，而且也适用于定性资料，包括定类资料和定序资料。

例如，在零售市场中，销售量最大的品牌、款式或花色即为众数。又如，研究某种商品的销售价格时，销售量最大的那种商品的价位就是众数。

确定众数的方法：

（1）编制单项式变量数列（对定量资料而言）或品质分配数列（对定性资料而言）；

（2）找出频数或频率最大的组，该组的变量值或标志表现即为众数。

使用组距数列计算众数的方法是：首先找出频数或频率最大的组（称为众数组），然后按照下列公式计算：

$$M_O = L + \frac{f - f_{-1}}{(f - f_{-1}) + (f - f_{+1})} \times d$$

公式中，L、d 和 f 分别是众数组的下限值、极差和频数，f_{-1} 和 f_{+1} 分别是与众数组下限相邻的组的频数和与众数组上限相邻的组的频数。

【例 5-3】 试利用表 5-8 中的资料，计算 50 户被调查居民家庭消费品支出额的众数。

解： 从数列中可以得知消费品支出额为 2 200～2 400 元家庭组的频数（率）最大，为众数组。因此，以消费品支出额为 2 200～2 400 元家庭组的相应数据计算众数如下：

$$M_O = 2200 + \frac{12-11}{(12-11)+(12-8)} \times 200 = 2240(元)$$

需要注意的是，一组数据中可能会有不止一个众数。

3）中位数

中位数（median）是指在资料中处于中等水平的数值或资料表现。中位数的直观意义是在对资料进行大小排列中，中位数处于所有资料的中间位置，比其小者和比其大者的数量各占一半。不管个别的极端值（极大值或极小值）有多大变化，中位数的值都会保持不变或变化很小。由于中位数的计算或确定必须将资料进行排序，不能排序的资料就不能确定中位数。

由于确定中位数，需要将资料进行排序，所以只有定序、定距和定比数据能计算或确定中位数，而定类数据不能确定中位数。

（1）如果使用未分组的原始数据有 n 个，当 n 为奇数量，则 $M_e = x_{\frac{n+1}{2}}$（n 为奇数），当 n

为偶数时，则 $M_e = \frac{1}{2}(x_{\frac{n}{2}} + x_{\frac{n}{2}+1})$（$n$ 为偶数）。

（2）如果使用分组资料，则首先计算累计频数，确定中位数组（即 $\frac{\sum f}{2}$ 位次上的变量取值或品质表现所在的组），对单项式变量数列或定序数列的中位数则为中位数组的取值或品质表现；对组距数列，则按照如下公式计算：

$$M_e = L + \frac{\frac{\sum f}{2} - s_{-1}}{f} \times d = U - \frac{\frac{\sum f}{2} - s_{+1}}{f} \times d$$

公式中，L、U、d 和 f 分别是众数组的下限值、上限值、极差和频数，S_{-1} 和 S_{+1} 分别是中位数组下限的以下累计频率与中位数组上限的以上累计频数。

【例 5-4】利用表 5-8 中的资料，计算 50 户被调查居民家庭消费品支出额的中位数。

解： 计算以下累计频率（或以上累计频率，只要其一即可，见表 5-4），并计算中位数的位次为 50/2=25。显然，可以断定中位数应在消费品支出为 2 400～2 600 元的组内，即 2 400～2 600 组为中位数组，中位数计算如下：

$$M_e = 2\ 400 + \frac{25 - 24}{12} \times 200 = 2\ 416.67（元）$$

算术平均数、中位数和众数都是用来反映总体变量值的一般水平的。但对同一数据采用不同的计算方法，得出的数值不同。那么，在实际应用中，如何选择集中趋势度量指标呢？一般遵循以下原则：当变量为分类型时，选择众数；当变量为顺序型时，选择中位数；当变量是数值型时，可以选择平均值，因平均值考虑了所有的信息资料，但是平均值对于极端值很敏感，比如极小的值或极大的值，在这种情况下可同时选择平均值和中位数进行比较。

2. 数据的离散程度分析

在市场调查、预测过程中，除了需要对集中趋势进行概括，以反映事物的一般水平外，也要对离中趋势进行概括，以反映各单位标志值之间的差异程度，从而更全面、深刻地认识事物的特征。

离中趋势通常由全距、平均差、标准差或方差、标准差系数等反映。

1）全距

全距是所有标志值中最大值与最小值之差，即：全距＝最大标志值−最小标志值。

由全距的计算方法可知，全距只受最大值和最小值的影响。如果因特殊情况出现特别大或特别小的数值时，全距就不能确切反映标志值真实的变异程度，可见它只是一个较粗略的测量离中趋势的指标。在实际应用中，当经济现象的离散程度比较稳定时，可以使用这一指标。

2）平均差

平均差，即平均离差，它是将离差数值的总和除以离差的项数的结果。计算公式为：

$$平均差 = \sum(x - \bar{x})/n$$

式中：$x-\bar{x}$ 代表离差，即每一个标志值（x）与平均指标（$\bar{x}$）之间的差数；n 为离差的项数。由于平均指标处于各标志值的中点，正离差之和与负离差之和正好相等，它们相加的结果为零，因而无法计算离差的平均数。其解决办法是将所有的离差做绝对值处理，这样，平均差的计算公式为：

$$平均差 = \sum |x-\bar{x}|/n$$

平均差数值的意义在于：平均差越大，则表示用众数、中位数、平均数等测算的数值的代表性越小；反之，平均差越小，平均数等的代表性越大。

3）标准差或方差

方差是所研究的全部资料的均值与每一资料的离差的平方的算术平均值。标准差是方差的平方根，其计算公式为：

$$\delta = \sqrt{\frac{\sum(x-\bar{x})^2}{n}}$$

标准差的大小体现的是分布分散（伸展）的扁平程度，标准差越大，分布就越扁平；反之，分布就越集中在中心（均值）的附近。如果数据的分布与某种钟型分布（正态分布）相差不大，那么利用标准差和平均数就可以估计出落在某个范围内的个案所占的比例。

4）标准差系数

标准差系数是标准差与相应的平均指标对比而得出的相对数值。计算公式为：

$$V_\delta = \frac{\delta}{\bar{x}} \times 100\%$$

式中：V_δ 为标准差系数；δ 为标准差；$\bar{x}$ 为平均数。

与平均差一样，标准差也是反映标志变异程度的绝对指标，它受标志值的差异程度和平均指标两个因素影响。标志值平均水平不同，或不同现象，即计量单位不同的总体的标准差，是不能直接比较的。标准差系数克服了这些缺陷，能直接用于比较。

二、相对程度分析

数据的相对程度分析就是利用相对指标说明现象的水平、速度和变化情况。相对指标就是把两个有联系的指标，用分式的形式加以比较。用来比较的指标作为分式的子项，被比较的指标作为分式的母项，计算出的比值，一般都用百分数或系数、倍数表示，个别种类的相对指标的比值用名数（数+单位名称）表示。

根据数据的特点，按照不同目的对比统计指标，就产生不同种类的相对指标。

（一）计划完成相对指标

在我国，整个国民经济和各地区、各部门以至各企业，都要制订各种计划，以保证经济和文化建设有计划地进行。为了检查计划的执行情况，反映计划执行的结果，需要以计划为标准，确定计划的完成程度。

计划完成相对指标，就是以计划作为基准，将实际完成数与计划规定数相比较，来确定计划的完成程度，通常用百分数表示。计算公式为：

$$计划完成相对指标 = （实际完成数/计划规定数）\times 100\%$$

计划完成相对指标，必须保持分式上下项的一致性。

（二）结构相对指标

一个总体通常由若干部分组成。为了观察与分析总体内部的构成及其变化，要在总体分组的基础上，计算结构相对指标。

结构相对指标是总体内某组总量与总体全部总量之比，即部分与全体之比，通常用百分数表示，也可以用系数表示。计算公式为：

$$结构相对指标＝（总体内某组总量/总体全部总量）×100\%$$

结构相对指标可以是某组总体单位数与全部总体单位数之比，也可以是某组标志总量与总体标志总量之比，都表明总体内某类现象所占的比重。但不管是哪一种表现形式，结构相对指标的子项数值，必须同时包括在母项数值之中，如果违背这一原则，就不能说明总体结构及其变化量。也正因为如此，各组结构相对指标之和一定要等于100%（用百分数表示）或1（用系数表示）。

（三）比例相对指标

比例相对指标是反映总体内部各个组成部分之间的数量对比关系的相对指标。计算公式为：

$$比例相对指标＝（总体中某组总量/总体中另一组总量）×100\%$$

比例相对指标能够反映事物内部各部分之间的数量联系程度和比例关系。社会经济生活中的许多重大比例关系，诸如人口的性别比例关系、储蓄与消费的比例关系等，都可以通过计算比例相对指标来反映。

（四）比较相对指标

比较相对指标是不同空间或不同类型的两个同类指标之比，可以是两个总量指标相比，也可以是两个相对指标或两个平均指标相比，一般都以百分数或系数表示。

一种比较相对指标所对比的是同一性质不同空间的两个指标，可以是两个企业、两个地区，也可以是两个国家。通过这种对比，可以说明某种现象在不同空间发展的不平衡性，反映是非曲直先进和落后的差距或两国经济发展上的差距。另一种比较相对指标所对比的是同一性质不同类型的两个指标，它说明用来对比的两个部分之间的比例或对比关系，以分析事物的特殊性。比如，用同一时期的工业总产值和农业总产值对比，说明工农业的比例关系；用总人口中的男性人数与女性人数相比，说明一定条件下某一人口总体性别比例的特征。

（五）强度相对指标

强度相对指标是有密切联系的两种性质不同的总量指标之比。例如，按人口分摊的钢产量（吨/人）＝全国钢产量/全国人口数，就是一个强度相对指标，它表明一国的钢产量相对于人口总数来说发展到什么程度。

强度相对指标具有两个作用：第一，它比总量指标能更确切地反映经济和文化的发展水平，因而广泛地用于空间对比，特别是在两国之间做对比分析；第二，由于强度相对指标表明相互联系的两种总量之间的数量关系，经常用于指标的推算和估算。

（六）动态相对指标

速度指标是动态相对指标，平均发展速度与平均增减速度是对这种动态相对指标的动态平均数，在统计的动态研究中具有十分重要的作用。

几何平均法是计算平均发展速度最常用、最基本的方法。这是因为，现象在一段长时间发展的总速度（定基发展速度），通常是其中各个时期发展速度（环比发展速度）的连乘积，而不是它们的和，因此，计算平均发展速度，不能用算术平均数，而要用几何平均数。

用几何平均法计算平均发展速度的公式为：

$$\bar{x}_g = \sqrt[n]{x_1 \times x_2 \times x_3 \times \cdots \times x_n} = \sqrt[n]{\prod x} \tag{5.1}$$

式中：$\bar{x}_g$ 代表平均发展速度；x_n 代表各期环比发展速度；n 为环比发展速度指标的项数；$\prod$ 为连乘符号。如果以 a 代表现象在各期的发展水平，按环比发展速度的计划方法，则有：

$$x_1 = \frac{a_1}{a_0}, \quad x_2 = \frac{a_2}{a_1}, \quad x_3 = \frac{a_3}{a_2}, \quad \cdots, \quad x_n = \frac{a_n}{a_{n-1}} \tag{5.2}$$

将式（5.2）代入式（5.1），可得到用几何平均法计算平均发展速度的另一个公式为：

$$\bar{x}_g = \sqrt[n]{\frac{a_1}{a_0} \times \frac{a_2}{a_1} \times \frac{a_3}{a_2} \times \cdots \times \frac{a_n}{a_{n-1}}} = \sqrt[n]{\frac{a_n}{a_0}}$$

式（5.1）是对环比发展速度的几何平均，式（5.2）是对定基总发展速度的几何平均，实质完全相同，只是在资料条件不同的情况下选用不同的公式计算，式（5.2）在计算上更简洁一些。

除了以上分析方法外，还有聚类分析、判别分析、因子分析、相关分析、回归分析等定量分析方法以及归纳分析、类比分析、推理分析和对应分析等定性分析法，限于篇幅，此处不再一一赘述。

三、统计指数分析

在我们日常的统计工作中，指数要算是最常见的数字之一。我们常常可以听到与居民生活息息相关的零售物价指数、消费价格指数，与股民命运相关的股票价格指数，等等。追溯指数的起源，可以发现它产生于现实中的有趣问题。

（一）指数的概念

指数发展到今天形成的比较一致的看法是：它有广义与狭义之分。

广义的指数：是把一切相对数皆称为指数，即把相对数与指数等同起来。这种指数不仅包括动态相对数，也包括静态相对数（如比较相对数、计划完成相对数）；不仅包括个体指数，也包括总指数。英国百科全书对指数所下的定义就是这方面的代表，即：指数是用来测定一个变量对于一个特定变量值大小的相对数。这就是我们今天所说的广义的指数的定义。

狭义的指数：是用来说明不能直接相加的复杂社会经济现象总体综合变动程度的相对数。这就是本项目所要讲的特定相对数。

通常所说的指数法就是研究社会经济现象数量关系综合变动程度的方法。

（二）统计指数的作用

统计指数在统计工作和社会经济活动分析中具有下述四个方面的作用：

（1）运用总指数能综合地反映复杂社会经济现象变动的方向和程度；
（2）运用指数体系可以进行因素分析；
（3）运用指数数列能研究社会经济现象的发展变化趋势；
（4）运用指数可以对社会经济现象进行综合评价与测定。

（三）统计指数从不同的角度可以划分为不同的类型

1. 按反映现象的范围不同，可分为个体指数、类指数和总指数

个体指数：是反映个别现象数量变动的相对数，如一种商品价格或销售量的相对变动水平。

类指数：是综合反映某一类现象变动的相对数，如粮食类价格指数、油料类价格指数。

总指数：是综合反映复杂现象总体数量变动的相对数，如多种商品价格或销售量的综合变动水平的相对数。

2. 按反映的内容不同，可分为数量指标指数和质量指标指数

数量指标指数：是反映事物数量变动水平的相对数，如商品销售量指数、产品产量指数。

质量指标指数：是反映事物质量变动水平的相对数，如劳动生产率指数、价格指数、产品成本指数。

3. 按对比场合不同，可分为时间性指数和区域性指数

时间性指数：是反映现象在时间上动态变化的相对数，其对比的基准是现象在基期的水平。它有定基指数和环比指数之分。定基指数是指在指数数列中所有各期指数均使用同一时期为基期计算而得到的指数；环比指数是指在指数数列中所有各期指数均以上一时期为基期计算而得到的指数。

区域性指数：是反映现象在地区之间比例变化的指数，其对比的基准是同一时期的现象在某地区的水平。

4. 按在指数体系中的位置与作用不同，可分为总变动指数和影响因素指数

例如，在"销售额指数＝价格指数×销售量指数"体系中，销售额指数为总变动指数，而价格指数和销售量指数则为影响因素指数。

（四）综合指数

1. 综合指数的定义和特点

综合指数是总指数的一种，它是由两个总量指标对比而形成的指数。这里的总量指标往往包含两个或两个以上的因素指数，将其中一个或一个以上的因素固定下来，仅观察另一个因素的综合变动程度，这样的指数称为综合指数。它具有三个显著的特点。

1）先综合，后对比

既然综合指数是两个总量指标的对比，就必须首先考虑如何计算总量指标的问题。

例如，要观察两个时期商品数量的变化，由于不同商品的使用价值不同，度量单位各异，各种商品数量不能直接相加，但如果把各种商品的数量改变为价值量，即把各种商品的数量分别乘以相应的价格，就可以进行两个时期总价值量的对比计算了。

2）固定同度量因素

同度量因素是指将各种不能直接相加的社会经济现象过渡到可以直接相加的媒介因素，这个媒介因素在计算综合指数时，必须被固定下来，以观察所要研究的现象的综合变动程度，而被观察的指标称为指数化指标。这里，同度量因素起着两方面的作用，即媒介和权数的作用。

例如，物价指数，由于各种商品的价格不同，变化程度、方向各异，并且每种商品在人们经济生活中的地位不同，因此，对这些商品的价格及其变化不能同等看待，必须以销售量为权数，以便突出那些在经济生活中地位较为重要的商品。在这里，价格被称为指数化指标。

又如，销售量指数，由于各种商品的计量单位不同，使用价值各异，直接把销售量汇总在一起没有任何意义，但如果把每种商品的销售量乘以其价格转化为销售额，则各种商品的销售额就可以直接汇总在一起。在这里，销售价格是使各种商品可以汇总在一起的媒介因素，因而起着媒介作用。在这里，销售量被称为指数化指标。

3）保持分子与分母的一致性

在编制综合指数时，分子与分母指标的含义、口径、计量方法和计量单位都应当保持一致，并且由于分子与分母都是总量指标，因此，需要在掌握全面统计资料的基础上进行测算。

2. 综合指数的编制方法

了解了综合指数的定义和特点后，要实际编制综合指数，还必须解决同度量因素固定的时期问题，对于该问题的研究，最具代表性的人物是德国的拉斯贝尔和派许。

1864年，拉斯贝尔提出了同度量因素固定在基期的公式，通常称为拉氏公式：

$$\overline{K_q} = \frac{\sum p_0 q_1}{\sum p_0 q_0} \qquad \overline{K_p} = \frac{\sum p_1 q_0}{\sum p_0 q_0}$$

式中：p 为价格；q 为物量；K_p 为价格指数；K_q 为物量指数；$\sum$ 为求和符号；下标1为报告期；下标0为基期。

1874年，派许提出了同度量因素固定在报告期的公式，通常称为派氏公式：

$$\overline{K_q} = \frac{\sum p_1 q_1}{\sum p_1 q_0} \qquad \overline{K_p} = \frac{\sum p_1 q_1}{\sum p_0 q_1}$$

这两套公式为综合指数的建立奠定了理论基础，成为研究综合指数的经典公式，至今仍被广泛应用，同时，由于这两套公式都涉及数量指标指数和质量指标指数，为了便于对比，下面就从数量指标指数和质量指标指数两个角度分别说明拉氏公式与派氏公式的计算原理。

无论是拉氏公式还是派氏公式的计算结果都是具有一定经济含义的。从理论上来讲二者都是可行的，但在实际运用中就有个比较选择问题。在此，分别就数量指标指数和质量指标指数中拉氏公式与派氏公式的特点进行比较，然后选择其中较好的两个公式作为计算综合指数的常用公式并归纳出指数计算中同度量因素确定的两个基本原则，这两个原则贯穿于指数计算的始终，成为约定俗成的原则。

一般选择派氏质量指标指数来计算质量指标的综合变动。若概括成一般的原则即是：质量指标指数要以报告期的数量指标为同度量因素。虽然派氏质量指标指数也包括同度量因素本身的变动，或者说是包括 p、q 共变的因素，这也可以根据上述派氏数量指标指数类似的分解方法分解出派氏质量指标指数的共变影响部分，但我们可以有更充分的理由认为选择派氏质量指标指数更好，其原因有二：

第一，派氏质量指标指数更具有实际意义；

第二，指数体系的要求。

【例5-5】 某商店1998和1999年各商品销售量和销售额资料如表5-9所示。

表 5-9　某商店 1998 和 1999 年各商品销售量和销售额资料

商品名称	计量单位	销售量		单价/元		销售额/元			
		1998 q_0	1999 q_1	1998 p_0	1999 p_1	1998 p_0q_0	1999 p_1q_1	1998 p_0q_1	1999 p_1q_0
粳米	kg	1 200	1 500	3.6	4.0	4 320	6 000	5 400	4 800
标准粉	kg	1 500	2 000	2.3	2.4	3 450	4 800	4 600	3 600
花生油	kg	500	600	9.8	10.6	4 900	6 360	5 880	5 300
合计	—	—	—	—	—	12 670	17 160	15 880	13 700

销售量总指数为：$\overline{K_q} = \dfrac{\sum p_0 q_1}{\sum p_0 q_0} = \dfrac{15\,880}{12\,670} = 125.34\%$（拉氏公式）

价格总指数为：$\overline{K_p} = \dfrac{\sum p_1 q_1}{\sum p_0 q_1} = \dfrac{17\,160}{15\,880} = 108.06\%$（派氏公式）

结论：与 1998 年相比，三种商品的销售量平均增长了 25.34%，零售价格平均上涨了 8.06%。

股票价格指数，如我国的上证指数、美国标准普尔股价指数、香港恒生股票指数等，都是采用综合指数公式编制。股票价格指数的计算公式为：

$$I_p = \dfrac{\sum p_1 q_0}{\sum p_0 q_0}$$

它是以基期的股票发行量（或流通量）为同度量因素的拉氏综合指数。式中 q_0 代表基期股票发行量。

标准普尔股价指数是由美国最大的证券研究机构标准普尔公司于 1923 年开始编制发表的股票价格指数。当时主要编制两种指数：一种包括 90 种股票，每天计算和发表一次；另一种包括 480 种股票，每周计算和发表一次。1957 年该公司将样本股票数扩大到 500 种，采用高速电子计算机，每小时计算和发表一次。标准普尔股价指数在美国的知名度仅次于道·琼斯指数。30 年来，虽然指数中的样本股票有些更迭，但始终保持 500 种。其中有工业股票 400 种，公用事业股票 40 种，金融业股票 5 种，运输业股票 20 种。该指数是以每种股票的发行量加权计算的，其权数根据发行量经常调整，它所包括的股票市价总值约占纽约证券交易所上市股票的 75%。

3. 加权平均数指数的编制方法

如前所述，加权平均数指数是对个体指数的加权平均，它有两种基本形式，一种是加权算术平均数指数，另一种是加权调和平均数指数。

1）加权算术平均数指数

加权算术平均数指数是按照加权算术平均数方法计算的总指数。根据测算的指标性质不同又可以区分为两种。

因为 $k_q = q_1/q_0$，所以 $q_1 = k_q q_0$，代入 $\overline{K_q} = \dfrac{\sum p_0 q_1}{\sum p_0 q_0}$ 得 $\overline{K_q} = \dfrac{\sum k_q p_0 q_0}{\sum p_0 q_0}$（拉氏物量指数），因此由个体数量指数 $k_q = \dfrac{q_1}{q_0}$ 利用加权算术平均数就可能计算出总体数量指标指数。

$$\bar{x} = \sum xf / \sum f$$

这里，权数 $f=p_0q_0$；$x=k_q=q_1/q_0$。
故称为加权算术平均数指数。

2）加权调和平均数指数

加权调和平均数指数是按照加权调和平均数方法计算的总指数。

因为 $k_p=p_1/p_0$，所以 $p_0=p_1/k_p$，代入 $\overline{K_p}=\dfrac{\sum p_1q_1}{\sum p_0q_1}$ 得 $\overline{K_p}=\dfrac{\sum p_1q_1}{\sum \dfrac{1}{k_p}p_1q_1}$（派氏价格指数），

因此由个体质量指数 $k_p=\dfrac{p_1}{p_0}$ 通过加权调和平均数就可以求得总体质量指标指数。

【例5-6】 甲、乙、丙三种商品在基期与报告期的成本、产量资料如表5-10所示。

表5-10 三种商品成本、产量资料

商品名称	计量单位	总成本/万元		个体成本指数 (p_1/p_0)	个体产量指数 (q_1/q_0)
		基期 (p_0q_0)	报告期 (p_1q_1)		
甲	件	200	220	1.14	1.03
乙	台	50	50	1.05	0.98
丙	箱	120	150	1.20	1.10

单位成本指数为：

$$\overline{K_p}=\dfrac{\sum p_1q_1}{\sum \dfrac{1}{k_p}p_1q_1}=\dfrac{220+50+150}{\dfrac{220}{1.14}+\dfrac{50}{1.05}+\dfrac{150}{1.20}}=\dfrac{420}{365.6}=114.88\%$$

单位产量指数为：

$$\overline{K_q}=\dfrac{\sum k_q p_0q_0}{\sum p_0q_0}=\dfrac{1.03\times200+0.98\times50+1.10\times120}{200+50+120}=\dfrac{387}{370}=104.59\%$$

结论：报告期与基期相比，三种产品的单位成本平均提高了 14.88%，产量平均提高了 4.59%。

（五）指数体系与因素分析法

1. 指数体系的概念及用途

指数体系是指在经济上有联系、在数量上保持一定对等关系的三个或三个以上指数所形成的整体。

指数体系的用途可以归结为两个方面。

（1）因素分析。即利用指数体系可以对复杂社会经济现象的变动进行因素分析，说明各因素指数是如何影响总指数的，这种影响既包括相对数影响，也包括绝对数影响。

（2）相互推算。即根据指数体系中各个指数间的关系，利用已知指数估计推算未知指数。

2. 因素分析法

1) 因素分析法的概念

因素分析法是利用指数体系从数量上分析现象的综合变动受各因素影响的方向、程度和绝对数量的一种方法。

2) 因素分析法的步骤

应用因素分析法对社会经济现象进行因素分析的步骤是：

（1）列出经济关系式；

（2）将经济关系式转换成指数体系；

（3）确定具体的因素分析表达式；

（4）从绝对数与相对数两个方面进行因素分析。

3) 因素分析法的分类

根据影响因素的多少不同，指数的因素分析法可分为指数的两因素分析法和指数的多因素分析法。根据分析指标的表现形式不同，指数的因素分析法可分为总量指标因素分析法、相对指标因素分析法和平均指标因素分析法。

总量指标的因素分析：对于复杂社会经济现象的总体，总量指标是两个或两个以上因素指标乘积的结果。进行总量指标的因素分析，就是利用综合指数公式，从数量指标指数和质量指标指数所组成的指数体系中进行分析，包括总量指标的两因素分析和总量指标的多因素分析。

（1）总量指标的两因素分析。

一个复杂的经济总量指标，如果受两个因素的影响，则对这个总量指标的因素分析称为总量指标的两因素分析。总量指标的两因素分析又可分为综合指数的两因素分析和加权平均数指数体系的两因素分析。

① 综合指数体系的两因素分析：综合指数体系通常是由价值指数、数量指标指数、质量指标指数所构成的指数体系。例如，根据销售额与价格和销售量之间的经济联系，有如下关系式：

销售额指数＝价格指数×销售量指数

（总指数）　（因素指数）（因素指数）

（价值指数）（质量指标指数）（数量指标指数）

【例 5–7】某商场三种商品销售价格总指数计算如表 5–11 所示。

表 5–11　某商场三种商品销售价格总指数计算

商品名称	计量单位	销售量		销售价格/元		销售额/万元			
		基期 q_0	报告期 q_1	基期 p_0	报告期 p_1	p_0q_0	p_1q_1	p_0q_1	p_1q_0
甲	吨	1 000	1 150	100	100	10	11.5	11.5	10.0
乙	件	2 000	2 200	50	55	10	12.1	11.0	11.0
丙	箱	3 000	3 150	20	25	6	7.875	6.3	7.5
合计		—	—	—	—	26	31.475	28.8	28.5

请从相对数和绝对数两方面对销售额的变动进行因素分析。

解：

① 三种商品的总销售额指数 $\overline{K_{pq}} = \dfrac{\sum p_1 q_1}{\sum p_0 q_0} = \dfrac{31.475}{26} = 121.06\%$

$$\sum p_1 q_1 - \sum p_0 q_0 = 31.475 - 26 = 5.475 \text{（万元）}$$

② 三种商品的平均价格指数 $\overline{K_p} = \dfrac{\sum p_1 q_1}{\sum p_0 q_1} = \dfrac{31.475}{28.8} = 109.29\%$

$$\sum p_1 q_1 - \sum p_0 q_1 = 31.475 - 28.8 = 2.675 \text{（万元）}$$

③ 三种商品的平均销售量指数：

$$\overline{K_q} = \dfrac{\sum p_0 q_1}{\sum p_0 q_0} = \dfrac{28.8}{26} = 110.77\%$$

$$\sum p_0 q_1 - \sum p_0 q_0 = 28.8 - 26 = 2.8 \text{（万元）}$$

④ 三者相对数关系：

$$\dfrac{\sum p_1 q_1}{\sum p_0 q_0} = \dfrac{\sum p_1 q_1}{\sum p_0 q_1} \times \dfrac{\sum p_0 q_1}{\sum p_0 q_0}$$

$$121.06\% = 109.29\% \times 110.77\%$$

⑤ 三者绝对数关系：

$$\sum p_1 q_1 - \sum p_0 q_0 = (\sum p_1 q_1 - \sum p_0 q_1) + (\sum p_0 q_1 - \sum p_0 q_0)$$

$$5.475 = 2.675 + 2.8$$

⑥ 说明的问题：

从相对数看，由于价格上涨了 9.29% 和销售量上涨了 10.77%，使得销售额上涨了 21.06%。

从绝对数看，由于价格上涨使得销售额增加 2.675 万元，由于销售量上涨使得销售额增加 2.8 万元，由于两个因素共同作用使得销售额增加 5.475 万元。

② 加权平均数指数体系的两因素分析：加权平均数指数体系是由价值指数、加权算术平均数指数和加权调和平均数指数所构成的指数体系。例如，根据销售额与价格和销售量之间的经济联系，有如下关系式：

销售额指数＝加权平均数价格指数×加权平均数销售量指数
  （总指数）   （因素指数）   （因素指数）
（价值指数）（加权调和平均数指数）（加权算术平均数指数）

等式左边是总指数（价值指数），为了保证指数体系的对等关系，要求等式右边若一个是加权算术平均数指数，则另一个就必须是加权调和平均数指数。

（2）总量指标的多因素分析。一个复杂的经济总量指标，如果受三个或三个以上因素的影响，则对这个总量指标的因素分析称为总量指标的多因素分析。

 项目小结

市场调查资料整理是运用科学方法，对调查所得的各种原始资料进行审查、检验和初步加工综合，使之系统化和条理化，从而以集中、简明的方式，反映调查对象总体情况的工作过程。调查资料整理的步骤包括设计和编制调查资料整理方案、审核调查资料、校订调查资料、对调查资料进行分组、编码、录入调查资料。

数据分析是在调查资料审核和整理的基础上进行的，它是指对调查资料进行适当的处理，使其显示一定的含义，进而反映不同数据之间的联系，并通过分析得出某些结论。数据分析所采用的主要是一些统计技术，包括制表分析、制图分析、集中与离散趋势分析和相对程度分析等内容。

统计表和统计图都具有具体、直观、形象、生动等特点，使复杂的数据信息简单化、通俗化、形象化，使人一目了然，具有较强的说服力和吸引力。统计表从形式上看，是由纵横线交叉的一种表格构成，即统计表是由总标题、横行标题、纵栏标题和数字资料构成。常用的统计图有直方图、饼图、趋势图、散点图等。

数据集中趋势，是指次数分布趋向集中于一个分布的中心。集中趋势的测定包括平均数、众数和中位数。数据的离中趋势，是指偏离次数分布中心的趋势。离中趋势通常由全距、平均差、标准差、标难差系数等反映。

数据的相对程度分析就是利用相对指标说明现象的水平、速度和变化情况。一般都用百分数或系数、倍数表示。相对指标包括计划完成相对指标、结构相对指标、比例相对指标、强度相对指标、比较相对指标、动态相对指标。

能力提升

能力提升一：运用 Excel 进行统计分组。

用 Excel 进行统计分组有两种方法，一是利用 FREQUENCY 函数；二是利用数据分析中的"直方图"工具。我们介绍一下后者的操作方法。

【例 5-8】我们把 50 名工人的月产量资料输入 Excel 工作表中，如图 5-7 所示。

	A	B	C	D	E	F	G	H	I	J
1	146	176	198	227	298	137	173	194	222	267
2	140	175	196	224	282	129	164	188	211	255
3	135	171	191	219	260	126	162	186	209	252
4	122	160	184	204	243	117	159	183	203	237
5	100	153	181	201	220	112	157	181	203	232
6										

图 5-7　工人月产量资料

然后按以下步骤操作。

第一步：单击"数据"菜单，在"分析"功能组中单击"数据分析"，打开"数据分析"对话框，如图 5-8 所示。在"分析工具"列表中选择"直方图"后单击"确定"按钮，打开"直方图"对话框，如图 5-9 所示。

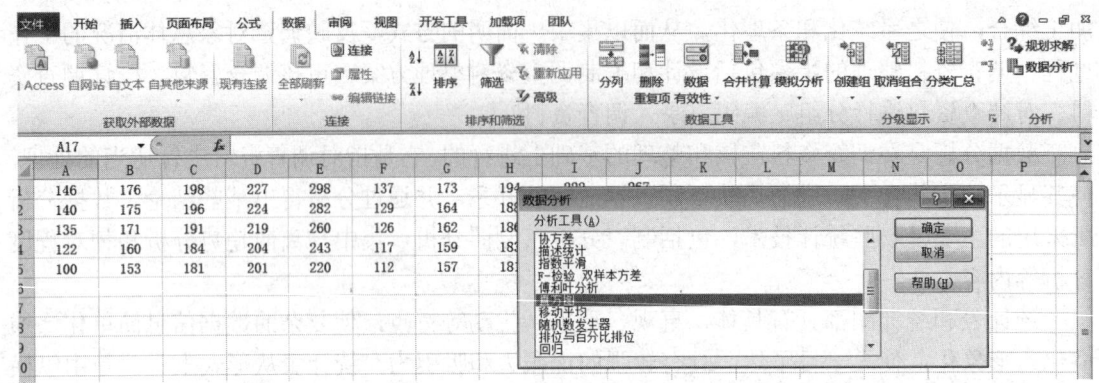

图 5-8 选择"分析工具"中的"直方图"

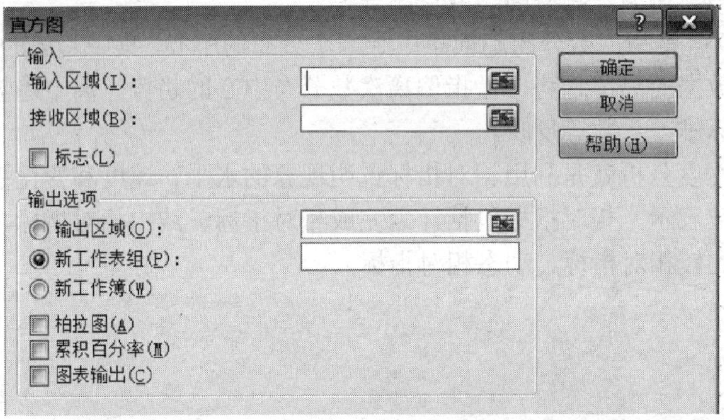

图 5-9 "直方图"对话框

第二步：在输入区域输入$A$1:$J$5，在接收区域输入$A$9:$A$15。接收区域指的是分组标志所在的区域，假定我们把分组标志输入到 A9:A15 单元格，注意这里只能输入每一组的上限值，即 130，160，190，220，250，280，310。

第三步：选择输出选项，可选择"输出区域""新工作表组""新工作簿"。我们在这里选择"输出区域"，可以直接选择一个区域，也可以直接输入一个单元格（代表输出区域的左上角），这里我们推荐只输入一个单元格（本例为 A7），因为我们往往事先并不知道具体的输出区域有多大。

第四步：勾选"图表输出"复选框，可以得到直方图；勾选"累积百分率"复选框，系统将在直方图上添加累积频率折线；勾选"柏拉图"复选框，可得到按降序排列的直方图。这里勾选前两个复选框。

第五步：单击"确定"按钮，可得输出结果如图 5-10 所示。

应当注意，图 5-10 实际上是一个条形图，而不是直方图，若要把它变成直方图，可按如下步骤操作。

（1）右击该直方图，在弹出的快捷菜单中选择"设置数据系列格式"命令，弹出"设置数据系列格式"对话框，如图 5-11 所示。

在对话框中选择"系列选项"选项卡，把"分类间距"改为 0%，"重叠比例"设为 0%，如图 5-12 所示。

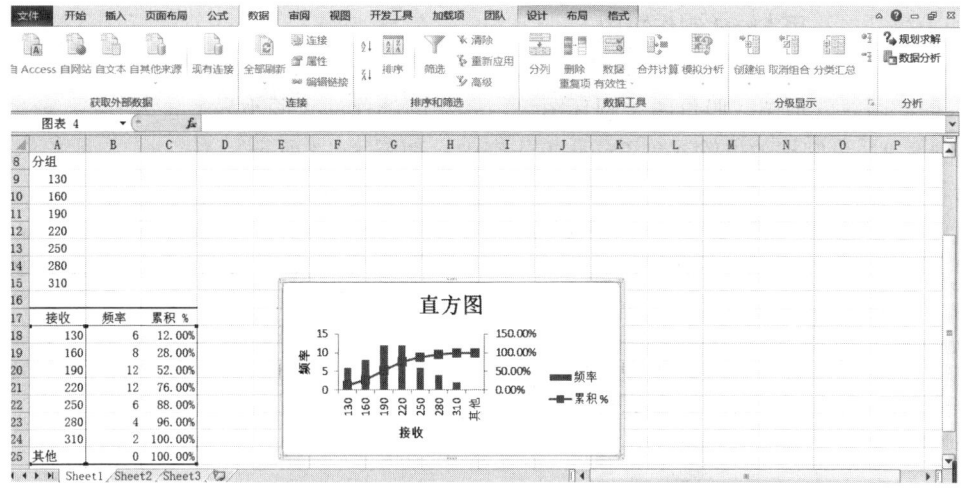

图 5-10 频数分布和直方图

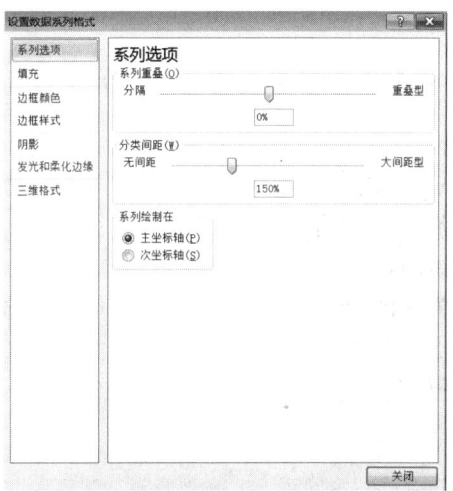

图 5-11 "设置数据系列格式"对话框

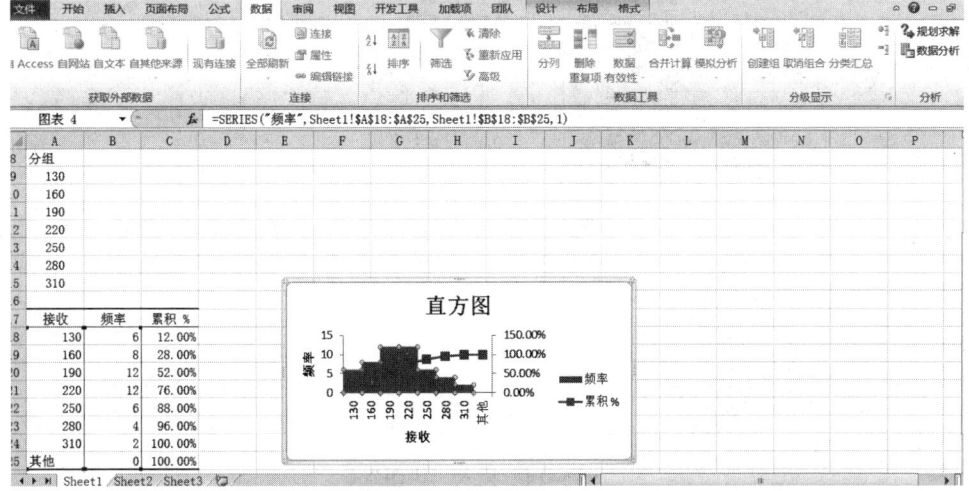

图 5-12 调整后的直方图

能力提升二：用 Excel 制作饼图。

Excel 提供的统计图有多种，包括柱形图、条形图、折线图、饼图、散点图、面积图、雷达图、曲面图、气泡图、股价图、圆环图等，各种图的作法大同小异。

【例 5-9】我们把数据输入到 Excel 工作表中，如图 5-13 所示。

购买地点	食杂店	仓卖	超市	百货商店	上门推销	其他	合计
所占人数的比例（%）	32	26	20	14	1	7	100

图 5-13　消费者香烟购买地点的选择情况

按以下步骤可制作饼图。

选中 B2:G3 单元格区域，单击"插入"菜单，在"图表"功能组单击"饼图"的三角按钮，选择"二维饼图"，如图 5-14 所示。

得到如图 5-15 所示的饼图。

单击"图表工具"菜单下的"布局"子菜单，再单击"数据标签"三角按钮，选择"其他数据标签选项"命令，打开"设置数据标签格式"对话框，在"标签选项"选项卡下，勾选"类别名称""百分比""显示引导线"复选框，即可得到如图 5-16 所示的饼图。

图 5-14　插入"饼图"

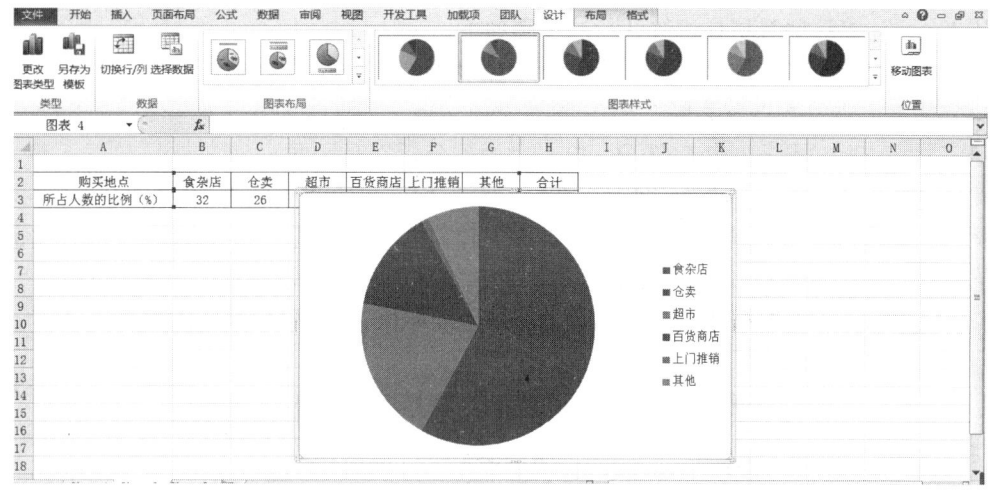

图 5-15 饼图效果

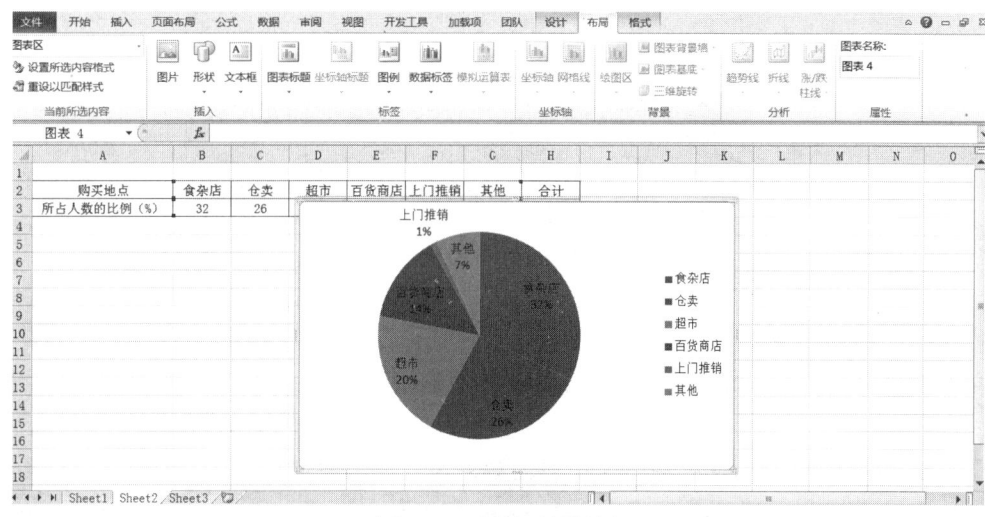

图 5-16 调整后的饼图

能力提升三：利用 Excel 来计算测度数据集中趋势和离散程度的常用统计量。

为说明方便用例 5-10 中的数据，来展示如何利用 Excel 来计算测度数据集中趋势和离散程度的常用统计量。

【**例 5-10**】某生产车间 50 名工人日加工零件数（单位：个）如表 5-12 所示。

表 5-12 某生产车间 50 名工人日加工零件数

117	122	124	129	139	107	117	130	122	125
108	131	125	117	122	133	126	122	118	108
110	118	123	126	133	134	127	123	118	112
112	134	127	123	119	113	120	123	127	135
137	114	120	128	124	115	139	128	124	121

用 Excel 计算这些数据描述统计量的步骤如下。

第一步：将上述 50 个数据输入到 Excel 工作表的 A1:A50 单元格中。

第二步：单击"数据"菜单。

第三步：选择"数据分析"选项，打开"数据分析"对话框。

第四步：在"分析工具"列表中选择"描述统计"，单击"确定"按钮。

第五步：弹出"描述统计"对话框时，在"输入区域"方框内选中 A1:A50 单元格区域，在"输出选项"中选择"新工作簿"，勾选"汇总统计""平均数置信度"（设为 95%）"第 K 大值""第 K 小值"复选框（该选项给出全部描述统计量），如图 5-17 所示。

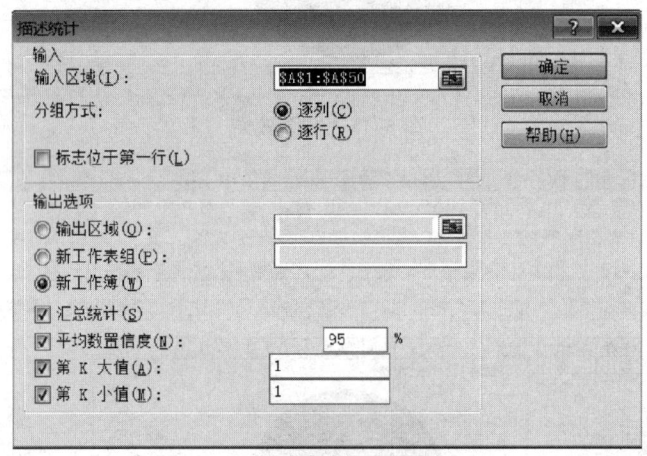

图 5-17　"描述统计"对话框

单击"确定"按钮，输出的描述统计量计算结果如图 5-18 所示。

	A	B
1	列1	
2		
3	平均	122.98
4	标准误差	1.135149006
5	中位数	123
6	众数	122
7	标准差	8.026715596
8	方差	64.42816327
9	峰度	-0.408713596
10	偏度	9.94468E-05
11	区域	32
12	最小值	107
13	最大值	139
14	求和	6149
15	观测数	50
16	最大(1)	139
17	最小(1)	107
18	置信度(95.0%)	2.281167332

图 5-18　用 Excel 计算的 50 名工人日加工零件数的描述统计量

习 题

一、单项选择题

1. 调查资料的（　　），就是运用科学的方法，对调查所得的各种原始资料进行审查、检验和初步加工，使之系统化和条理化，从而以集中、简明的方式反映调查对象总体情况的工作过程。
   A. 搜集　　　　B. 整理　　　　C. 分析　　　　D. 展示
2. 数据资料分组的关键是（　　）。
   A. 分组标志　　B. 组数　　　　C. 组距　　　　D. 组限
3. 按连续变量分组，第一组 45～55，第二组 55～65，第三组 65～75，第四组 75 以上。则（　　）。
   A. 55 在第一组　B. 65 在第二组　C. 65 在第三组　D. 75 在第三组
4. 数据资料应填列整齐，对齐位数，省略或缺乏某些资料时，应用（　　）符号表示。
   A. ―　　　　　B. 空格　　　　C. ／　　　　　D. …
5. 当变量为分类型时，若要测度总体变量值的一般水平的话，选择（　　）。
   A. 平均数　　　B. 中位数　　　C. 众数　　　　D. 标准差
6. 某地区有 100 万人口，共有 80 所医院。平均每所医院要服务 1 250 人，这个指标是（　　）。
   A. 平均指标　　B. 强度相对指标　C. 结构相对指标　D. 比较相对指标

二、多项选择题

1. 在调查资料的审核过程中，审核工作人员应遵循的原则有（　　）。
   A. 及时性原则　B. 完整性原则　C. 一致性原则　D. 正确性原则
2. 在各种平均数中，不受极端值影响的平均数是（　　）。
   A. 算术平均数　B. 中位数　　　C. 几何平均数　D. 众数
3. 当变量是数值型时，可以计算的平均数有（　　）。
   A. 算术平均数　　　　　　　　　B. 中位数
   C. 众数　　　　　　　　　　　　D. 以上都无法计算
4. 离中趋势通常由（　　）等反映。
   A. 全距　　　　B. 平均差　　　C. 标准差　　　D. 标准差系数
5. 比较相对指标是用于（　　）。
   A. 同国家、地区和单位之间的比较
   B. 不同时间状态下的比较
   C. 先进地区水平和后进地区水平的比较
   D. 实际水平与标准水平或平均水平的比较
   E. 不同空间条件下的比较

三、简答题

1. 资料审核的要点有哪些？
2. 调查资料整理的内容和步骤有哪些？

3. 如何进行调查资料的编码?
4. 数据的离中趋势通常由哪些指标反映?
5. 哪些指标可以对数据进行相对程度分析?

实训项目

1. 表 5–13 所示是某年各类单位对不同学历毕业生的需求比例资料,请根据资料绘制一份直方图。

表 5–13　某年各类单位对不同学历毕业生的需求比例资料

需求比例 单位	学　历		
	研究生	本科生	专科生
党政机关	11.5%	58.2%	30.3%
事业单位	15.1%	56.3%	28.6%
国有企业	5.8%	55.2%	39.0%
非国有单位	4.5%	47.2%	48.3%

2. 各组对各自完成的调查项目进行数据的整理与分析,主要完成审核、分组、编码及分析等工作。

实训项目团队以组为单位,每个小组 5 人左右。小组成绩评定见表 5–14。

表 5–14　小组成员成绩评定

小组成员成绩	优秀	良好	中等	及格	不及格
小组成员姓名					
教师评语					

项目六

编制市场调查报告

 项目学习指南

编制市场调查报告作为市场调查工作必不可少的一个环节，在市场调查活动中占有十分重要的地位。为了让学生更好地掌握市场调查的这项基本技能，学会编制市场调查报告，我们根据实际业务活动顺序，按编制市场调查报告的准备、编制市场调查报告、修改与提交市场调查报告这样一个业务活动过程来介绍。

本项目包括两个任务：任务一主要是掌握市场调查报告的基本结构，了解市场调查报告的相关知识，具体了解市场调查报告的含义、特点及类型，以及市场调查报告的基本结构；掌握撰写市场调查报告的工作流程，使学生对撰写市场调查报告工作有个大致的了解，了解撰写市场调查报告的准备工作，理解对市场调查报告沟通、评价、反馈与完善的必要性；了解提交市场调查报告的流程。任务二主要是撰写市场调查报告，了解撰写过程中的注意事项；掌握市场调查报告各个部分的撰写格式与要求，掌握各类撰写技巧，从而获取撰写市场调查报告的职业活动能力。

 情景描述

已经制订好市场调查方案，选定了适当的调查方法，组织调研人员搜集了调查资料并对资料进行了整理分析工作，现在摆在我们面前的可能是一些伴随整个调查过程的调查资料、分析资料、调查结果资料，以及我们依据这些资料所得出的结论和建议，那么我们如何把这些资料简洁、明了地呈报给我们的使用者呢？市场调查报告就是一种最合适的表现形式。接下来，你将进入一个新的业务操作环节：撰写市场调查报告。

任务一 掌握市场调查报告的基本结构

 知识目标

1. 了解市场调查报告的含义。
2. 了解市场调查报告的类型。
3. 了解市场调查报告的特点。
4. 掌握市场调查报告的基本结构。

5. 掌握撰写市场调查报告的工作流程。

岗位能力目标

1. 了解市场调查报告的含义、类型及特点等相关知识。
2. 掌握市场调查报告的基本结构及撰写市场调查报告的工作流程，为市场调查报告的撰写打下坚实的理论基础。

任务分析

市场调查报告是整个调查任务活动的成果体现，实践证明，无论调研设计多么科学，调查问卷多么周密，样本多么具有代表性，数据搜集、质量控制多么严格，数据整理和分析多么恰当，调研过程和调研结果与调研的要求多么一致，如果调研者不能把诸多的调研资料组织成一份清晰的高质量的市场调研报告，就不能与决策者或用户进行有效的信息沟通，决策者或用户就不能有效地采取行动。

相关知识链接 6-1

北京财贸职业学院

第 20 次学术交流会

成果名称：北京金三元微波食品调查研究报告
作者姓名：延静　董力　陈捷
部　　门：信息系
日　　期：2005-10-30

北京金三元微波食品调查研究报告

一、调查背景

北京金三元集团是以多元化经营为主的、集团化模式管理的现代股份制企业，拥有多家全资及控股企业实体。北京金三元阳光餐饮有限责任公司是北京金三元集团公司投资控股的企业，是北京市政府早餐工程项目的五家中标企业之一。北京金三元阳光餐饮有限责任公司以净化北京早餐市场、倡导健康消费新时尚、调整市民饮食结构为己任，通过连锁实现规模经营。以市场为导向，按照工业化、标准化、工序化、集约化、系列化的原则，研制开发大众化的营养均衡的系列产品，为广大的市民提供营养、卫生、快捷、实惠的食品服务。

阳光早餐产品以"方便快捷，享受健康"为宗旨，在传统的中式早餐的基础上，结合西式早餐、各种特色小吃、休闲海产品、绿色健康食品、营养套餐、熟食等系列产品，确定了六大系列、八十余个品种的产品组合。在价格方面坚持面向大众、兼顾中高的原则，在网点建设上坚持商亭、餐车、店面结合的原则，在经营形式上坚持早、中、晚三结合，在店面经营面积上坚持大、中、小相互结合，形成立体式的餐饮经营服务网络。

北京金三元阳光餐饮有限责任公司计划在3~5年内，逐步发展建设2 000个以上的网点。公司开展各种附加服务，深入拓展潜力巨大的市场，从而进一步提升"金三元"的品牌价值。

近年来，随着社会经济的飞速发展，人们的生活节奏越来越快，人们生活方式的重要特点之一就是快捷方便。微波食品作为一种快捷方便食品，成为当前北京金三元阳光餐饮有限责任公司为开拓市场而计划开发的新产品。公司在开业务会议时，认为微波食品在北京是新鲜事物，能够创造一种新的生活方式，只要得到市民的认可，市场潜力巨大。微波食品是一种什么食品呢？顾名思义，就是能够用微波炉进行加工成熟，营养价值不会减少，然后进行食用的食品。在开展一项新的业务之前，进行市场调查与分析，从而摸清市场的状况和需求，以达到有效定位、有效科研、有效生产、有效分销、有效竞争、有效服务是必需的。针对微波食品，北京金三元阳光餐饮有限责任公司需要摸清潜在（未生产前的统称）的消费者是哪些人？人们认为的微波食品同企业的理解是否有偏差？消费者的接受度的预期有多大？消费者愿意购买吗？为什么？影响消费者购买的因素是什么？产品销售的渠道有哪些？产品定位是什么？购买场地有哪些？微波食品应达到什么质量标准？保鲜的措施有哪些？消费者接受的价格水平如何？销售模式能否采取加盟的形式？加盟者能接受的加盟费是多少？潜在消费者的活动区域与公司的布点设想是否一致？为此，我们和北京金三元阳光餐饮有限责任公司共同设计组织了这次有关微波食品的市场调研活动。

二、调查目的和假设

通过本次调查，了解以下内容，达到以下主要和次要目的，并通过一些假设进行有关微波食品需求程度的分类。

（一）调查总目的

通过这次调查，主要了解现代上班族、大中专院校的学生、写字楼工作人员（中午用餐）、商场或超市的顾客的消费习惯，判断他们对微波食品的需求程度及该产品的市场大小。

（二）具体目的

1. 具体目的之一：预测人们对微波食品的认识程度。

假设：第一，市民没有听说过微波食品，但有对微波食品这种饮食方式的需求；第二，大多数市民偶尔听说过微波食品，但有尝试的欲望，认为食用微波食品是一种时尚；第三，市民对微波食品有了初步消费后比较满意，有进一步的消费欲望，并推荐给了亲友。

2. 具体目的之二：预测人们对微波食品的消费程度。

假设：第一，4类顾客早餐食用微波食品；第二，4类顾客早、午餐食用微波食品；第三，4类顾客早、午、晚餐食用微波食品。

3. 具体目的之三：预测人们对微波食品的价格、质量、味道的感觉。

假设：第一，价格低，质量一般，味道一般；第二，价格中等，质量较好，味道较好；第三，价格高，质量好，味道鲜美。

4. 具体目的之四：预测同其他饮食方式尤其是快餐的竞争力。

假设：第一，产品好，跟进者少，卖得快，竞争力强；第二，产品一般，跟进者少，卖得较好，竞争力较强；第三，产品一般，跟进者少，卖得一般，竞争力不强；第四，产品一般，跟进者多，卖得一般，竞争力差。

5. 具体目的之五：预测节日微波食品作为家庭礼品的消费趋势。

假设：第一，节日时，人们一般不把微波食品作为赠送亲友的礼品；第二，节日时，人们偶尔把微波食品作为赠送亲友的礼品；第三，节日时，人们经常把微波食品作为赠送亲友的礼品。

6. 具体目的之六：预测未来微波食品产品品牌为金三元企业品牌带来的美誉度。

假设：第一，市民对微波食品由满意到不断地给予赞誉；第二，市民由对微波食品的赞誉发展到对金三元的企业赞誉；第三，市民由对金三元的企业美誉发展到想加盟投资。

三、调查范围和调查对象

（一）调查范围

1. 重点区域：北京市各大城区。
2. 非重点区域：北京市的卫星城和新城。

（二）调查对象

1. 现代上班族，即早晚在家用餐，中午在公司用餐的企业职业上班族。
2. 大中专院校的学生。
3. 商场或超市的顾客。

四、调查的主要内容

这次调查主要包括以下几个层面。

（一）消费者层面

①潜在（未生产前的统称）的消费者构成；②北京消费者现代生活方式；③消费者的接受度；④消费者购买意愿及原因；⑤影响消费者购买的因素。

（二）产品层面

①消费者对微波食品的理解同企业的理解是否一致；②产品销售的渠道；③产品定位；④产品购买场地；⑤微波食品应达到的质量标准；⑥微波食品保鲜的措施；⑦消费者可接受的价格水平。

（三）经营模式层面

①销售模式是采取加盟还是直营；②加盟者能接受的加盟费；③潜在消费者的活动区域与公司的布点设想。

（四）国家政策、法律层面

利用统计局、商业局、工商局、行业协会、著名餐饮企业的统计资料，了解北京地区的人口情况、经济发展水平；了解国家、地方有关的政策、规定、限制或鼓励措施；对微波食品销售与地区经济、人口数量、人口迁移做比较研究；掌握快速食品销售的渠道、经销商数量等。

为此，这次市场调查问卷共设计了27个问题，其中有关微波食品的问题有22个，有关受访者背景资料的问题有5个，内容基本涵盖了以上四个层面，以便于我们进行相关的调查。调查问卷见附表二。

五、调查方法和数据分析方法

（一）调查方法

这次微波食品的调查主要采用抽样调查的方式。首先，我们对样本进行了分配。计划所调查的样本数为 2 000 人,被调查者是现代上班族、大中专院校的学生、写字楼工作人员(中午用餐)、商场或超市的顾客四类人,各占 500 人。其次,我们对样本进行了布点。城区主要包括方庄、女人街、霄云路、双柳小区、上地、王府井、蓝岛大厦、宣武门、劲松、大望路、海龙大厦等地区;城市郊区主要地点包括双桥、顺义、密云鼓楼、房山良乡、天通苑、管庄、通州北苑、亦庄、望京。

调查方法采用街头拦截式访问法与入户访问法。

首先,我们对参与这次调查活动的工作人员进行了培训,培训内容主要包括微波菜肴介绍、调查问卷的目的、调查问卷的要求、目标对象的选择、填写问卷的要求、调查时所用的语言以及调查时应注意的问题等方面。其次,对调查工作人员进行了分组,2~3 人一组,每组按就近原则负责调查上述一个区域,每人负责完成 25 份问卷。同时,为了确保调查的顺利进行,还为受访者准备了小礼品。

(二)数据分析方法

1. 审核问卷:检查回收的调查问卷是否齐全,有无重复、遗漏,保证记录的一致性和统一性。

2. 分组整理:对经过审核的问卷,分别归入适当的类别,根据调查问卷中的问题,进行预先分组分类。

3. 统计分析:对于分组整理的信息,计算相应的频数与百分比,做出所需的表格与分析图。

六、调查结果

此次调查共收回有效问卷 1 848 份。通过对这些问卷的整理分析可以看到目前北京地区针对微波食品呈现以下几方面的特点和趋势。

1. 北京地区居民对微波食品的接受程度很高,市场发展空间巨大。

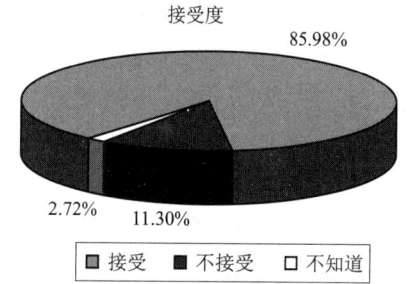

图 6-1 北京地区居民对微波食品的接受度

在调查中,我们看到由于微波菜肴方便省事,在家用 2~3 分钟即可烹饪出饭店品质的菜肴。北京地区居民对微波食品的接受度如图 6-1 所示。可见,北京地区有 85.98% 的居民愿意接受微波食品,只有 11.30% 的居民不接受微波食品。而且,如果微波菜肴的价格低于饭店同等菜肴价格,有近 90% 的居民表示会购买。如果在居所附近有一个微波菜肴厨房,会有 87.31% 的人从中购买微波菜肴,可以看出微波食品的销售市场发展空间巨大,存在着很大的潜力。

2. 选择微波食品时,居民最关注的是食品安全,其次是价格和口味。

我们通过调查发现,居民在购买食品时,考虑最多的因素是食品安全,即食品的生产日期及保质期,占 61.95%,其次是价格因素,占 17.76%。

而在居民认为微波食品应该具备的条件中,口味好占到了 63.91%。在口味偏好上,喜欢清淡口味的占 32%,喜欢香辣口味的占 28%,喜欢浓厚口味的占 22%,喜欢生鲜口味的占 18%,如图 6-2 所示。

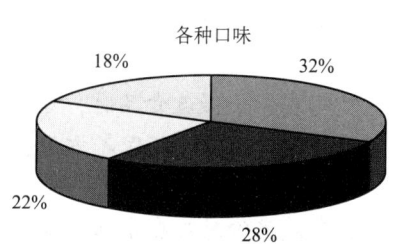

图 6-2 顾客喜欢的口味所占比重

3. 在保证食品安全的基础上,居民偏好价廉的微波食品。

在调查中,我们发现有 50.46% 的居民在购买微波菜肴时能接受的价位为 4~7 元,有 35.53% 的居民能接受的价位为 8~10 元,只有 1.78% 的居民表示能接受 15~20 元的微波食品,如表 6-1 所示。居民能接受的微波食品的平均价格是 7.81 元。这说明居民在选择食品时,物美价廉依然是根本原则。

表 6-1　购买价格分布

购买微波菜肴时能接受的价位	百分比重
4~7 元	50.46%
8~10 元	35.53%
11~15 元	12.23%
16~20 元	1.78%

4. 大多数居民是在超市中选购食品,其次是便利店。

通过调查,我们发现有 62.28% 的居民通常选择在超市购买食品,有 36.47% 的居民通常在便利店购买食品,有 1.25% 的居民选择其他场所购买。而且,我们在进一步的调查中发现,在购买微波菜肴地点的选择上,有 43.19% 的居民选择超市的专卖场,有 24.81% 的居民选择便利店。由此说明,销售微波食品的场所首选应为超市,便利店可作为进一步推广微波食品的场所。

5. 采用加盟的形式推广微波食品,前景很好。

通过调查,我们发现,有 40% 的北京居民表示有兴趣并愿意加盟微波食品店。在这些居民当中,有 76% 的居民愿意投资 5 万元加盟,有 20% 的居民愿意投资 5 万~10 万元加盟微波食品店。可见,只要加盟的条件合理、优惠,以加盟店的形式销售和推广微波食品前景很好。

由以上的调查数据分析不难看出,微波食品作为一种新兴的快捷方便食品,北京地区居民的接受度很高,只要公司推出符合消费者需要的微波食品,其市场潜力将十分巨大。

七、结论与建议

通过此次关于微波食品的市场调查活动,我们搜集到有关微波食品市场的大量第一手资料,初步摸清了市场的状况和需求,然后对所搜集的大量资料经过进一步的数据处理与分析,得到如下结论与建议。

1. 近年来,随着生活节奏的不断加快,快捷方便的食品已成为越来越多消费者的需要。微波食品作为一种新兴的快捷方便食品,可以让广大消费者接受。大多数消费者认为微波食品虽然是新鲜事物,但能够创造一种新的生活方式。因此,微波食品的市场潜力巨大,其市场前景十分看好。

2. 为了使微波食品一经上市就成为消费者信得过的产品,公司在推出微波食品时,首先要保证食品的安全,采用合理的保鲜方式,同时注重食品的营养、健康、绿色环保等方面,并兼顾多种口味。

3. 为了能使微波食品摆上寻常百姓家的餐桌,公司在对微波食品定价时应在市场需求的基础上充分考虑消费者的接受能力,在保证质量的基础上,做到价格定位合理。

4. 我们通过调查发现高达 98.75% 的消费者希望在超市(62.28%)和便利店(36.47%)中

选购微波食品，因此，销售微波食品的场所首选应在超市，其次是便利店，使消费者对微波食品的购买产生信任感、安全感。

总之，通过这次市场调查活动，我们发现北京金三元阳光餐饮有限责任公司为开拓市场而计划开发的新产品"微波食品"，得到了广大消费者的认同，公司应积极开展深入的研究，从产品自身的品质入手，让消费者信得过，消费者才能接受这个新生事物。公司应根据这次市场调查的数据结论，合理制定相应的政策，如微波食品应达到的质量标准、产品销售的渠道、保鲜的措施、消费者接受的价格水平等等。公司还应继续深入拓展潜力巨大的市场，从而进一步提升"金三元"的品牌价值。

八、附件

附表一：微波菜肴调查方案。

附表二：微波菜肴调查问卷。

课堂提问：你心目中的市场调查报告是什么样的？上述市场调查报告包含了哪些内容？你认为一份市场调查报告应具备哪些特点？

知识精讲

众所周知，市场调查报告是整个调查任务活动的成果体现，市场调查报告的目的就是为企业的市场营销活动提供一个专业且合理的导向，最终为企业的营销决策提供客观的依据。每一份市场调查报告都有明确的撰写目的和针对性，即反映情况、指出原因、提出建议，从而为社会或企业的决策部门制定或调整某项决策服务。市场调查报告撰写的好坏程度也直接影响到整个市场调查研究成果的质量高低。

一、市场调查报告的含义

市场调查报告是市场调查活动过程与结果的一种表现形式，是一种以文字、图表等书面形式反映调查过程及结果的分析报告，以使包括客户在内的读者对所调查的主题及其背景有一个全面、系统的了解和认识。

市场调查报告的重要性大致表现为以下几个方面。

（1）作为市场调查活动的有形产品，市场调查报告综合、全面地体现了市场调查活动的所有过程。

（2）作为市场调查活动的最后总结，市场调查报告可以帮助决策者采取更合理的行动和对策。

（3）作为调查工作结果的一种展示，市场调查报告也是衡量调查与预测项目质量高低的重要标志。

二、市场调查报告的特点

1. 针对性和目的性

市场调查报告的针对性是指报告选题上的针对性，而目的性是指报告使用者具有明确的目的性。一方面，调查者要紧扣调查目的，针对实际问题展开调查活动，只有针对性强的选题，才能做到目的明确、有的放矢，让人对调查目的一目了然。另一方面，不同的报告使用者关心的角度不同，也会造成市场调查报告的内容有所区别。比如，如果市场调查报告的阅读者是企业的高级管理者，那么他最关心的是调查的结论和建议部分，而非大量资料的统计、整理、分析过程，因为调查的结论和建议将为他的下一步决策提供重要的参考依据；如果市场调查报告的阅读者是一些产品经理、营销经理和其他经理人员，他们可能需要更进一步的信息，所以会仔细阅读报告的主体部分；如果市场调查报告的阅读者是研究市场活动的专业人员，可能出于谨慎的考虑，需要验证这些结论的科学性、合理性，所以他们更关注的是调查方式、方法及数据的来源等方面的问题。

2. 求实性和科学性

一方面，市场调查报告建立在大量的事实材料的基础上，以调查事实为依据，通过大量的数据和事实材料来说明具体问题，如实反映客观事物及其之间的内在联系，具有求实性的特点。另一方面，市场调查报告不单是报告市场的客观情况，还要对事实做分析研究，寻找市场发展变化的规律。市场调查报告作为企业决策的重要依据，要求报告的编写者除了掌握科学搜集、整理资料的方法外，还应该会利用科学的分析方法，以得出科学的结论，使阅读者感受到调查者对整个调查项目的重视程度和对调查质量的控制程度。

3. 创新性与时效性

市场调查报告反映的是市场现象中的主要矛盾和市场活动中的新问题，这就要求调查者应善于观察新事物，用全新的视角去发现问题、看待问题，用有效的方法去解决问题。这里的创新，强调的是提出一些新的建议，即以前所没有的创意，而不是老生常谈。

同时，市场问题的解决在很大程度上取决于企业经营者能否及时掌握市场变化的信息，采取有效的应变对策，而要做到这一点，调查者必须及时且迅速地将从调查中获得的有价值的信息提供给企业经营者。所以，市场调查报告时效性很强。

三、市场调查报告的类型

（一）按照报告的内容及其表现的形式划分

按照报告的内容及其表现形式划分，市场调查报告可以分为以下几种类型。

（1）综合报告。综合报告是提供给客户的基本报告，目的是要反映调查工作的所有过程和阶段，详细地说明调查结果、依据及其主要发现。

（2）专题报告。专题报告是专门针对某一问题或某一层面而撰写的报告，如某一化妆品的使用、某一阶段的住房消费问题等。

（3）研究性报告。研究性报告是专门为研究某一问题而进行调查并最后形成的报告，这类报告学术性较强，有必要进行更深入的分析和研究，也可以看成某种类型的专题报告。

（4）技术报告。技术报告是就调查活动中所涉及的众多技术性问题进行的说明，如对调查的方式方法、抽样方法、信息处理方法、误差计算等进行说明。

（二）按照企业开展经营活动的需要划分

按照企业开展经营活动的需要划分，市场调查报告可以分为七种类型：

（1）市场商品供给的调查报告；

（2）市场商品需求的调查报告；

（3）市场及消费潜量的调查报告；

(4) 商品价格波动情况的调查报告；
(5) 商品销售渠道的调查报告；
(6) 市场竞争状况的调查报告；
(7) 客户企业经营效益的调查报告。

（三）按照企业开展经营活动的目的划分

按照企业开展经营活动的目的划分，市场调查报告可分为介绍典型经验的市场调查报告、揭露问题的市场调查报告、反映新生事物的市场调查报告和反映社会情况的市场调查报告。

1. 介绍典型经验的市场调查报告

某一地区、某一单位、某一企业，在贯彻落实党和国家的各项方针、政策过程中，或在日常的思想政治、经济建设、科学教育等方面取得了突出的成绩，为了把他们的具体做法和成功奥秘反映出来，可以对他们进行专题的调查，然后写出市场调查报告，这种类型就是介绍经验的市场调查报告。例如，北京太阳谷经济信息中心就长期从事这方面的工作。

介绍典型经验的市场调查报告跟工作通讯中那些以反映工作成绩为主的类型有些近似。区别在于市场调查报告重在调查，特别注重对调查过程和调查所得数据的叙述和列举。

2. 揭露问题的市场调查报告

跟上一种类型相反，这是针对存在的某一问题展开调查，以揭示这一问题的种种现象和深层原因为主要目的的市场调查报告。它的主要功能是揭露和批判，探究问题产生的原因，分析问题的症结所在，提供解决问题的思路和方法。

3. 反映新生事物的市场调查报告

这是针对社会现实中某种新近产生或新近有了长足发展的事物而撰写的市场调查报告。

在现实社会中，新生事物总是不断涌现的。反映新生事物的市场调查报告的文体功能，就是全面地报道某一新生事物的背景、情况和特点，分析它的性质和意义，指出它的发展规律和前景。

4. 反映社会情况的市场调查报告

这是针对一些社会情况所撰写的市场调查报告。这里所说的社会情况，主要是指社会风气、百姓意愿、婚恋、赡养、衣食住行等群众生活各方面的基本情况。

这类市场调查报告虽不直接反映政治、经济等重大问题，但百姓生活也是跟政治、经济密切相关的。另外，这也是群众最为关心的一些问题。因此，各类新闻媒体都十分重视这一领域的报道，《中国青年报》《文汇报》等都曾开辟过公众调查专版。类似《北京人出游记——北京居民京、津、沪地区旅游消费调查》《中国夫妻过得怎样》等，都属于这种类型的市场调查报告。

（四）按其他形式划分的市场调查报告

(1) 按服务对象分，可分为市场需求者调查报告（消费者调查报告）、市场供应者调查报告（生产者调查报告）。

(2) 按调查范围分，可分为全国性市场调查报告、区域性市场调查报告、国际性市场调查报告。

(3) 按调查频率分，可分为经常性市场调查报告、定期性市场调查报告、临时性市场调查报告。

(4) 按调查对象分，可分为商品市场调查报告、房地产市场调查报告、金融市场调查报告、投资市场调查报告等。

四、市场调查报告的基本结构

市场调查报告没有一个统一、固定的模式。调查项目自身类型和性质不同、客户要求不同、调查公司或同一公司人员选择不同等，都会导致调查报告呈现出不同的类型和风格。但是，一般而言，常用的市场调查报告大致应该包含如图6-3所示的6个基本要素。

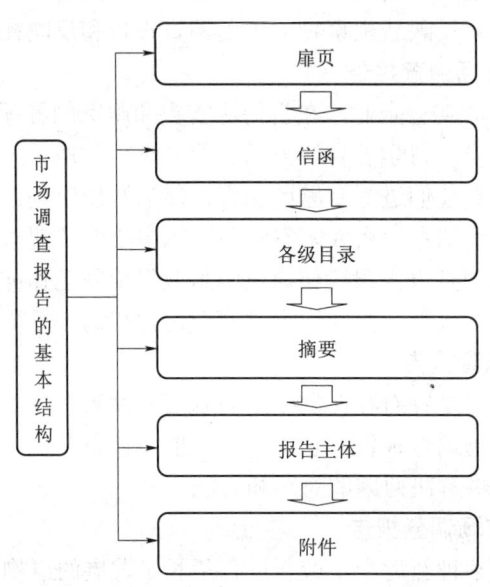

图6-3　市场调查报告的6个基本要素

五、撰写市场调查报告的工作流程

撰写市场调查报告的全过程可划分为撰写市场调查报告的准备、市场调查报告的撰写、市场调查报告的修改与提交三个阶段，每个阶段又可分为若干具体步骤。

（一）撰写市场调查报告的准备阶段

撰写市场调查报告的准备阶段的工作主要有以下几方面。

1. 明确市场调查的目的、方法和实施情况

每一份市场调查报告都有明确的撰写目的性和针对性，即反映情况，指出原因，提出建议，从而为社会或企业的决策部门制定或调整某项决策服务。而市场调查报告撰写的依据或实质就是市场调查的目的，两者具有一致性。这是撰写市场调查报告的基本准备工作。

 案例思考6-1

某企业要通过一项市场调查来了解相关产品的市场供求现状及趋势，以作为其决定产品策略的参考依据，那么就要求该项市场调查报告的撰写应立足于反映相关产品的市场供求状况，发掘造成这种状况的原因，从中探寻产品的市场发展趋势，提出企业所应采取的对策及建议。

因此，在撰写市场调查报告前，明确市场调查目的，吃透其调查的宗旨是极有必要的。只有这样，市场调查报告才能紧扣主题，揭示出的内容才能真正符合需要。

除了明确市场调查目的外，一份完整的市场调查报告还必须交代该项市场调查所采用的方法，比如选样、资料搜集、统计、整理是怎样进行的，等等；还必须陈述该项市场调查具体的实施情况，比如有效样本数量及分布、操作进程等。因此，在撰写市场调查报告前，掌握市场调查的方法及实施情况，也是必不可少的工作。

2. 落实写作材料

这是撰写市场调查报告基础的和中心的准备工作。一份市场调查报告具有的决策参考价值，很大程度上取决于它在写作时拥有材料的数量及质量。

落实写作材料应做好以下工作。

（1）要整理与本次调查有关的一手资料和二手资料，除此之外，还必须对所取得的各种相关资料加以初步的鉴别、筛选、整理以及必要的补充，从质量上把好关，争取使用于撰写市场调查报告的材料具有客观性、针对性、全面性和时效性。

（2）要认真研究数据的统计分析结果。可以先将全部结果整理成各种便于阅读比较的表格和图形。在整理这些数据的过程中，对调查报告中应重点论述的问题自然会逐步形成思路。

（3）对难以解释的数据，要结合其他方面的知识进行研究，必要时可针对有关问题找专家咨询或进一步召开小范围的调查座谈会。

值得指出的是，准备落实写作材料时，切忌疏忽以下两方面。

① 切忌忽视对反面材料的搜集。

这一点，在各类调查尤其是产业调查、销售渠道调查及消费者调查中，应给予足够的重视，不注意听取反面意见而导致决策失误的教训是很多的。

 案例思考 6-2

国内某一企业的市场调查部门，在进行消费者调查时，对消费者发表的反面意见，因担心与本企业领导的意见相左，担心得罪本企业的销售部门、广告部门而不去认真听取与反映，结果使得本企业在产品更新、营销策略、广告策略改进等方面无所作为，导致本企业产品市场萎缩。

据此可以这样说，对于客观存在的反面意见，如果不注意听取，这种市场调查所取得的材料，不仅是不全面的，而且是虚假的，其危害程度比不进行调查还要严重。

② 重视经营活动的微观材料，忽视经济背景的宏观材料。

市场调查涉及的内容，一般是围绕一类或一种产品或某一市场营销活动进行的微观调查。通过微观调查得出的结论，尤其是其中对产品市场或对该营销活动的预测性意见，如果不根据经济背景的宏观材料进行检验或校正，往往会出现偏差。

 案例思考 6-3

1993 年初夏，上海一家合资公司准备在下半年投资商品住宅建造，而且希望在 1994 年上半年基本售完,收回投资,并取得一定的投资利润率。该公司委托某市场调查公司进行消费者(含居民个人和企业)调查。该市场调查公司经过调查发现,居民个人的购房意向强烈,但多数人希望分期(5年、9年、15年)付款;不少大中型企业为了解决职工住房困难或为了扩大生产规模要动迁居民,都有购房计划;一些房地产公司也准备成批购房。据此,似可得出"投资商品住宅建造可行,一年内收回投资并有一定的投资利润率完全可能"的结论。为了对委托方负责,该市场调查公司又进行补充调查。该市场调查公司通过补充调查发现,许多要购房的企业,资金并未落实,而且生产上还要靠贷款;那些要批量购房的房地产公司,是靠贷款来炒卖商品住宅。同时,该市场调查公司又全面、深入地研究宏观材料,例如,许多有识之士和领导人提出要压缩基本建设规模,压缩贷款总量,调整贷款方向,等等。根据调查结果,结合宏观材料,该市场调查公司提出了相应的结论和建议。委托方在首次研究调查报告后认为,该报告的结论和建议与实际情况不大相符。但一个多月后商品住宅市场的变化趋势,证明了该调查结论和建议的正确性,委托方避免了因头脑发热而可能出现的失误。

3. 确定报告类型及阅读对象

调查报告有多种类型,如一般性报告、专题性报告、研究性报告、说明性报告等。一般性报告就是对一般调查所写的报告,它要求内容简单明了,对调查方法、资料分析整理过程、资料目录等做简单说明,结论和建议可适当多一些。专题性报告是为特定目的进行调查后所写的报告,它要求报告详细明确,中心突出,对调查任务中所提出的问题做出回答。为企业所做的调查,一般情况下我们用的是一般性报告和说明性报告。

调查报告还必须明确阅读对象,阅读对象不同,他们的要求和所关心的问题的侧重点也不同。比如调查报告的阅读者是公司的总经理,那么他主要关心的是调查的结论和建议部分,而不是大量的数字分析等。但如果阅读对象是市场研究人员,他所要了解的是这些结论是怎么得来的,是否科学、合理,那么他更关心的就是调查所采用的方式、方法,以及数据的来源等方面的问题。所以在撰写报告前要根据具体的目的和阅读对象的要求来决定报告的类型、风格、内容和长短。

4. 构思报告

撰写市场调查报告与其他写作一样,在动笔前必须有一个构思过程,也就是凭借调查所搜集的资料,初步认识调查对象,经过判断、推理,提炼出报告主题。在此基础上,确立观点,列出论点和论据,考虑文章的内容与结构层次,拟定提纲。构思过程中的各个环节所要达到的基本目标分别如下。

(1)凭借调查所搜集的资料,初步认识调查对象。

通过调查所获得的来自客观实际的数据信息及其他相关材料,初步认识调查对象。在此基础上,经过对调查对象多侧面、多层次的深入研究来把握调查对象的一般规律性。

(2)提炼报告主题。

在认识调查对象的前提下确立主题,即报告的主基调。主题的提炼是构思阶段非常重要的一环,其准确与否直接关系到最终报告的方向性。因此,主题的提炼应力求准确,在此基础上还应该深刻、富有创见性。

(3)确立观点,列出论点和论据。

在主题确立后,调查者应对搜集到的大量资料进行分析研究,逐渐消化、吸收,形成概念,再通过判断、推理,把感性认识提高到理性认识层面,然后列出论点、论据,进而得出结论。

(4) 考虑文章的内容与结构层次。

在以上环节完成之后,构思基本上就有一个框架了。在此基础上,应考虑报告正文的大致结构与内容,一般来说应考虑的基本内容包括调查出的及所要解决的问题;调查采用的方法与技术;调查所获得的主要数据或信息,以及这些数据及信息说明了什么问题,理由是什么;解决问题的建议及理由。与此相对应,应考虑相应的文章结构层次。通常而言,报告一般分为三个层次,即基本情况介绍、综合分析、结论和建议。

5. 选择材料

市场调查报告的材料,可分为两种:一种是从调查中得来但还未经整理、鉴别、筛选的材料,这是素材;另一种是通过整理、鉴别、筛选后写进文章的材料,这是题材。

应当指出的是,市场调查报告的材料同一般文章尤其是文学作品的材料不同。一是取得的方法不同,一般文章的材料是作者本人从生活中积累和搜集的,而市场调查报告的材料主要是调查人员通过调查得来的;二是由素材变成题材的方法不同,一般文章的题材是作者对素材进行选择、加工、提炼而成的,而市场调查报告的题材是对素材进行审核鉴定、整理统计、分析综合而成,绝不允许进行"艺术加工"。选择市场调查报告材料时,应十分严格,特别要注意以下几点。

(1) 材料的真实性。对写进文章的材料,必须进行去粗取精、去伪存真的选择。

(2) 数据的准确性和精确性。市场调查报告往往是从数据中得出观点,由数据来证实观点,因此数据的差错或不精确,必然影响到观点的正确性。

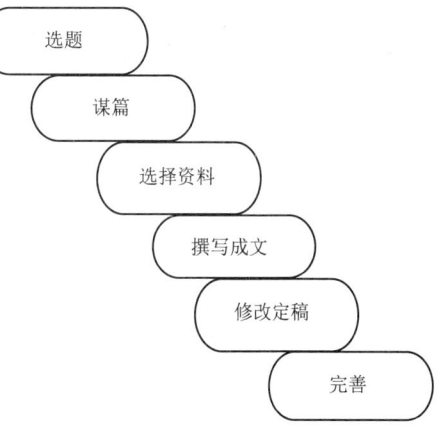

图 6-4 市场调查报告撰写的步骤

(3) 材料要有个性。写进调查报告的材料,主要应当是这一个项目在这一次调查中发现的有价值的材料。如果材料缺乏个性,那么这篇调查报告就失去了应有的价值。

(二) 市场调查报告的撰写阶段

市场调查报告撰写的步骤如图 6-4 所示。

1. 选题

选题是指确定市场调查报告的题目。题目是作者对市场调查活动整个过程的价值或意义进行衡量之后的准确概括,是整个报告的核心。

2. 谋篇

谋篇是指在确定了市场调查报告的题目之后,依据所搜集到的材料及对材料分析研究的结果,对全文内容和形式上的统筹规划。

3. 选择资料

选择资料是指根据主题需要有针对性地选择对各级论点有支撑作用的材料。

4. 撰写成文

撰写成文是指依据已拟定好的提纲和选取好的材料进行报告的撰写。

5. 修改定稿

修改定稿是指对所完成的初稿进行反复的修改、审定，直到最后定稿。

6. 完善

修改定稿之后，在将报告交给客户之前，还要对报告中其他相关要素进行一些设计和完善，包括对扉页、摘要、目录、附件等要素的构思、设计、编排和装帧等。

（三）市场调查报告的修改与提交阶段

经过精心的准备和认真的编写，市场调查报告的初稿工作就算完成了，但并非大功告成。若要最后定稿，还必须对初稿的内容、结构、用词等进行多次审核和修改，方可定稿并提交。

1. 修改市场调查报告

1）对初稿的修改

在初稿完成后，调查小组人员可以针对初稿的内容、结构、用词等方面进行多次审核和修改，确认报告言之有理，持之有据，观点明确，表达准确，逻辑合理。在定稿前也可以以会议的形式，将整个报告或报告的若干部分拿出来与有关方面进行沟通，从中得到有用信息，进而提高报告的质量。

2）调查报告易出现问题的情形

① 审核报告的标题是否简洁、明了、富有吸引力并且能揭示调查主题的内容。

② 审核报告主体各部分内容与主题的连贯性如何，有无修改和增减。

③ 是否处理好了篇幅和质量的关系。

④ 资料的取舍是否合理；报告中是否采用了大量与目标无关的资料而使报告内容不太紧凑。这也是造成调查报告篇幅过长的原因之一。

⑤ 是否对图表资料做了充分的解释和分析。对于用于推断调查结论的论据资料，特别是图表资料，如果只是将图表和数据展示出来而不做解释，必然引起使用者对这些图表和数据的怀疑，进而影响报告本身的可信度。

⑥ 审核所推断出的结论是否科学，论据是否确凿，审核所提建议是否可行。所提建议不可行，是指在报告中提出的建议对报告使用者来说是根本行不通的。这种问题的出现大多是由于撰写者不是十分了解企业的情况，或者对市场的判断过于轻率。

案例思考 6-4

企业经过调查和分析，发现只需要对一个目标市场增加 15 万元的促销费就可达到企业的营销目标，那么，这个结论就作为一项建议被提出来了，即建议"企业每一个目标市场增加 15 万元的促销费"，其结果是不可行的，因为它超过了企业的财务承受能力。在遇到这类情况时，如果报告撰写者对企业有比较深入的了解，就会将这个结论与其他方面综合起来考虑，因为要达到企业的营销目标并不完全取决于"企业每一个目标市场增加 15 万元的促销费"，最好是能找到一个既在企业财务承受能力之内又能达到企业营销目标的可行建议。

⑦ 报告中是否过度使用定量技术。

定量技术的使用肯定会提高市场调查报告的质量，但必须适可而止。过度使用定量技术会降低报告的可读性，容易造成使用者阅读疲劳，甚至引发他们对报告合理化的怀疑。当使用者是一位非技术型营销经理时,他还会拒绝一篇不易理解的报告。

⑧ 报告的重点是否突出,报告的顺序安排是否得当。

每个问题在全篇报告中占有的篇幅和位置,必须与问题本身的重要程度相一致。报告的顺序可以采用两种结构:一是横式结构,即按照被调查对象发生、发展的先后顺序或被调查对象的演变过程安排材料;二是纵式结构,即按照材料的性质和逻辑关系归类,从不同的侧面、不同的角度,并列地将材料组成几个问题或几个方面,还可以加上小标题,逐一地报告各方面的情况。

⑨ 语言表述是否做到严谨、简明和通俗。

第一,语言严谨体现为选词造句要精确,分寸感强。在报告中不能使用如"可能""也许""大概"等含糊的词语,而且还要注意在选择使用表示强度的副词或形容词时,要把握词语的差异程度。比如,要注意"有所反应"与"有反应","较大反响"与"反应强烈","显著变化"与"很大变化"之间的差别。

第二,简明。在叙述事实情况时,力争以较少的文字清楚地表达较多的内容,要毫不犹豫地删除一些不必要的词句。能用一句话说明的,不用两句话。能用一个字说明的,不用两个字。

第三,通俗。调查报告的行文要求自然流畅,尽量选用常见的词句,避免使用晦涩难懂的和专业技术性强的术语。

2. 提交市场调查报告

市场调查报告征得各方意见并进行修改后就可以定稿并提交,主要有两种提交方式。

1)以书面方式提交

调查人员将定稿后的调查报告打印为正式文稿,而且要求对报告中所使用的字体、字号、颜色、字间距等进行细心的选择和设计,文章的编排要求大方、美观、有助于阅读。另外,报告应该使用质地较好的纸张打印、装订,封面应选择专门的封面用纸,封面上的字体大小、空白位置应精心设计。因为粗糙的外观或一些小的失误和遗漏都会严重地影响阅读者的兴趣,甚至信任感。

如果市场调查项目是由客户委托的,则往往会在报告的目录前面附上提交函(一封致客户的提交函)和委托书(在项目正式开始之前客户写给调查者的)。一般来说,提交函中可大概阐述一下调查者承担并实施的项目的大致过程和体会(但不提及调查的结果),也可确认委托方未来需要采取的行动(如需要注意的问题或需要进一步做的调查工作等)。而委托书则授权调查者承担并实施调查项目,并确认项目的范围和合同的时间内容等。有时候,提交函还会说明委托情况。

 案例思考 6-5

提交函的写法

尊敬的张总裁,您好:

按照您在 2006 年 2 月 9 日委托书中的要求,我已经完成了对 2007 年 2 月 A 型数码相机市场销售情况的调查分析。现提交标题为"中洲公司 A 型数码相机目标市场销售调查"的报告。该报告的基础是目标市场上 1 200 位已经成为中洲公司顾客或对数码相机感兴趣的人的现场访问、问卷调查，在报告中我们进行了详细的描述。本次调查采用了市场营销调查的惯例，我相信，该报告符合贵公司的限制条件，其结果是可靠且有效的。

我希望您对本次调查的结果（结论和建议）感到满意，希望该结果对贵公司 A 型数码相机在 2007 年的销售情况会有所帮助。如您有什么问题，请立即与我联系。

致礼！

××公司总裁　×××

2）以口头方式提交

绝大多数市场调查项目在准备和递交书面报告之前或之后都要做口头陈述，它可以简化为在使用者组织的地点与经理人员进行的一次简短会议，也可以正式到向董事会做一次报告。不管如何安排，有效的口头陈述均应以听众为中心，充分了解听众的身份、兴趣爱好、教育背景和时间等，精心安排口头陈述的内容，将其写成书面形式，也可以使用各种综合说明情况的图表协助表达；可以借助投影仪、幻灯片或大型图片等辅助器材，尽可能直观地向全体目标听众进行传达，以求取得良好的效果。

如有可能，应从市场调查人员当中抽选数人同时进行传达，各人可根据不同的重点轮流发言，避免重复和单调。而且，还应该留出适当时间，让听众有机会提出问题。

任务二　撰写市场调查报告

知识目标

1. 了解撰写市场调查报告的注意事项。
2. 掌握市场调查报告各部分的撰写格式与要求。
3. 掌握市场调查报告的各种撰写技巧。

岗位能力目标

1. 了解撰写市场调查报告的注意事项。
2. 掌握市场调查报告各部分的撰写格式与要求，掌握各种撰写技巧，培养撰写市场调查报告的职业活动能力。

任务分析

根据市场调查业务活动的顺序，本任务主要是前面任务的成果体现——撰写市场调查报告。调查报告是充分体现调查质量的关键环节，市场调查报告的内容、写作质量和提交方式决定着能否卓有成效地将市场调查人员的成果传达给有关的公司或政府机构的决策人员，使他们能够很好地利用市场调查的这些成果进行决策。有时候，一份写作质量低劣的市场调查报告，甚至可以将一次组织优良的调查活动所取得的成果一笔勾销。

知识精讲

如果市场调查报告写得拙劣，即使是最好的调查材料也会黯然失色，所以为了给我们的成果平添一番色彩，学习市场调查报告的格式和结构以及各部分的编写方法是相当有必要的。

一、市场调查报告的格式

调查报告的格式没有统一规范，不同的人对此有不同的设计，但无论如何操作，图 6-5 所示的几个部分都是调查报告所不可或缺的，每份调查报告都应当包括这些部分。

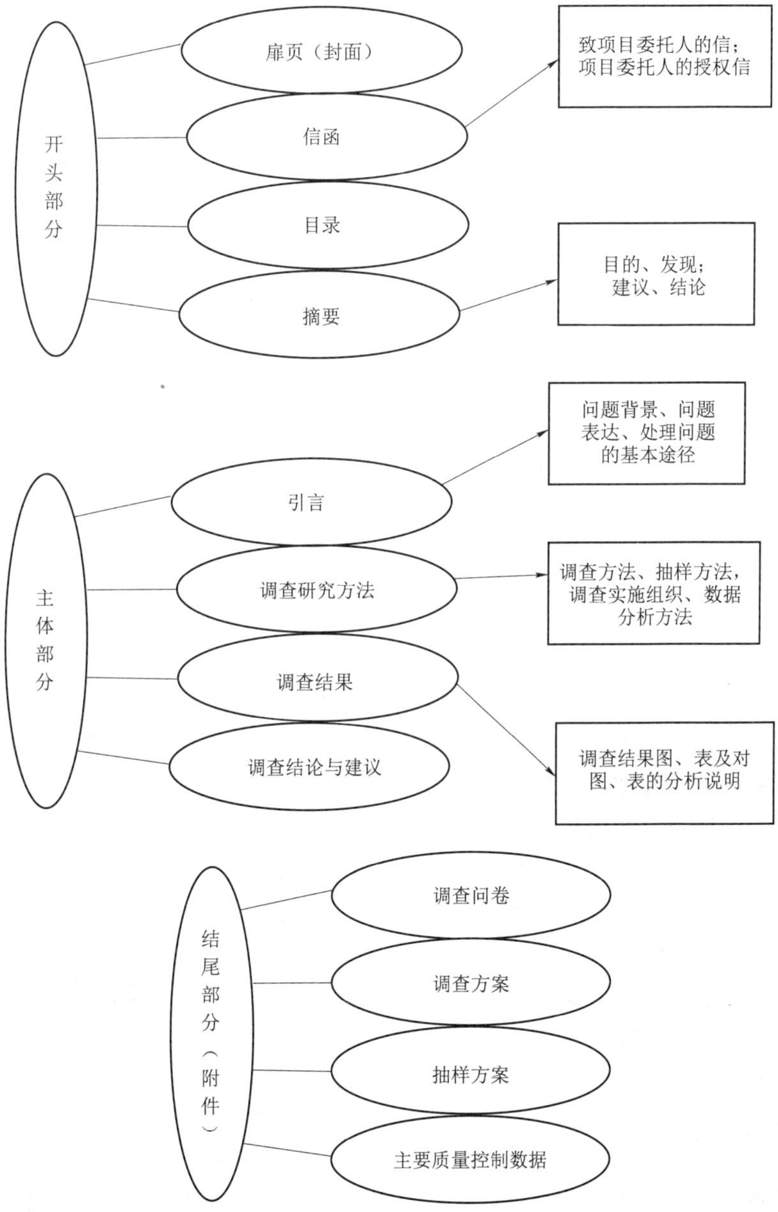

图 6-5　市场调查报告的格式

二、市场调查报告开头部分的编写

（一）封面

封面包括报告的标题、报告的使用者、报告的编写者及提交报告的日期等内容。

1. 封面格式

作为一种习惯做法，调查报告题目的下方应注明报告人或单位、通信地址、电话、报告日期，然后另起一行注明报告呈交的对象。封面设计既要独特、新颖，又要不失稳重，能迅速抓住读者的眼球。

市场调查报告封面设计示例如图6-6所示。

```
×××化妆品消费者调查分析报告


调查单位 _____
通信地址 _____
电话 _____
E-mail _____
报告提交日期 _____

报告主送单位 _____
```

图6-6 市场调查报告封面设计示例

2. 标题的撰写

标题是报告的画龙点睛之笔，好的标题是报告成功的一半。好的标题必须准确揭示报告的主体思想，做到题文相符，让报告的使用者通过题目就能对报告想要表达的内容一目了然。标题要简单、明了，高度概括，具有强烈的吸引力。

报告标题应与调查内容相关，不应生造一些标新立异的标题。例如，一项关于中学生家庭电脑使用情况的调查，标题就可以写作"××市中学生家庭电脑使用情况调查报告"，如果报告分为若干个部分，则每一部分可以单独设一个小标题，如"报告一：家庭电脑拥有情况""报告二：日常接触电脑的情况"等等。一般，标题采用下列三种写法。

（1）直叙式标题：是反映调查意向或突出调查地点和调查项目的标题。这类标题简明扼要，比较客观，但略显呆板。

案例思考6-6

直叙式标题：如"TCL液晶电视市场占有率调查""中国联通市场竞争态势调查""××市居民住宅消费需求调查"等。

（2）表明观点式标题：是直接阐明作者的观点、看法或对事物做出判断、评价的标题。这类标题既表明了报告编写者的态度，揭示了主题，又有一定的吸引力，但通常要辅以副标题才能将调查对象和内容表达清楚。

案例思考 6-7

表明观点式标题：如"高档羊绒大衣在北京市场畅销""必须提高销售人员素质——A 公司销售人员情况调查""低成本航空市场不应忽视"等。

（3）提问式标题：是以设问句或反问句等形式，突出问题的焦点和尖锐性，吸引读者阅读，促使读者思考的标题。这类标题的题目比较尖锐，具有较强的吸引力，一般用于撰写揭露问题的调查报告。

案例思考 6-8

提问式标题：如"消费者愿意到网上购物吗？""为什么 A 公司在广东市场的分销渠道不畅通？""B 公司的促销活动为什么没有达到预期的效果？""××牌产品为什么滞销？"

以上三种形式的标题各有所长，特别是第二和第三种形式的标题，既表明了作者的态度，又揭示了主题，具有很强的吸引力，但是这两种形式的标题不易看出调查的范围和调查对象，因此，这两种形式的标题可以分为正标题和副标题，并分两行表示，如：

皇帝的女儿也愁嫁
——关于舟山鱼滞销情况的调查
××牌产品为什么滞销
——对××牌产品的销售情况的调查分析
酸奶新产品，如何让我说爱你
——京城酸奶新产品市场调查报告

（二）信函

信函包括递交信和委托信。

递交信是指调查组织或个人递交给客户企业的信函。信中可概述一下调查机构承担并实施调查项目的大致过程，也可以强调一下客户企业需要注意的问题以及还需要进一步研究的问题等，不必叙述调查的具体过程和问题。

委托信是在调查项目开始之前，由客户企业写给调查组织或个人的信函。信函中包含客户企业对项目承担者提出的具体目标和要求。

（三）报告目录

目录是整个报告的检索部分，应详细列明报告的各个组成部分及页码，以便于读者了解报告结构，有利于读者阅读某一部分内容。如果可能，目录应当非常详细。国外调查报告的惯例是将文字、表格和图形分别编写目录，这样如果读者不需要阅读某些文字，只需检索某一张表格，也可以很轻松地找到。这种方法在国内的调查报告中也可以应用。

目录包括内容目录、表格目录、图表目录、附录目录、证据目录等。
（1）内容目录。内容目录是指报告主体中各构件（或各章节）的题目及其页码。
（2）表格目录。表格目录是指报告中所用表格及其页码。
（3）图表目录。图表目录是指报告中所用图表及其页码。
（4）附录目录。附录目录是指报告最后各种附录及其页码。
（5）证据目录。证据目录是指报告中各种证据材料及其页码。

案例思考 6-9

市场调查报告目录示例

一、摘要 ·· 1
二、调查概况 ··· 3
　1. 调查背景及目的 ·· 3
　2. 调查内容 ·· 4
三、调查方法 ··· 6
四、消费者调查结果 ·· 8
　1. ×××× ··· 9
　2. ×××× ··· 12
　3. ×××× ··· 15
五、零售商调查结果 ·· 19
　1. ×××× ··· 21
　2. ×××× ··· 25
　3. ×××× ··· 28
六、结论及建议 ··· 30
附录一　消费者调查问卷 ·· 32
附录二　消费者调查问卷的原始统计数据 ··· 33
附录三　零售商调查问卷 ·· 38
附录四　零售商调查问卷的原始统计数据 ··· 40

（四）报告摘要

摘要就是对整个报告核心与要点的高度概括和总结，是为那些没有大量时间阅读整个报告的使用者（特别是高层管理人员）或者由于阅读者不具备太多的专业知识，只想尽快得到调查报告的主要结论，以及进行怎样的市场操作而准备的。

报告摘要具体包括四个方面的内容：一是简要说明调查目的；二是简要介绍调查对象和调查内容，包括调查时间、地点、范围、调查要点及所要解答的问题；三是简要介绍调查研究的方法；四是简要说明调查结论与建议。

一般来讲，调查报告的摘要有以下几个书写要求。

① 从内容来讲，要做到清楚、简洁和高度概括，其目的是让阅读者通过阅读摘要不但能

了解本调查项目的全貌，同时对调查结论也有一个概括性的了解。

② 从语言文字来讲，应该通俗、精练，尽量避免应用生僻的字句或专业性、技术性较强的术语。

③ 从篇幅来讲，一般为2~3页，以便于阅读。

摘要一般放在报告前面，但写作时则要放在整个报告完成之后。

案例思考 6-10

中国当代城市青年价值观念及生活形态调查报告摘要

当代城市青年生于改革开放之初，成长于社会主义转型时期。经济和文化的飞速发展在他们身上打下了极深的时代烙印。因此，这一代青年无论是在价值观念、行为方式还是消费方式上均发生了深刻的变化。

2004年年底，《父母必读》杂志与北京新生代市场监测机构联合对"当代中国城市青年价值观念及生活形态"进行了调查，并希望借此研究帮助社会各方面对当代中国城市青年有更全面的了解。

此次调查采取实地问卷调查的方法来进行，调查样本取自北京、上海、广州、深圳、成都、武汉、西安、沈阳等8个城市，共回收有效问卷940份。

通过研究，我们发现，当代中国城市青年的价值观念及生活形态具有以下特点。

一、价值观念趋于理性和务实

当代城市青年一个重要的变化就是从理想向现实的转变。他们比较注重个人利益和欲望满足，但在涉及集体利益与个体利益关系的问题上，集体趋向的价值观仍得到多数青年的认同。对奉献与索取，多数人同意"奉献与索取应该是平等的"，表现出了一种在奉献与索取之间寻求兼顾的可能性的务实倾向。在人生幸福和理想方面，"事业"和"家庭"并重是多数城市青年的选择；在选择衡量个人价值的标准时，"能力"和"知识"则成为主要标准。

二、面对现实，希望与压力并存

当代城市青年是一个自信、不断追求个性与独立的群体。从总体来看，他们对现状比较满意，对未来预期乐观，充满信心和希望。同时，青年期是个体发展的重要时期，这一时期的青年往往面临来自内外部的许多压力。总的来看，当代城市青年的压力主要来自于工作、经济方面。面对压力，他们已经具有一定的承受能力，多数人能够主动寻求社会支持，采取有效措施去调节自己，缓解压力。

三、交友真诚，视野开阔

当代城市青年拥有开放的心态。他们愿意与周围的人真诚相处，互相关心，互相帮助；他们与朋友的沟通方式具有明显的这个时代的特征，电话沟通和手机短信以及网络交流成为主要的沟通方式。同时，在信息急剧膨胀的现代，当代城市青年通过电视、网络和报纸等多元化的信息渠道来获取丰富的信息，不断关注变化中的世界。

四、自主消费，时尚为先

当代城市青年具有独立的消费能力，每月平均的总支出为1274元。由于多数人刚开始工作和社交，所以在消费上以吃喝玩乐为主导，而在自我发展方面的开支几乎微不足道。在消费趋向上，他们大多喜欢追求流行和时尚。同时，重视品牌和产品质量也是这批青年共同的消费特征。

五、在传统与现代的婚姻家庭观念中寻找平衡点

当代城市青年的婚恋观念仍然保留着中国人传统的特点，同时对于网恋、婚外情等非传统的婚姻观念，不少青年也能够接受。在择偶标准上，他们已打破传统的"门当户对"观念，择偶时比较关注对方的人品以及两人是否相爱和投缘等因素。就结婚年龄而言，晚婚似乎已成为当代城市青年中的普遍现象，打算结婚的平均年龄为27～28岁。对于养育孩子，他们有自己的看法，认为应该给予孩子更多的理解和尊重。

（资料来源：http: //www.sina.com.cn, 2005-04-04）

三、市场调查报告主体部分的编写

报告主体是整个报告的核心，也是报告的主要部分，应该包括引言、调查研究方法、调查结果、结论和建议等。

（一）引言

1. 引言的写作形式

引言部分主要介绍本调查项目要解决的问题、要实现的目的及提出的背景。引言即调查报告的开头，好的开头，既可使调查报告的撰写顺利展开，又能吸引读者。引言的写作形式有以下几种。

（1）开门见山，揭示主题。即在文章开始先交代调查的目的或动机，揭示主题。

案例思考 6-11

2015年3月我们对2014级电子商务专业的学生进行有关心理障碍的调查研究，目的是要有针对性地对学生进行健康教育，矫正、疏导各种不良心理，使学生健康成长。

案例思考 6-12

我公司受北京××电视机厂的委托，对消费者进行一项有关电视机的市场调查，预测未来几年大众对电视机的需求量及需求的种类，使××电视机厂能根据市场需求及时调整其产量及种类，确定今后的发展方向。

（2）结论先行，逐步论证。即先将调查结论写出来，然后再逐步论证。这种引言写作形式，观点明确，使人一目了然。

案例思考 6-13

2016年3月，我们对我校400名学生的心理状况进行调查，调查结果显示，不少学生存在不同程度的心理方面的障碍，大致可以分为以下几类。

案例思考 6-14

××牌收款机是一种高档收款机，通过对××牌收款机在××市各商业部门的拥有、使用情况的调查，我们认定它在××市不具有市场竞争力，原因主要从以下几个方面进行阐述……

（3）交代情况，逐层分析。即在文章开头可先介绍背景，然后逐层分析，最后得出结论，也可先交代调查时间、地点、对象、范围等情况，然后逐层分析。这种引言写作形式可使读者有一个感性认识，然后再深入展开分析研究。

 案例思考 6-15

《放眼未来之路——911 名专家人士眼里的中国数据通信网络》的开头："中国邮电电信总局与北京新华信息商业风险管理有限公司于今年 4—5 月间在北京、上海、广州进行了一次大规模的抽样调查，力图考查我国通信网络的现状，并展望未来之路。"在这次调查中，除了涉及特定专业问题外，还围绕着网络化的大趋势设计了许多问题，包括用户目前的网络使用情况、意见、需求等，调查对象是各类单位中通信网络或计算机方面的技术人员。"

 案例思考 6-16

《关于香皂的购买习惯与使用情况的调查报告》的开头："本次关于香皂的购买习惯和使用情况的调查，调查对象主要是中青年，其中青年人（20～35 岁）占 55%，中年人（36～50 岁）占 25%，老年人（51 岁以上）占 20%，女性占 70%，男性占 30%。"

（4）提出问题，引入正题。这种引言写作形式是提出人们所关注的问题，引导读者进入正题。

 案例思考 6-17

《关于方便面市场调查的分析报告》中的开头部分："从×年下半年开始，随着台湾康师傅方便面的上市，各种合资的、国产的方便面如统一、白象、今麦郎等品牌如雨后春笋般地涌现，面对种类繁多的竞争，我们如何立于不败之地，针对这些问题，我们对北京市部分消费者和销售单位进行了有关调查。"

 案例思考 6-18

"随着 4G 手机 iPhone6 的上市，各种合资的、国产的 4G 手机如华为、小米、vivo 等品牌如雨后春笋般地涌现，面对种类繁多的 4G 手机，顾客该如何选择呢？厂家该如何在激烈的竞争中立于不败之地呢？带着这些问题，我们对上海市的部分消费者和销售单位进行了有关调查。"

2. 引言的写作应把握的原则

引言部分的写作方式有很多种，可根据情况适当选择，但不管怎样，引言部分应围绕这样几个问题：为什么进行调查；怎样进行调查；调查的结论如何。引言的作用是向报告阅读者提供进行市场研究的背景资料及相关信息，使阅读者能够大致了解进行该项市场调查的原因和需要解决的问题，以及进行该项市场调查必要性和重要性。

（二）调查研究方法

调查研究方法是描述如何进行市场调查的，调查的对象是谁，采用了哪种调查方法，用什么方法对调查资料进行汇总、整理和统计分析。一般情况下，此部分不需要太长，但应提供必要的信息，使阅读者了解调查资料是如何搜集的，结论是怎样得出的，选择此种方法的原因是什么。如果有必要，报告中还可以简单地介绍一下所采用的方法的特点，以增加客户企业对调查结果的信任度。

案例思考 6-19

本次微波食品的调查主要采用抽样调查的方式，调查方法采用街头拦截访问法与入户访问法。

案例思考 6-20

本次调查主要在各校校园及学生寝室进行，主要以问卷调查的形式为主，调查方式为配额抽样，采用的调查方法是：进入学生寝室进行入户访问或留置问卷调查，在校园内进行拦截式问卷调查。

（三）调查结果

调查结果部分是调查报告的主要内容。在一份调查报告中，调查结果应以陈述形式进行表述，并配以表格、图形、数字，以进一步支持和加强对结果的解释，还要对图表中的数据资料所隐含的趋势、关系或规律加以客观描述。对调查结果中的图表，要用最准确、恰当的语句进行解释、分析，结构要严谨，推理要有一定的逻辑性。

案例思考 6-21

关于"武汉城区与郊区方便面消费差异"的调查结果

武汉城区消费者与郊区消费者对方便面的消费在消费数量、价格选择、包装选择、购买渠道以及品牌选择等方面存在较大的差异。

1. 郊区消费者对袋装方便面消费的比例明显高于城区消费者，两者的比例分别是77.2%和57.2%；而城区消费者对桶装、杯装的偏好度又明显高于郊区消费者，两者的比例分别为42.8%和22.8%，这可能与城区消费者的消费水平较高和更注重方便面的方便快捷有关。

2. 在购买最多的袋装、桶装方便面的价位选择中，城区与郊区消费者表现出较大差异：

对袋装价位的选择，城区消费者更多倾向于 1.0～2.0 元，比例达到 58.1%，选择"2.0 元以上"的也有 16.8%；而郊区消费者则倾向于 1.0 元以下的价位，高达 64.5%（见图 6-7）。城区大众化价位是"中高档"，郊区大众化价位是"中低档"。这与城区的消费水平普遍高于郊区有一定关系。

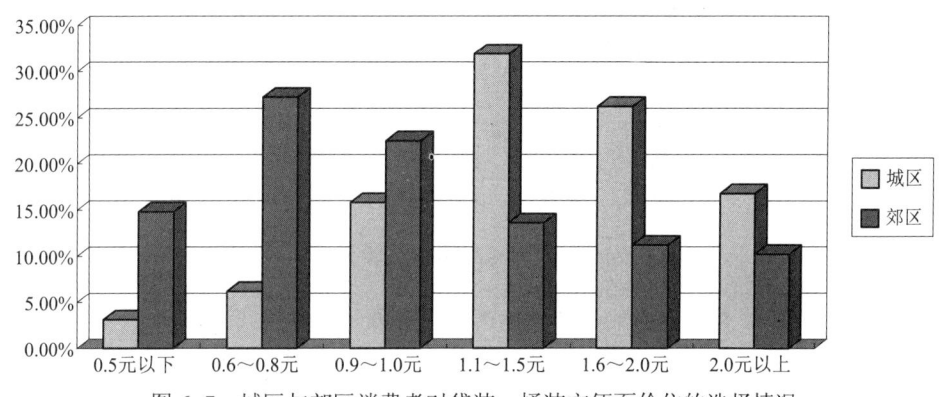

图 6-7　城区与郊区消费者对袋装、桶装方便面价位的选择情况

3. 在回答"方便面的价格低于什么价位会怀疑其质量较差，从而放弃购买"的问题时，两者也存在较大差异（见图 6-8）：58.0%的郊区消费者怀疑 0.5 元以下的方便面质量会存在问题，而城区消费者这一数据仅为 30.3%；城区消费者认为 1 元以下的方便面质量会存在问题的达 29.7%，而郊区消费者这一数据则为 15.9%。对比表明：两者对与价格相关的质量判断标准有所不同，这可能与两者消费人群所集中的价格区段不同有关。

4. 在购买渠道选择上，郊区与城区的消费者明显表现出不同的特性：49.1%的郊区消费者在小商店购买方便面；城区消费者在小商店购买的则只有 16.1%，一半以上（53.0%）的购买渠道为中小型超市。郊区的购买渠道以小商店为主，其原因可能与中小型超市在郊区的网点分布不多有关，因此在郊区销售渠道上要注重小商店的铺货。

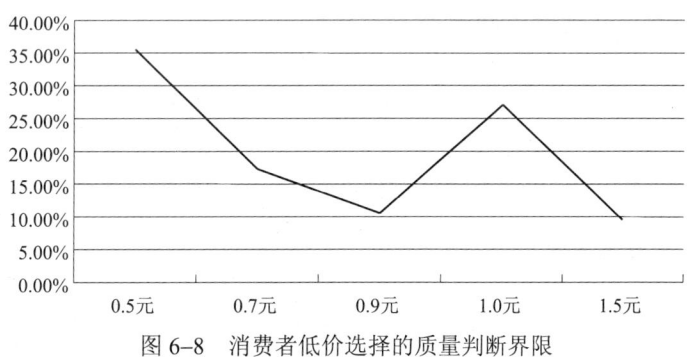

图 6-8　消费者低价选择的质量判断界限

案例思考 6-22

关于购房者家庭月收入的调查结果

[调查结果] 如图 6-9 所示，4 000 元以下：8%；4 000～6 000 元：28%；6 000～8 000

元:45%;8 000元以上:19%。

[调查结论]购房者购房能力明显增强。

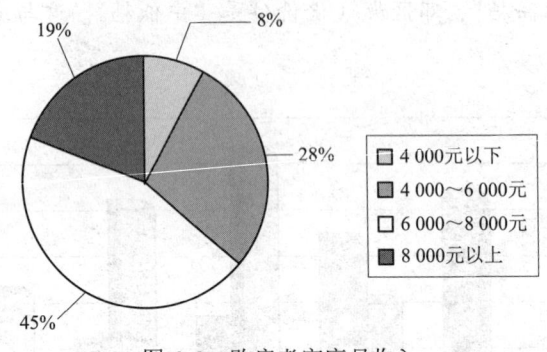

图6-9 购房者家庭月收入

[结论分析]调查结果显示,购房者月收入为6 000~8 000元的人群最多。一般来说,住房总价约为家庭收入的十倍,60万~80万元的住房应为合肥市场的主流产品。另外,房地产专家认为,买房的月供不宜超过家庭收入的30%。以6 000元为例,采用银行贷款按揭方式购房,考虑到生活上的各种开销,还贷能力为每月1 800元比较合理。8 000元以上的人群比例为19%,说明高端住宅的需求还是比较旺盛的。

 案例思考6-23

关于大学生对快递公司服务不满意的主要原因的调查结果

调查结果显示,大学生对快递公司服务的不满意,主要体现在快递的速度、物品丢失、快递员的态度等方面。快递主要讲求的是速度,同样,大学生快递市场中他们对于快递公司服务不满意的最主要原因之一就是快递投递延期,占到了56.5%。另外约有23%的大学生对于快递员的服务态度不满意,认为快递员的服务态度恶劣,没有耐心(见图6-10)。

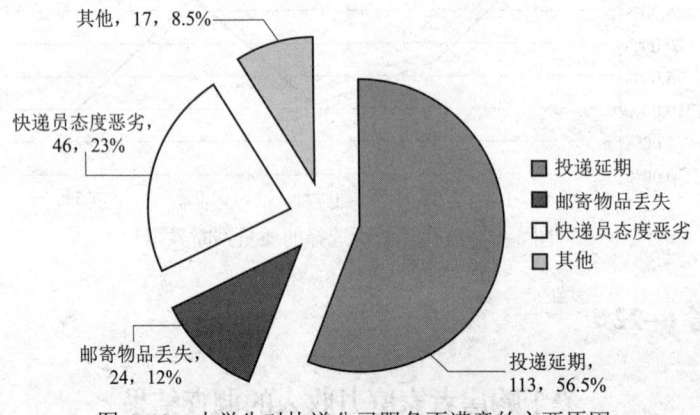

图6-10 大学生对快递公司服务不满意的主要原因

此外还有 12%的大学生遇到过邮寄物品丢失的现象，说明了快递公司在管理和运输方面还有待提高。尤其是对于初次使用快递的大学生来说，如果遇到这种情况，将很大程度上影响大学生对快递公司的信任，进而在下次使用时不会再选择之前的快递公司。最后还有 8.5%的大学生是出于其他原因而对快递公司的服务产生不满，这其中可能包括外包装过于简易甚至破旧，物品内部杂物过多等原因。这些情况虽然少见，但同样在很大程度上影响了大学生对快递公司服务的态度。

（四）结论和建议

结论和建议是调查报告阅读者最为关注的部分。应根据调查结果总结出结论，并结合企业或客户情况提出其所具备的优势与所面临的困难，提出解决方法，即建议。

结论和建议有以下几种表现形式。

（1）概括全文。综合说明调查报告的主要观点，深化文章的主题。

（2）形成结论。在对真实资料进行深入细致的科学分析的基础上，得出报告结论。

（3）提出看法和建议。通过分析，形成对事物的看法，在此基础上，提出建议或可行性方案。

结论和建议的语言要求是：简明扼要，使读者明确题旨，加深认识，对建议进行判断、评价，能够启发读者思考和联想。

结论和建议与正文部分的论述要紧密对应，不可以提出无证据的结论，也不要没有结论性意见的论证。同时这部分内容要具有可行性和可操作性，且有应用价值。

 案例思考 6-24

关于某慈善组织调查报告的结论和建议示例

结论：
1. 消极印象并不是影响捐赠与否的主要因素，积极印象也不一定会转化为捐赠行动。
2. 非捐赠者缺少关于组织的足够信息。
3. 对该组织及其所属组织缺乏了解。
4. 被调查者认为该组织在管理上花费了过多的捐赠资金。
5. 该组织在竞争有限的捐赠资金。

建议：
1. 做进一步的调查，以确定非捐赠者对该组织及其服务宗旨的了解程度。
2. 向潜在捐赠者提供有关该组织的宗旨、所支持的组织、合理的管理成本等方面的信息。
3. 加大在工作场所开展宣传活动的频率，通过各种途径来增加公众对捐赠方法的了解。
4. 该组织应制定适度竞争的营销策略来应对竞争对手。

四、市场调查报告结尾部分（附件）的编写

附件是与调查过程有关的各种资料的总和，这些内容不便在正文中涉及，但在阅读正文时或者检验调查结果的有效性时，需要参考这些资料。附件中包括的主要内容有：

(1) 项目策划书；
(2) 抽样方案，包括样本点的分布和样本量的分配情况等；
(3) 调查问卷；
(4) 主要质量控制数据，如调查中的拒访率、无回答率等。

一些有经验的市场调研人员可以根据上述内容判断调查结果的有效性。除上述内容外，如果在调查中使用了其他的二手资料，在允许的情况下也应当向客户提供，作为参照。对于具有保密价值的材料，调查公司应当提供多少，可以由双方在签订合同时予以确认，必要的时候客户应当为获得这些材料付费并且做出保密的承诺。

案例思考 6-25

高职院校学生学习状况调查报告

摘要：高职教育这几年发展势头良好，招生规模日益扩大，但伴随而来的一个显著的负面效应是学生学习积极性的普遍下降，这是制约高职院校发展的一个瓶颈。为了能了解影响高职院校学生学习积极性的因素，帮助他们树立正确的学习态度，本课题组特意设置调查问卷进行了广泛的调查分析。

关键词：高职院校　学生学习状况　调查分析

本课题组成员于2010年8月至2010年11月对区内部分高职院校进行了调查，调查方式有问卷调查、访问调查，采取随机抽样方式对430位同学进行了调查，收回问卷420份。我们的调查问卷采用五分态度量表和开放题形式，在态度量表问卷填写过程中有个别同学对有些问题没有填写答案，不过不影响我们的调查效果。

一、调查基本情况

（一）对知识的认知方面的调查情况

对"知识无用论"这句话的赞同度，总共有398人作答，182人非常赞同，所占比例为45.7%，39人赞成，65人一般赞成，73人不赞成，39人非常不赞成。从这里可以看出高职学生的学习积极性很大部分可能是受到当今"知识无用论"的影响，只有39人认为"知识有用"。对"职业生涯规划对高职生的前途的有用性"的态度，有374人作答，186人认为非常有用，111人认为有用，74人认为一般，2人认为没用，1人认为非常没用。对"拥有广博的知识和较强的能力就有美好的前途"的看法，有396人作答，113人非常赞同，135人赞同，125人一般赞同，18人不赞同，5人非常不赞同。对"掌握一门职业技能是你学习的最大动力"的看法，有402人作答，104人非常赞同，168人赞同，106人一般赞同，17人不赞同，7人非常不赞同。

（二）自我认知方面的调查情况

在"对以后就职充满信心"的调查中，有391人回答问题，92人对自己的就职非常有信心，105人充满信心，151人一般有信心，38人没有信心，5人非常没有信心。从这里可以看出，绝大部分同学对自己的未来就职的信心不足。在"当学习遇到很大压力时你的态度"的调查中，有360人作答，其中42人面对压力抱有非常积极的态度，85人的态度积极，165人一般积极，56人消极，12人非常消极，绝大部分同学面对压力没有非常积极的态度。"你对自己的优缺点了解得怎样"有395人作答,其中57人认为非常了解,111人认为了解,168人一般了解,47人认为不了解,12人认为非常不了解,可见绝大部分同学对自己的优缺点没有足够的认识。"你的学习积极性如何"394人作答,51人认为学习非常积极,119人认为积极,174人认为一般,42人不积极,8人非常不积极。在"不受同学的态度影响保持积极的态度"的调查中有393人作答,157人认为影响一般,125人认为受到影响,从这里可以看出,高职生学习积极性受同学的影响比较大。"老师的教学态度对你学习的影响大还是不大"有395人作答,120人认为非常有影响,132人认为有影响,112人认为影响一般,24人认为没什么影响,7人认为根本就没影响,看来老师的教学态度是否端正对学生的学习积极性的影响很大。"家庭比学校对你学习的积极性影响更大,你怎么看?"有398人作答,86人非常赞同,123人赞同,157人一般赞同,18人不赞同,14人非常不赞同,由此可以看出家庭是影响高职生学习积极性的重要因素。

(三)课程学习方面的调查情况

"老师的人格魅力能提高学生学习积极性,你怎么看?"有401人作答,128人非常赞同,152人赞同,101人一般赞同,18人不赞同,2人非常不赞同,从这里看出要提高学生的学习积极性,作为任课老师,要提高自己的人格魅力,要在同学心目中树立良好的形象。"采用诱导法比循规蹈矩更能吸引学生的注意力,你怎么看?"有397人作答,132人非常赞同,148人赞同,83人一般赞同,22人不赞同,12人非常不赞同。"老师在教学中创设问题情境更能提高学生积极性,你怎么看?"有418人作答,122人非常赞同,151人赞同,126人一般赞同,17人不赞同,2人非常不赞同。由此可见老师在教学中可以适当创设问题情境来激发学生的学习积极性。"当你在学习中遇到困难,你怎么看待老师的指点帮助?"有399人作答,127人认为非常需要得到老师的帮助,171人需要帮助,84人无所谓,17人不需要,看来很大部分同学在学习中遇到困难时是需要得到老师帮助的。"在课堂教学中,老师先把教学目的和要求说出来对学生的学习积极性很有帮助,你怎么看?"有400人作答,231人非常赞同,146人一般赞同,23人不赞同,赞同的占94.25%,不赞同的占5.75%,所以老师在每堂课的教学中,先把本次课的教学目的和要求告诉学生,可能会有利于学生的学习和听课。

二、开放性问题调查情况

本次调查问卷共设置两个开放性问题,一题是"你觉得学校在学习环境方面哪些值得改进?"绝大部分同学认为学校环境方面需要改进,宿舍条件太差,教室课桌椅需要更新,绿化面积太少,食堂饭菜质量需要提高,运动场所太少,图书馆资源比较缺乏,学生宿舍用水得不到满足,有部分同学建议宿舍的灯由自己控制,也有部分同学认为宿舍晚上熄灯要早点。在第二个开放性题目"你觉得老师在教学中应怎样提高学生的学习积极性?"的回答中,绝大部分同学认为老师要提升自己的知识水平和生活阅历,在教学中不要墨守成规,课堂上可以做些互动的游戏,多讲些与课本相关的课外知识,上课不要太严肃,讲话要风趣,多采用诱导法来提高同学们的学习积极性,改革传统的教学模式,在上课前给学生明确方向,这样学生在听课时就能做到心中有数,有的学生强调老师和学生的互动性,课堂上没有师生之分,只有伙伴和朋友关系;有的学生提议老师结合自己的经验多讲点人生观,以此来引导学生树立正确的价值观、人生观和学习理念,老师在课堂提问时多鼓励同学们,同学们回答问题时给予他们期许的眼光;有的学生提议老师在课堂上实行走动式管理,要适当给点压力，不要太放纵学生；也有的学生提议老师多提问，开展小组作业，提高学生们的团队合作意识。

三、调查结论

本次调查的态度量表是从对知识的认知方面、自我认知方面、课程学习方面的调查情况三个维度来进行调查的，调查的结论主要有以下几个。

（一）学生对知识的认知影响自身学习的积极性

从调查的结果来看，很大部分学生的学习积极性不高是因为受到"知识无用论"的影响。在问及"既然知识无用，那为什么还要选择来学校读书？"时，部分学生的回答是因为出于无奈才选择升学；也有部分学生对"知识无用论"持中立态度，不知道读书到底有没有用。从这里可以看出，学生对知识的认知是处于一种复杂的状态。对知识认知的模糊影响了学习积极性，这在高职学生中是一种普遍的心理现象，其原因是高职学生在高中阶段的学习就比较落后，受到很多不良因素的影响。

（二）学校的环境影响学生的学习积极性

学校的环境是影响学生学习积极性的一个重要因素。环境因素包括学习图书馆的馆藏资源是否充实、教室的设备设施是否完善、学生宿舍的条件是否能得到进一步的改善、学校的绿化面积是否充足、运动场所是否完备等，这些都是影响学生学习积极性的重要因素。近年来，高校规模的扩张，带来了一个重要的负面效应，就是学校的教学条件跟不上，导致教学资源稀缺，这是很多高职院校在发展过程中存在的一个普遍现象，这就需要高职院校在扩大招生规模的同时，也要相应地对学生的学习环境进行优化，在保健因素方面使学生感到满足。

（三）需要与欲望的满足是影响学生学习积极性的一个因素

当代大学生属于90后95后一代，大部分是独生子女，一直成长在繁重的学习任务之中，缺少独立的锻炼能力，自主意识比较强，为他人考虑、遭受挫折和接受磨炼的意志力相对来说比较差。很多学生认为在学习过程中希望得到老师的理解和帮助，并希望老师能深入到学生当中去，做学生的知心朋友，关心学生的日常生活，及时为学生排忧解难。其次，学生对学校相关部门提出的意见希望能尽快得到解决，这样学生会从心理上感到有安慰感和归属感，从而会在内心深处感激学校，进而会提高自己的学习积极性。

四、研究方法的反思

本次调查主要选取了本市的部分高校，我们认为，在进一步研究中，有必要在不同地区选择不同的高职院校作为样本，以验证本课题的结论。另外在研究方法上没有更进一步研究高职生学习积极性与调查项目之间到底存在什么样的线性关系，因此今后更应该在这方面做深入的研究。（本调查报告发表在《出国与就业》2011年第10期上，作者董常亮、庄小彤，有改动）

五、撰写市场调查报告的技巧

（一）叙述技巧

调查报告中的叙述主要用来说清问题的由来，阐明调查与预测活动所要达到的目标及要求，给出结论和建议。叙述技巧大致有以下几种。

（1）概括叙述。即对调查的过程和情况进行概略的陈述，不需要对细节详加铺陈。

（2）按时间顺序叙述。即按时间顺序交代调查的目的、对象和经过，前后连贯。例如，开头部分叙述事情的前因后果，正文部分叙述市场的历史与现状。

（3）叙述主体的省略。即叙述主体在市场调查报告的开头部分出现后，在后面即可省略。例如，市场调查报告的主体通常是报告编写者，叙述中用第一人称即可。

（二）说明技巧

1. 数字说明

较多地使用数字、图表表示，是调查报告的主要特征。在进行数字说明时，要注意以下两点。

（1）使用汉字和阿拉伯数字应统一。总的原则是：凡是可以用阿拉伯数字的地方均使用阿拉伯数字。

（2）运用数字的技巧。为了让统计数字更加鲜明生动，通俗易懂，撰写报告时应注意运用数字的技巧。

2. 分类说明

即根据主题的要求，将资料按一定的标准分为若干类，分别说明。如将调查搜集到的资料按地理位置和经济水平进行分类，每类设一小标题，并做进一步说明。

3. 举例说明

即举出具体的、典型的事例来说明市场发展变化情况。在市场调查中会遇到大量的事例，可从中选择具有代表性的例子。

4. 表格说明

表格以其清晰、直观、形象的说明特点，被广泛应用于市场调查报告当中。制作表格时应注意以下几点。

（1）每张表都要有序号和标题，标题要简明扼要，一般包含时间、地点和内容。

（2）项目的排列顺序要适当，按所强调的要素排列。如若强调的是时间，则按时间顺序排列。

（3）少用线条，以空白来分隔各项数据。

（4）标明各种数据的单位，若只有一种单位，则在标题中统一注明。

（5）层次不宜过多，变量较多时，可酌情列数表。

（6）分组要适当，不宜过多或过少，以能说明问题为最优。

（7）给出必要的说明和标注。

（8）要标明数据的来源。

（9）小数点、个位数、十位数等应上下对齐。

5. 图形说明

设计和制作图形时应注意以下几点。

（1）每张图形要有序号、标题等相关说明。

（2）根据说明需要排列项目。

（3）尽量避免使用附加的图标说明，说明应尽量标在对应的位置上。

（4）数据和作图用的笔墨之间的比例要适当，既要清晰又要简明。

（5）选择适当的度量单位，要均衡地表现图形，使所有的差异都是可视和可解释的。

（6）作图时最好使用颜色，辅以文字说明。颜色和纹理的选择要有一定的逻辑性。

（7）图形要符合读者的阅读习惯。

（8）要注明数据来源。

（三）语言运用技巧

1. 用词技巧

（1）严谨。语言严谨表现为选词造句要精确，分寸感强。

（2）简明。在叙述事实情况时，力争以较少的文字清楚地表达较多的内容，要毫不犹豫地删除一些不必要的词句。

（3）通俗。调查报告的语言应力求严肃，平易近人，但也不能平淡无味，要求报告编写者加强各方面的修养和语言文字表达的训练，才能写出生动、通俗易懂的高水平的报告。

2. 句式技巧

市场调查报告以陈述句为主，陈述调查的过程和市场情况，表示肯定或否定的判断，在建议部分会使用祈使句表示某种期望。

（四）议论技巧

1. 归纳技巧

即运用归纳法对市场调查过程中掌握的若干具体的事实进行分析论证，得出结论。

2. 局部论证

即将市场调查的项目分成若干部分，然后对每一部分分别进行论证。由于市场调查报告不同于议论文，不可能形成全篇论证，只是在情况分析中做出局部论证，如对市场情况从几方面进行分析，每一方面形成一个论证过程，用数据等资料作为论据去证明其结论，形成局部论证。

项目小结

根据市场调查与统计分析业务活动顺序，本项目主要是前面几个项目的成果体现——撰写市场调查报告。调查报告是充分体现调查质量的关键环节，市场调查报告的内容、写作质量和提交方式决定着能否卓有成效地将市场调查人员的成果传达给有关的公司或政府机构的决策人员，使他们能够很好地利用市场调查的这些成果进行决策。有时候，一份写作质量低劣的市场调查报告，甚至可以将一次组织优良的调查活动所取得的成果一笔勾销。

市场调查报告是市场调查与统计分析活动过程与结果的一种表现形式，是一种以文字、图表等书面形式反映调查与统计分析过程及结果的分析报告，以使包括客户在内的读者对所调查与统计分析的主题及其背景有一个全面、系统的了解和认识。市场调查报告是市场调查与统计分析工作的最后一个环节，报告的撰写质量对于市场调查与统计分析工作的成败起着关键性的作用。

能力提升

关于大学生上课使用手机的调查报告

一、引言

随着时代的变迁，科技的高度发达，社会发生了日新月异的变化，人们的生活质量随之上升,生活方式因此改变。这种变化也为大学生的生活方式带来了不可忽视的改变。大学生不但是知识传承的载体,还是崇尚和实现创新的活跃群体。随着社会信息化进程的加快,高新科技产品成为消费热点,手机作为其代表之一,早已是大众生活的必需品。手机是现代社会的一种重要的媒介,它集上网、通信等多功能于一身,手机已成为大学生对外交流的重要工具。手机的日益多元化对于今日的大学生显然有着与众不同的意义。

二、调查结果分析

(1)在参加本次调查的成员中有37.5%为大一的学生,62.5%为大二学生,在调查中发现,大二的学生使用手机的频率高于大一学生。

(2)90%左右的学生支持"上课时将手机调成静音或关机",但也有绝大部分学生依然在课堂上看手机。

(3)大部分学生都有上课玩手机的习惯,并且这些学生表示上课使用手机主要是进行聊天、浏览网页、看小说、玩游戏等消遣活动,主要是打发无聊的时间。

(4)75%左右的学生认为上课玩手机弊大于利,但也有部分学生认为利大于弊。

(5)78.8%的学生在选修课、必修课上普遍玩手机,而在专业课上比较少。

三、结论

(一)大学生在课堂上用手机上网已成普遍现象

不管是课业轻松的文科生还是课业紧张的理科生,在课堂上用手机上网已经成为大学的一种普遍现象,至少有1/3的学生经常在课堂上上网。

(二)手机已经渗透到大学生的日常生活和学习中,与电脑一样,是大学生生活中不可缺少的一部分

在手机的相关使用和消费中,大学生充分体现了年轻人的敢于尝试新鲜事物、勇于创新、张扬个性的优点。但是,在某些方面,大学生因为缺乏经验,还是不能理智地思考,在手机的使用和消费中没有过于详细的计划,在学习与娱乐中并没有找到切合自己的平衡点,结果浪费了自己的精力与财力。在学习方面,大学生的自主学习的能力还很弱,应该有意识地进行自我训练,以达到自身能力的提高。总之,手机将成为今后决定人类社会快速发展的核心技术之一,并将快速、持续、健康地成长。

四、附件

大学生上课玩手机问卷调查

亲爱的同学,你好!为了调查和研究大学生上课玩手机的状况和原因,我们设计了此问卷。

我们承诺将对各位所写的信息只做数据统计与分析,并将进行严格的保密。谢谢大家!合作愉快!

(请在你选的答案前的方框内打"√")

1. 你的性别?
　　□A. 男　　　　□B. 女

2. 你所在的年级?
   - □A. 大一   □B. 大二   □C. 大三   □D. 大四
3. 你现在拥有自己的手机吗?
   - □A. 有   □B. 没有
4. 你在课堂上是否经常玩手机?
   - □A. 是   □B. 否   □C. 偶尔
5. 你一般在什么课上会玩手机?
   - □A. 必修课的公共课   □B. 必修课的专业课   □C. 全校公选课
6. 上课时,你会经常情不自禁地查看一下自己的手机吗?
   - □A. 经常   □B. 偶尔   □C. 从不
7. 你认为上课使用手机这种行为是否合理?
   - □A. 是   □B. 否
8. 上课玩手机时都在玩什么?
   - □A. 玩游戏、看电影或看小说   □B. 发短信
   - □C. 聊QQ、看朋友圈   □D. 看学习资料   □E. 看微博
9. 如果你上课玩手机一般会玩多长时间?
   - □A. 只是随便浏览,加起来不过5分钟
   - □B. 6~10分钟
   - □C. 11~20分钟
   - □D. 20~30分钟,近乎整节课
10. 你玩手机主要的原因是什么?
    - □A. 打发时间   □B. 习惯
    - □C. 课堂无聊   □D. 查资料   □E. 放松一下
11. 在课堂上玩手机时,你怕不怕被老师发现?
    - □A. 不怕   □B. 还是怕的
12. 老师是否劝过你不要玩手机?
    - □A. 劝过   □B. 没劝过
13. 你对自己上课玩手机,内心深处会有一种内疚的感觉吗?
    - □A. 有   □B. 没有   □C. 没想过这样的问题
14. 你觉得上课玩手机会影响你的成绩吗?
    - □A. 觉得会   □B. 不觉得   □C. 不清楚
15. 如果上课时间使用手机,你会调成静音模式吗?
    - □A. 会   □B. 不会   □C. 看情况
16. 你身边上课玩手机的同学多不多?
    - □A. 很多   □B. 很少   □C. 有些   □D. 没有
17. 如果你在课堂上看到同学玩手机,你心里会怎么想?
    - □A. 很正常,见怪不怪
    - □B. 觉得不是太好,但也没办法
    - □C. 很希望老师可以阻止他(她)

　　　　□D. 真是太不尊重老师，太不爱学习了
　　18. 你觉得要怎样才能使你放弃在课堂上玩手机？
　　　　□A. 那是不可能的，无论如何我还是得玩
　　　　□B. 学校把那些没用的基础课删掉，我就不玩了
　　　　□C. 学校请那些上课风趣生动的老师来讲
　　　　□D. 只要老师来管我，我就不玩了
　　19. 上课时间听到同学的手机屡次响，你会怎么做？
　　　　□A. 觉得他（她）没礼貌，但是没办法
　　　　□B. 口头指责或者提醒他（她）
　　　　□C. 没什么感觉，习惯了
　　20. 你希望怎样对待那些玩手机的同学，包括你自己？
　　　　□A. 照常，睁一只眼闭一只眼
　　　　□B. 让老师提出必要的口头批评
　　　　□C. 让老师没收手机
　　　　□D. 让学校记过，严重的还可以处分，扣德育分
　　21. 你对大学生上课期间玩手机有什么意见或看法？

提问：该调查报告和问卷设计有没有问题？如果有，请指出来。

习　　题

一、选择题

1. 在市场调查报告中应该体现的内容是（　　）。
　　A. 解释调查原因　　　　　　B. 陈述调查内容
　　C. 指明调查方法　　　　　　D. 展示调查结果
2. （　　）是调查报告内容的浓缩。
　　A. 题目　　　　　　　　　　B. 摘要
　　C. 目录　　　　　　　　　　D. 调查结论
　　E. 调查建议
3. 市场调查报告在营销管理活动中的作用有（　　）。
　　A. 可作为委托方营销管理活动的参考文件
　　B. 证明调查人员确实履行了合同
　　C. 可以用来衡量调查工作开展的质量
　　D. 可以作为企业历史资料供以后参考
4. 市场调查报告的特点有（　　）。
　　A. 针对性　　　　　　　　　B. 求实性
　　C. 创新性　　　　　　　　　D. 时效性
　　E. 科学性
5. 撰写市场调查报告应坚持的原则是（　　）。

A. 简明扼要　　　　　　　B. 客户导向
C. 真实性　　　　　　　　D. 具体化
E. 紧扣主题

二、判断题

1. 题目是调查者对全部调查资料价值（意义）的准确概括，但它不是调查报告的中心问题。（　　）
2. 只有针对性强的选题才能使市场调查报告发挥作用。（　　）
3. 市场调查报告可以用大量的图表来代替文字性的说明工作。（　　）
4. 市场调查报告的摘要部分一般在完成报告后写，所以并不是很重要。（　　）
5. 由于时间、经费、调查组织等因素的制约，市场调查报告都有其局限性，而这会影响其信任度，所以报告中尽量不要披露。（　　）
6. 市场调查报告是将调查方案、质量控制方案等原始的文件重抄一遍，或者是稍加修改。（　　）

三、简答题

1. 市场调查报告的结构由哪几部分组成？
2. 调查报告的摘要包括哪些内容？
3. 撰写调查报告时使用语言的要求有哪些？
4. 撰写调查报告时使用数字的技巧有哪些？
5. 为什么说市场调查报告是衡量一项市场调查项目质量水平的重要标志？
6. 找出你喜欢的几篇市场调查报告，从结构和内容上比较它们的优缺点。

四、案例分析题

案例1

毕 业 设 计（论 文）

论文题目：<u>绿地城堡住宅小区调查报告</u>
学位类别：<u>　　　工学学士　　　</u>
学科专业：<u>　　　工程管理　　　</u>
作者姓名：<u>　　　　　　　　　</u>
导师姓名：<u>　　　　　　　　　</u>
完成时间：<u>　2014年5月20日　</u>

2014年合肥购房者问卷调查

发放份额：本次调查发放问卷1 000份，有效回收问卷856份。

调查年龄：年龄最小的被调查者为22岁，年龄最大的被调查者为60岁，平均年龄为38.26岁。

一、购房者年龄段

［调查结果］20~30岁：28%；30~40岁：46%；40~50岁：18%；50岁以上：8%。

［调查结论］30~40岁购房者为购房主力。

［结论分析］调查显示（见图6-11），潜在购房者的年龄结构主要集中在30~40岁，占了接近总人数的50%（为46%），这个年龄段的人群收入基本固定，在购房计划上大多为首次置业，其中也有收入较高者为改善性住房或者为投资性置业。50岁以上的年龄段占人数的8%，该年龄段的购房行为主要是二次置业或者为子女购房。

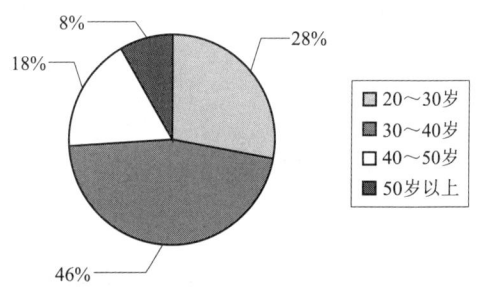

图6-11 购房者年龄段

二、购房者职业构成

［调查结果］公务员及事业单位：22%；企业职员：39%；私营业主：22%；自由职业者：12%；其他：5%。

［调查结论］企业职员购房者为购房主力。

［结论分析］调查显示（见图6-12），企业职员的购房意向最为强烈，他们收入稳定，具备购房和还贷的能力，对一次置业或者改善性住房的需求较大。而收入稳定且工薪较高的公务员及事业单位的职员在职业构成的比例上已退居第二位，主要受益于货币安置或福利分房，目前这部分人群多为投资性购房。

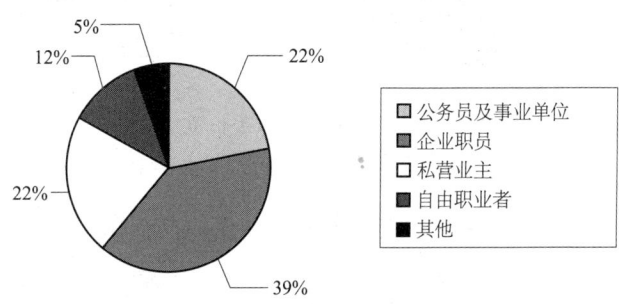

图6-12 购房者职业构成

三、购房者家庭月收入

[调查结果] 4 000 元以下：8%；4 000～6 000 元：28%；6 000～8 000 元：45%；8 000 元以上：19%。

[调查结论] 购房者购房能力明显增强。

[结论分析] 调查显示（见图 6-13），购房者月收入为 6 000～8 000 元的人群最多。一般来说，住房总价约为家庭收入的十倍，60 万～80 万元的住房应为合肥市场的主流产品。另外，房地产专家认为，买房的月供不宜超过家庭收入的 30%。以 6 000 元为例，采用银行贷款按揭方式购房，考虑到生活上的各种开销，还贷能力为每月 1 800 元比较合理。月收入 8 000 元以上的人群比例为 19%，说明高端住宅的需求还是比较旺盛的。

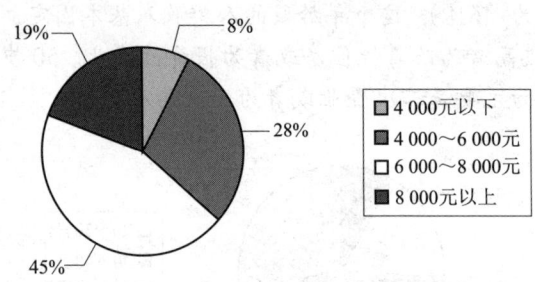

图 6-13　购房者家庭月收入

四、购房者承受价位

[调查结果] 7 000 元以下：28%；7 000～8 000 元：32%；8 000～9 000 元：22%；9 000～10 000 元：10%；10 000 元以上：8%。

[调查结论] 房价在 7 000～8 000 元的房屋多被接受。

[结论分析] 合肥市的房价在涨，虽然购房者希望房价越低越好，但是在实际购房当中，5 000 元以下的房子很难找，购房者也变得理性些了。调查显示（见图 6-14），7 000～8 000 元的比例占到 32%，表明接近 1/3 的人群接受这个区域的价格，购买能力显著加强。

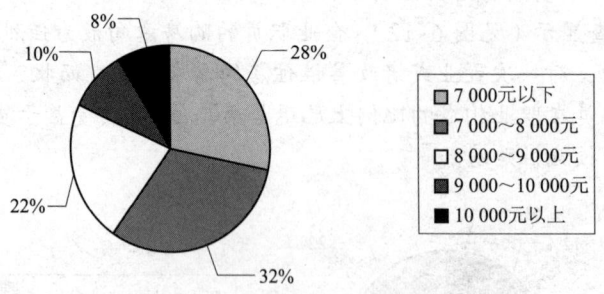

图 6-14　购房者承受价位

五、选择住房户型

[调查结果] 小别墅：6%；一室一厅：15%；二室一厅：10%；三室一厅：9%；二室二厅：48%；三室二厅：12%。

[调查结论] 二室二厅的户型房屋多被接受。

[结论分析] 调查显示（见图 6-15），消费群体对偏小户型比较喜爱，目前最受喜爱的户

型是二室二厅,占 48%,一室一厅占 15%,小别墅占 6%,一室一厅占 15%,二室一厅占 10%,三室一厅占 9%,三室二厅占 12%。

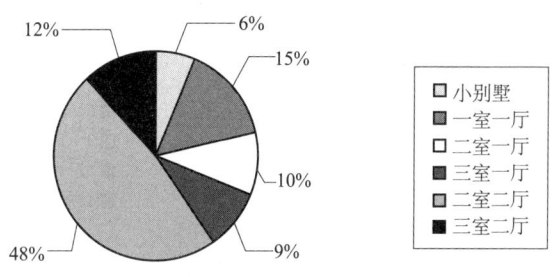

图 6-15　选择住房户型

六、选择建筑面积

[调查结果] 80 m² 以下：28%；80～90 m²：32%；90～100 m²：22%；100～110 m²：10%；110 m² 以上：8%。

[调查结论] 建筑面积在 80～90 m² 的房屋多被接受。

[结论分析] 人们在偏爱小户型的同时，追求空间的宽阔、实用，不再盲目追求很大的建筑面积。与户型相对应，80～90 m² 最受欢迎，占 28%，90～100 m² 占 20%，100～110 m² 占 18%，110 m² 以上占 12%，80 m² 以下占 22%（见图 6-16）。

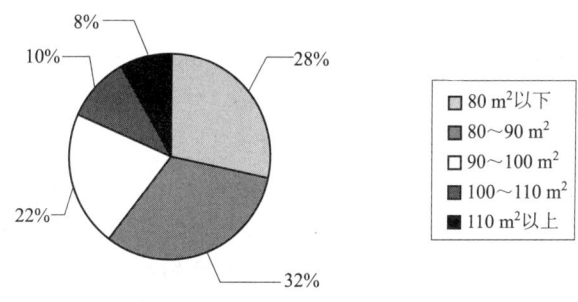

图 6-16　选择建筑面积

七、选择建筑楼层

[调查结果] 5 层及以下：18%；6～8 层：34%；9～11 层：28%；12～16 层：11%；16 层以上：9%。

[调查结论] 楼层在 6～8 层的房屋多被接受。

[结论分析] 随着越来越多的小高层、高层住宅的出现，小高层住宅逐渐被人们所接受。调查显示（见图 6-17），喜欢 6～8 层的占 34%，7～11 层的占 28%，12～16 层的占 11%，16 层以上的占 9%，5 层及以下的占 18%。

八、购房者购房目的

[调查结果] 满足居住要求：34%；改善住房条件：28%；为父母或子女购房：22%；第二居所：11%；投资：5%。

[调查结论] 多数人的购房动机是自住，需求性消费仍是主流。

[结论分析] 调查显示（见图 6-18），目前购房者的购房目的主要是解决居住，改善住房

条件。而投资性住房的比例只有5%,这与国家相关政策的宏观调控和持续加息、银根收紧等一系列调控房地产市场的组合拳息息相关。

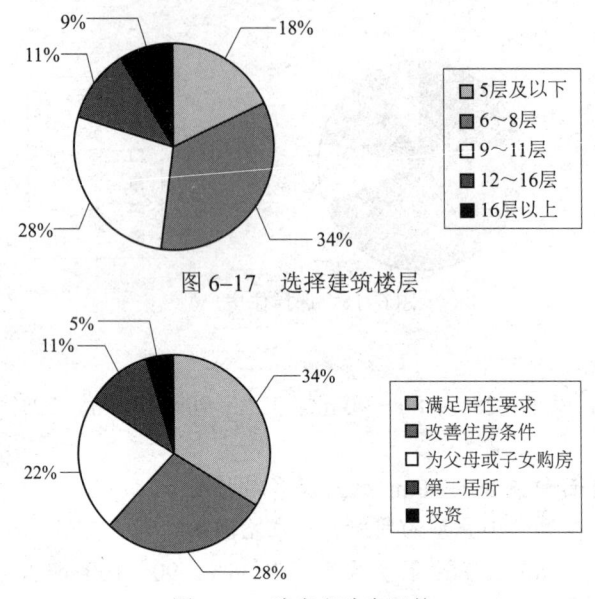

图6-17　选择建筑楼层

图6-18　购房者购房目的

九、采用的付款方式

[调查结果] 一次性付款:14%;银行按揭贷款:45%;住房公积金贷款:35%;组合贷款:3%;其他:3%。

[调查结论] 银行按揭贷款仍是首选的付款方式。

[结论分析] 调查显示（见图6-19),居民购房的资金来源的主要方式是银行按揭贷款,占到的比例接近50%(为45%)。随着居民收入的增加,消费水平的提高,以及消费理念的改变,银行按揭贷款在采用的付款方式中的比例会不断增加。

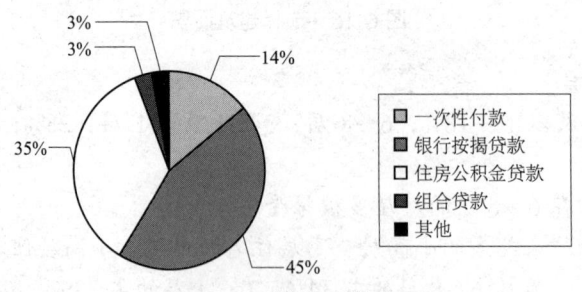

图6-19　采用的付款方式

十、预计购房时间

[调查结果] 2014年内:52%;2014年以后:48%。

[调查结论] 半数以上购房者打算2014年买房。

[结论分析] 调查显示（见图6-20),人们对2014年的住房市场有着强烈的购买需求,预计2014年将迎来购房高峰期。当然也有接近一半的人持观望态度,但这种购房需求仍然现

实存在，只是在一段时间内暂时延缓了对需求的释放。

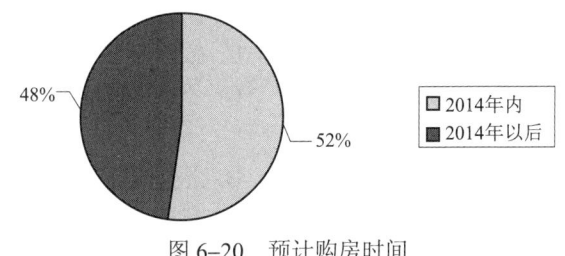

图 6-20　预计购房时间

附件

住宅市场消费者调查问卷

1. 您的年龄是：
   A. 20～30 岁　　B. 30～40 岁　　C. 40～50 岁　　D. 50 岁以上
2. 您的性别是：
   A. 男　　　　　　　　　　　　　B. 女
3. 您的学历是：
   A. 小学　　　　B. 初中　　　　C. 高中　　　　D. 大专
   E. 本科　　　　F. 研究生及以上
4. 您的月收入是：
   A. 4 000 元以下　　　　　　　　B. 4 000～6 000 元
   C. 6 000～8 000 元　　　　　　　D. 8 000 元以上
5. 您能承受的单价是：
   A. 7 000 元/m² 以下　　　　　　B. 7 000～8 000 元/m²
   C. 8 000～9 000 元/m²　　　　　D. 9 000～10 000 元/m²
   E. 10 000 元/m² 以上
6. 您期望的户型是：
   A. 一室一厅　　B. 二室一厅　　C. 二室二厅
   D. 三室一厅　　E. 三室二厅　　F. 小别墅
7. 您期望的建筑面积是：
   A. 80 m² 以下　　B. 80～90 m²　　C. 90～100 m²
   D. 100～110 m²　　E. 110 m² 以上
8. 您打算购买的住宅类型是：
   A. 5 层及以下　　B. 6～8 层　　C. 9～11 层
   D. 12～16 层　　E. 16 层以上
9. 您购房的目的是：
   A. 满足居住要求　　　　　　　　B. 改善住房条件

C. 为父母或子女购房　　　　D. 第二居所　　　　E. 投资
10. 您购房的付款方式是：
　　A. 一次性付款　　　　　　B. 银行按揭贷款
　　C. 住房公积金贷款　　　　D. 组合贷款　　　　E. 其他
11. 您的职业是：
　　A. 公务员及事业单位人员　　B. 企业职员　　　　C. 私营业主
　　D. 自由职业者　　　　　　　E. 其他
12. 您打算什么时候买房：
　　A. 2014年内　　　B. 2014年以后

阅读以上材料，回答问题：
1. 你认为这份调查报告的特色是什么？
2. 你认为该调查报告在结构上存在问题吗？如有问题，请你补充完整。

案例2

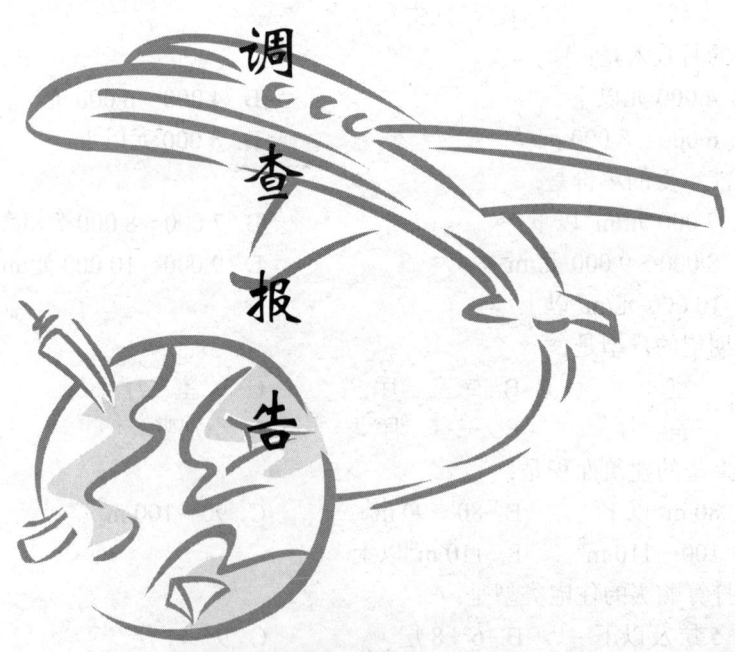

武汉地区方便面消费状况

调查报告

华中科技大学调查研究中心
20××年10月

目　　录

- 一、引言 …………………………………………………………………………（　）
  - （一）调查目的 ………………………………………………………………（　）
  - （二）调查对象 ………………………………………………………………（　）
  - （三）调查方法与调查实施 …………………………………………………（　）
  - （四）资料整理与统计分析 …………………………………………………（　）
- 二、结果与分析 …………………………………………………………………（　）
  - （一）武汉地区方便面消费的基本情况分析 ………………………………（　）
  - （二）武汉地区消费者方便面口味偏好分析 ………………………………（　）
- 三、主要结论 ……………………………………………………………………（　）

武汉地区方便面消费状况调查报告

一、引言

（一）调查目的

随着人们生活质量的逐步提高，生活节奏的不断加快，快餐类食品日益成为人们食品消费结构中的重要组成部分。方便面作为快餐食品中的一支"劲旅"，具有广阔的市场前景。然而，目前市场上的方便面种类繁多，而且还在不断增加，竞争趋于白热化。如何在激烈的竞争环境中争得一席之地，是每一个方便面生产商和销售商需要密切关注、深入探明的问题，特别是对于要进行新产品开发和市场开发的企业，就显得更为重要。因此，为了了解武汉市方便面食品的市场特点及发展趋势，为企业提供武汉地区方便面消费的市场信息，并为企业的新产品开发和上市提供决策与营销谋划的依据，我们特组织完成了此项调查。

（二）调查对象

本次调查以武汉市消费者为总体，调查对象由城区和郊区两部分组成，涉及学生、企业职员、外来务工人员、服务业人员、偶遇人员等，共抽取样本1 000个。

（三）调查方法与调查实施

本次调查运用分层抽样、随机抽样方法抽取调查对象，采取问卷调查与访谈相结合的方式进行调查，对部分终端商和消费者进行了访谈调查。调查问卷的发放与回收，由华中科技大学调查研究中心20余名调查员前往各预定调查点实施完成。问卷采取当场填写和当场回收的方式。实际发放问卷950份，回收问卷926份，其中有效问卷913份，有效回收率为96.1%。

调查样本的构成情况如表6-2所示。

表6-2 调查样本的构成情况　　　　　　　　　　　　　　单位：份

区域	学生	企业职员	服务业人员	外来务工人员	偶遇人员	合计
城区	293	115	85	83	161	737
郊区	100	0	0	0	76	176

（四）资料整理与统计分析

全部问卷资料由调查员甄别审核后进行编码，采用Visual FoxPro 6.0进行录入和整理；运用SPSS10.0软件进行统计分析。分析类型主要为单变量描述性分析和双变量交互分类分析。

二、结果与分析

（一）武汉地区方便面消费的基本情况分析

1. 消费者食用方便面的习惯：近1/4的消费者经常食用方便面。

消费者每月消费方便面的数量如表6-3所示。

表 6-3 消费者每月消费方便面的数量

数量/[袋（盒）]	5 以下	6～10	11～20	20 以上	偶尔吃	从不吃
比例/%	12.7	13.9	7.8	2.6	55.9	7.1

在调查消费者每月消费方便面的数量时，只有 7.1%的人表示"从不吃"，可以看出，绝大多数居民都是方便面的消费者。

被调查者中 24.3%的人每月方便面消费数量达到 6 袋（盒）以上，该数据表明，武汉地区近 1/4 的方便面消费者属于重度消费者，他们对方便面的偏好度和忠诚度较高。所以，不管是新产品的开发，还是原有产品市场领域的拓展，首先要争取这一部分群体的市场份额。

需要指出的是，虽然 55.9%的人"偶尔吃"，且 12.7%的人每月消费"5 袋（盒）以下"，两者之和高达 68.6%，但也进入方便面的消费行列，需引起关注。一方面，近七成的消费者消费的绝对数量总和不可小视，也构成了市场开发需积极争取的对象；另一方面，可以通过开发方便面新品种使之跻身主食系列和采取有效的营销策略，将该群体中的一部分消费者转变到"经常吃"的行列中来。

〖参考建议：方便面要打开市场，除了要与强势企业积极争夺重度消费者这一主要目标客户外，还要挖掘轻度消费群体的潜在市场。所以，怎样吸引近七成的轻度消费者，应成为市场开发和产品营销给予较多关注的方面。〗

2. 消费者食用方便面的主要原因体现了方便面最突出的特点——方便

在调查中，当问及吃方便面的原因时，高达 47.4%的人选择了"方便"，居该项调查的首位。这可能是由于现代生活节奏的加快，迫使人们经常选择便捷的生活方式。方便面的盛行，源于其最重要的优势——方便。

与以上情况不同的是，近 1/5（18.0%）的人吃方便面是因为"换口味"，需引起注意的是，这部分人换口味是在现行主食与方便面之间进行的替换性选择，也就是说，这部分人可能已将方便面部分地纳入其主食系列。

另外，与被动消费不同的是，还有 11.9%的人表示因为"喜欢"而吃方便面，这些人的消费是一种主动行为。与人们的常识和经验有些出入的是，只有 7.5%的人吃方便面是为了"省钱"，因而方便面的市场策略既要考虑价格定位的合理性，又不要过多地拘泥于价格。

〖参考建议：近 1/5 的人因为"换口味"而吃方便面，这就意味着人们消费选择的"多样化"已延伸到方便面食品，"换口味一族"及其比重不可小视，其中隐含的信息是，他们的这种特点也将影响到对方便面本身品种和口味的多样化需求，所以生产商应注意产品开发的多样化和更新换代，以迎合这部分消费者的需求，解决"众口难调"问题。〗

（二）武汉地区消费者方便面口味偏好分析

1. 消费者选购方便面时最看重的是"口味"

从调查数据来看，消费者选购方便面时最看重的是"口味"，占 51.9%，选择"品牌"的位居第二，只有 15.8%，这是一个很重要的市场信息。可以认为，消费者是将实惠和需求放在首位的，口味在很大程度上影响方便面的终端销售，生产商在开发新产品时应在口味上大做文章。上述数据还意味着，新的品牌只要符合消费者的口味需要，并采取得力的推广措施，也是能够打入市场的。其他因素的比例都很小（见表 6-4）。

表 6-4 消费者选购方便面时看重的因素

类别	口味	品牌	价格	份量	面饼	包装	其他
比例/%	51.9	15.8	10.1	9.6	5.7	5.2	1.7

2. 麻辣、香辣类方便面在武汉市场占有绝对优势

不同地区的饮食习惯一般不同,那么武汉地区消费者的口味偏好是怎样的呢?在调查中,我们发现 69.8%的消费者喜欢辣味方便面,其中"麻辣"所占比例最高(31.10%),其次是"香辣"(28.80%),很明显,武汉地区消费者的口味偏辣、偏重,这可能与湖北人的口味习惯和这些年来"川味"大举进军武汉有关。相比而言,酸辣味则没有很大优势,只有 10%的消费者选择。另外,"微辣"(17.20%)和"清淡"(12.90%)也有一定的市场。

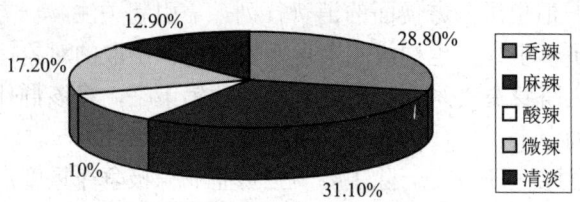

图 6-21 消费者对不同口味方便面的喜好程度

3. 消费者对方便面的配料偏好以牛肉面为重

关于消费者"最喜欢吃哪种配料的方便面",调查结果(见图 6-22)表明,牛肉配料居首位,达 45.5%。由此可见,多数消费者对牛肉面情有独钟,这可能与餐厅面食消费中牛肉面一般较受欢迎的消费习惯相关。虽然偏好清淡型的消费者比例不高,但是清淡口味的方便面花样却相对丰富得多,如排骨、海鲜、鸡肉等均有一定的消费群。调查数据显示,喜爱这三种配料的消费者占 49.5%。这样看来,清淡口味的方便面也有一定的市场份额。

〖参考建议:在保持传统特色的基础上不断推出适合消费者口味的新品种,是一件值得探索和尝试的事情。〗

4. 近 80%的消费者食用方便面有喜欢添加配料的习惯

食用方便面时仅有 21.4%的人不添加配料。消费者在添加配料偏好方面,火腿肠最受欢迎,占 39.1%,其次是榨菜(23.0%)、鸡蛋(13.9%)。这不仅说明人们对方便面有丰富的要求,而且还表明人们对现有方便面大同小异的固定配料的"不满情绪"。

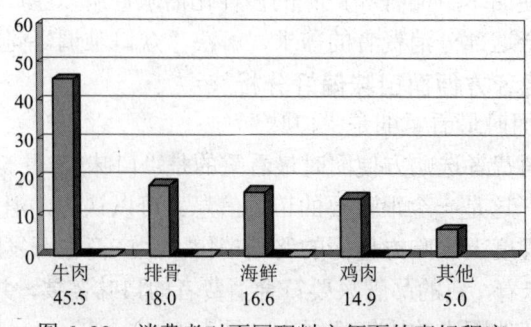

图 6-22 消费者对不同配料方便面的喜好程度

三、主要结论

（1）武汉地区 90%以上的消费者食用过方便面，方便面市场容量较大。

（2）武汉地区消费者购买方便面时比较注重口味且口味一般偏重，其中又以麻辣、香[...]为主，并且大多数都有添加配料的习惯。

阅读以上材料，回答问题：

1. 你认为这份调查报告的特色是什么？
2. 你认为该调查报告在结构上存在问题吗？如果有问题，请你补充完整。

实训项目

实训内容： 编写一份合乎格式要求、结构完整的市场调查报告。

实施形式： 全班按 5~6 人分成若干个小组，每组选出 1 名组长，组长对该项任务进行详细分工，并对整个过程进行控制，每名同学对自己完成的编写任务负责。报告完成后，每组派一名同学通过 PPT 向全班同学展示并汇报。

实训要求：

1. 通过本次实训，学生应能掌握市场调查报告撰写的格式、方法及技巧。
2. 通过本次实训，学生应能增强团队意识，提高合作能力。
3. 通过本次实训，学生应能按要求进行市场调查报告的排版设计，制作 PPT 并展示，提高沟通表达、计算机应用的能力。

实训评估：

1. 报告是否按时完成？
2. 调查报告结构是否完整？调查报告格式是否符合规范？
3. 材料是否充分？内容是否真实？
4. 图表说明是否清楚？分析条理性、逻辑性如何？
5. PPT 的制作是否图形清晰、生动形象？
6. 语言表达是否清晰、流畅？

参考文献

[1] 麟. 市场调查与预测. 2版. 大连：东北财经大学出版社，2005.
[2] 殿阁. 市场调查与预测. 北京：北京交通大学出版社，2005.
[3] 覃常员. 市场调查与预测. 大连：大连理工大学出版社，2009.
[4] 徐林，王自豪. 市场调查与预测. 北京：中国农业大学出版社，2011.
[5] 成文靖，黄琳娜，程谟茹. 市场调查与预测. 长春：吉林大学出版社，2015.
[6] 单芳，石斌，徐蓁. 市场调查与预测. 南京：南京大学出版社，2015.
[7] 辛玲，龚曙明. 市场调查与预测. 北京：北京交通大学出版社，2014.